Die schönsten Höhenwege der Schweiz

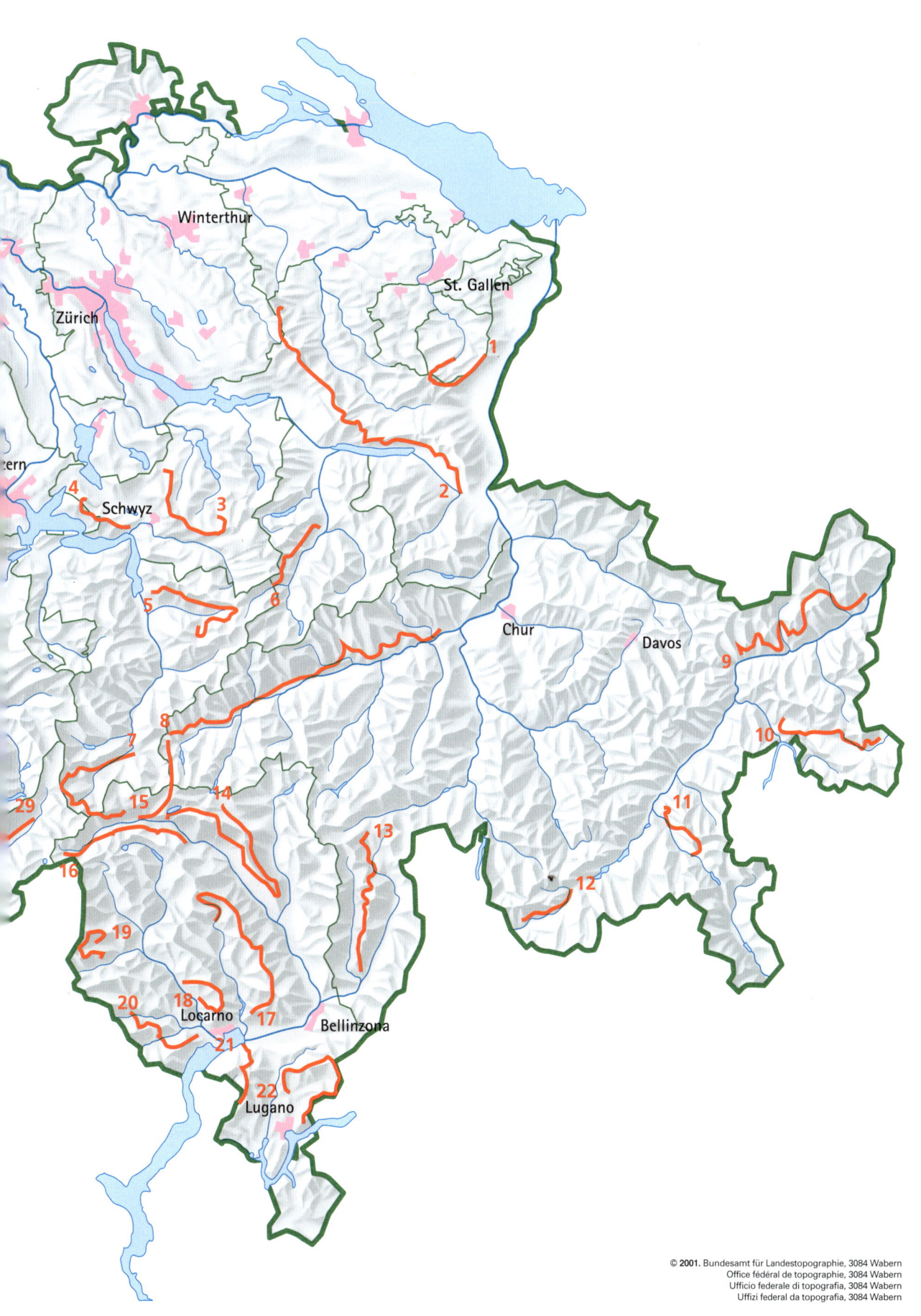

Ueli Hintermeister   Daniel Vonwiller

Die schönsten Höhenwege der Schweiz

AT Verlag

Umschlagbild: Beim Aufstieg zum Faulhorn begleitet der sensationelle Blick
auf Schreckhorn und Finsteraarhorn.

2. Auflage, 2015

© 2009
AT Verlag, Baden und München
Fotos: Ueli Hintermeister und Daniel Vonwiller,
Seite 70: Walter Hintermeister, Seite 122–124: Silvia Fantacci
Umschlagbild: Iris Kürschner, www.powerpress.ch
Kartenausschnitte: Atelier Guido Köhler & Co., Binningen
Gestaltung: Giorgio Chiappa, Zürich
Lithos: Vogt-Schild Druck, Derendingen
Druck und Bindearbeiten: Printer Trento, Trento
Printed in Italy

ISBN 978-3-03800-861-3

www.at-verlag.ch

Inhalt

- 7 Vorwort
- 8 Was ist ein Höhenweg?
- 10 Wandern – aber sicher

OSTSCHWEIZ

- 14 Gratwegs über das Kalksteingebirge: Alpstein
- 20 Über Walensee und Thur: Toggenburger Höhenweg

ZENTRALSCHWEIZ

- 28 Über fünf Ecken: Schwyzer Panoramaweg
- 32 Die drei Gipfel einer Königin: Rigi-Höhenweg
- 36 Urchige Landschaft über historischer Passstrasse: Schächentaler Höhenweg
- 40 Hoch über dem Glarnerland: Braunwald
- 44 Vielfältige Landschaft im Herzen der Schweiz: Urschner Höhenweg

GRAUBÜNDEN

- 50 Höhenweg «über dem Wald»: Senda Sursilvana
- 58 Durch das Unterengadin der Donau entgegen: Via Engiadina
- 64 Ein Weltkulturerbe als Ziel: Senda Val Müstair
- 68 Bei den Königen der Alpen: Steinbockweg
- 72 Sonniger Panoramaweg im Bergell: Strada del Sole
- 76 Steiles Tal – kühner Weg: Sentiero Alpino Calanca

TESSIN

- 84 Hoch hinaus: Strada Veramente Alta
- 90 Im Land der Bergseen: Sentiero Panoramico
- 94 Verweilen, wo andere vorbeieilen: Val Bedretto–Lago Tremorgio
- 98 Königstour der exponierten Grate und steilen Grashalden: Via Alta Verzasca
- 106 Auf den Spuren der «Transumanza»: Hoch über dem Maggiatal
- 110 Bei den Wallisern im Tessin: Von Bosco/Gurin nach Campo Vallemaggia
- 114 Gegensätze: Vom entlegenen Onsernonetal ins mondäne Ascona
- 118 Bekannte Tour auf unbekannten Wegen: Monte Tamaro–Monte Lema
- 122 Das Hufeisen von Lugano: Val Colla

BERNER OBERLAND

130 Auf schmalem Grat hoch über dem Brienzersee: Brienzer Rothorn
134 Der beste Blick auf Eiger, Mönch und Jungfrau: Niederhorn
138 Spektakuläre Ausblicke mit 170 Jahren Geschichte: Faulhorn
142 Die Nordwände des Dreigestirns zum Greifen nah: Mürrener Höhenweg

WALLIS

148 Hoch über der Lonza von Alp zu Alp: Lötschentaler Höhenweg
152 Ein Erlebnis nicht nur für Eisenbahnfans: Lötschberg-Südrampe
156 Abwärts durch das oberste Wallis: Gommer Höhenweg
160 Und zum Schluss das Matterhorn: Europaweg
168 Zu Füssen der Viertausender: Topali-Höhenweg
174 Ins Tal der fünf Viertausender: Val d'Anniviers
178 Anschauliche Geologie hoch über der Rhone: Tour des Muverans
186 Um die sieben Zinnen des Tors zum Wallis: Dents du Midi

190 Verzeichnis der Touren nach Schwierigkeitsgrad
192 Autoren

Vorwort

Wandern ist im Grunde die einzige Fortbewegungsart, die der Natur des Menschen gerecht wird. Eine Distanz von zwanzig Kilometern am Tag erscheint in unserer auf Tempo fixierten Welt als lächerlich wenig, doch zu Fuss zurückgelegt, genügt diese Strecke vollauf als Tagespensum. Dafür sieht und erlebt man jeden Meter und wird mit der Landschaft vertraut. Es bleiben Zeit und Musse, alle Schönheiten und Details zu entdecken, die einem sonst verborgen blieben. Und selbst über eine solch geringe Distanz verändert sich die Landschaft ständig, so dass kein Tag dem anderen gleicht.

Den grössten Genuss bietet das Zu-Fuss-Gehen, wenn der Weg in der Höhe verläuft und von einem prächtigen Panorama begleitet wird. Die unverstellte Sicht in die Ferne hat eine befreiende, wohltuende Wirkung, die den eigenen Horizont erweitert und den Kopf freimacht für neue Gedanken. Die Höhenwanderung als Therapie für den Alltag sozusagen.

Viele Tourismusgebiete in den Bergen haben einen Höhenweg zu bieten, der als solcher ausgeschildert ist. Darüber hinaus gibt es aber noch eine Vielzahl weiterer Touren, die zwar nicht explizit so heissen, aber dennoch mit gutem Gewissen als Höhenwanderung bezeichnet werden dürfen, weil sie in höheren Gefilden Bergflanken traversieren, über Kämme und Gipfel verlaufen, Pässe queren und dabei viel Weitsicht und Tiefblick zu bieten haben.

Für unser Buch haben wir 34 Höhentouren rekognosziert und zusammengestellt. Die Auswahl reicht von der einfachen Tagestour auf der Rigi über das siebentägige Trekking von Brig nach Zermatt bis zur äusserst anspruchsvollen Via Alta Verzasca im Tessin. Bewusst haben wir das Schwergewicht auf zwei- oder mehrtägige Touren gelegt. Denn abschalten und ankommen, intensiv erleben und sich erholen kann man zweifellos besser, wenn man aus dem Alltag hinaustritt und zumindest eine Nacht in der besuchten Region einplant; nicht zuletzt lassen sich so Mühsal und Dauer der Hin- und Rückreise besser ertragen und auch entlegenere Gebiete unseres Landes besuchen.

Natürlich dürfen die beliebten und bekannten Klassiker unter den Höhenwegen in diesem Buch nicht fehlen – fast immer kann man ihnen durch Varianten und Verlängerungen einen neuen Reiz abgewinnen. Daneben findet sich eine Vielzahl an selten begangenen Wanderungen und Varianten, teilweise eigentliche «Trouvaillen».

Manchmal, aber längst nicht immer sind die Ausgangspunkte zu Höhentouren mit Seilbahnen erreichbar. In der Regel weisen wir dann aber darauf hin, dass der Aufstieg auch zu Fuss möglich ist. Und umgekehrt: Wo der Höhenweg erst auf einer Höhe beginnt, die zuerst erarbeitet werden muss und es eine einfachere Variante gibt, verschweigen wir diese ebenfalls nicht.

Nehmen Sie sich genügend Zeit für Ihre Höhenwanderung. Es locken nicht allein prächtige Fernblicke, auch die kleinen Schönheiten am Wegrand verdienen Aufmerksamkeit. Erleben Sie bekannte Touren neu, und geniessen Sie auf unbekannten Wegen das Kribbeln der Vorfreude auf immer wieder neue Aussichten, die hinter der nächsten Wegbiegung, der nächsten Kuppe oder dem nahen Grat locken. Machen Sie Ihre Höhenwanderung zu einer Entdeckungsreise. Wir wünschen Ihnen viel Spass dabei!

Was ist ein Höhenweg?

Bei einem Höhenweg ist nicht der Gipfel das Ziel, nicht die Überschreitung eines Gebirgspasses oder eines Gletschers noch die Überwindung der Vertikalen. Solche Höhepunkte physischer und psychischer Natur können bei einer Höhenwanderung zwar auch dazugehören, gelten aber für Bergtouren im Allgemeinen.

Gemeinsam ist allen Höhentouren jedoch, dass sie – der Name lässt es vermuten – in der Höhe verlaufen. Dabei kann «Höhe» ganz unterschiedlich verstanden werden: von einem Weg, der einfach über dem Talgrund verläuft, über Routen, die mindestens über der Waldgrenze verlaufen, bis hin zu den luftigen Touren in Gipfelnähe und entlang der Gebirgskämme. Als weiteres Merkmal kommt hinzu, dass die Höhenwege von ihrem Ausgangspunkt zu einem anderen Zielort führen oder zumindest eine Rundtour absolvieren, ohne dabei denselben Weg zweimal zu benutzen.

Viele touristisch genutzte Gebirgsregionen haben bestimmte Wanderungen als Höhenwege definiert und oft auch auf den Wegweisern als solche ausgeschildert. Höhenwege sind bekannt und beliebt und daher bei vielen Menschen mit gewissen Erwartungen verknüpft: Eine Höhenwanderung soll aussichtsreich sein; sie soll schon in möglichst grosser Höhe beginnen, also an einem mit Bahnen oder auf der Strasse erreichbaren Ausgangspunkt beginnen. Und nicht zuletzt werden moderate Auf- und Abstiege erwartet, also eine Wanderung, die das Prädikat «einfach» erfüllt.

Für das vorliegende Buch wurde der Begriff «Höhenweg» mit Absicht weiter gefasst. So darf eine Route ausnahmsweise auch einmal den Talboden berühren, um sonst durchaus in der Höhe verlaufende Wegstrecken sinnvoll miteinander zu verbinden, wie dies etwa bei der Senda Sursilvana der Fall ist. Andere wiederum verlaufen fast durchwegs über Gipfel und Bergrücken und bieten Panorama pur. Das herausragendste Beispiel hierfür ist zweifellos die Via Alta Verzasca, die auch schon als «weissblau-weiss markierter Wahnsinn» bezeichnet wurde – eine Folge von Gipfeln und Kämmen, dazwischen steile Grasschrofen und unwegsames Gelände, nicht selten weglos. Diese Tour stellt höchste Anforderungen und ist erfahrenen, trittsicheren und schwin-

Gemütliche Unterkunft am Schwyzer Panoramaweg: Alpwirtschaft Zwäcken.

Unterwegs auf der Niederhorn-Tour, zwischen Burgfeldstand und Gemmenalphorn.

delfreien Berggängerinnen und -gängern vorbehalten, doch durch ihren Verlauf und das grossartige Bergerlebnis hoch über dem Tal, weit weg von Zivilisation und mechanischen Hilfsmitteln, kann sie als Höhentour der Extraklasse bezeichnet werden und gehört daher auch in dieses Buch.

Der Grossteil der vorgeschlagenen Touren entspricht aber ohne Wenn und Aber den gängigen Vorstellungen einer Höhenwanderung, indem sie hoch über dem Talgrund verlaufen, da und dort auch Gipfelerlebnisse, Gratwanderungen und grandiose Tiefblicke bieten, ohne jedoch ausdrückliche alpinistische Erfahrung vorauszusetzen. Viele Höhenwanderungen sind tatsächlich mit Bergbahnen und Alpstrassen bequem erreichbar. Daneben gibt es aber auch weniger gut erschlossene, dafür umso ursprünglicher erhaltene Gebiete, in denen keine Seilbahn über die ersten Höhenmeter hinweg hilft. Manche Höhenwege verlaufen bequem und ohne grössere Steigungen. Das klassische Beispiel dafür ist der Lötschentaler Höhenweg, der weit hinten im Lötschental auf der mit dem Postauto erreichbaren Fafleralp beginnt (oder endet) und dann gemächlich zur Lauchernalp hinauf führt – ein Höhenweg der sanften Art. Bei anderen muss die Höhe zuerst erarbeitet werden, indem Aufstiege von 1000 Höhenmetern oder sogar mehr zu bewältigen sind, bevor die Strecke flacher wird und der Weg zu einem Höhenweg mutiert. Der Sentiero Panoramico von Airolo zur Cadlimohütte gehört zu dieser Gruppe.

Viele der offiziell als solche bezeichneten Höhenwege sind reine Tagestouren. Besonders attraktiv sind jedoch Panoramawanderungen von zwei oder mehr Tagen bis hin zur sagenhaften Wanderung von Rosswald, hoch über Brig, bis nach Zermatt, die stolze sieben Tage dauert. Hier wird der Höhenweg zur Fernwanderung und bleibt sich trotz der ansehnlichen Distanz doch immer treu. Nur gerade ein einziges Mal berührt der Weg den Talboden, um von der einen Seite des Saasertals auf die andere zu wechseln.

Die erwähnten Beispiele beweisen es auf anschauliche Weise: Die Schweizer Alpen bieten eine unglaubliche Fülle von kurzen und langen, einfachen und anspruchsvollen Touren in der Höhe, die nur darauf warten, von Ihnen entdeckt und erlebt zu werden.

Wandern – aber sicher

Für Höhenwanderungen gilt dasselbe wie für jedes Wandern im Gebirge: Es birgt gewisse Risiken, deren man sich bewusst sein muss und die möglichst weit zu reduzieren sind. Verantwortungsbewusstes Verhalten im Gebirge setzt eine sorgfältige Vorbereitung der Tour, eine angemessene Ausrüstung und die richtige Einschätzung der eigenen Leistungsfähigkeit voraus. Die in diesem Buch vorgestellten Touren sind hinsichtlich des Schwierigkeitsgrads nach der sechsstufigen Skala des Schweizer Alpen-Clubs SAC eingeteilt, die von T1 (Wandern) bis T6 (schwieriges Alpinwandern) reicht, wobei die einzelnen Stufen wie folgt definiert sind:

SCHWIERIGKEITSGRAD	WEG/GELÄNDE	ANFORDERUNGEN	BEISPIELTOUREN
T1 **Wandern**	Weg gut gebahnt. Falls markiert: gelb. Gelände flach oder leicht geneigt, keine Absturzgefahr.	Keine, auch Turnschuhe geeignet. Orientierung problemlos, in der Regel auch ohne Karte möglich.	Tanzboden–Regelstein–Chrüzegg; Rigi Kulm–Staffel–Scheidegg–Urmiberg; Eggberge–Klausenpass
T2 **Bergwandern**	Weg mit durchgehendem Trassee. Falls markiert: weiss-rot-weiss. Gelände teilweise steil, Absturzgefahr nicht ausgeschlossen.	Etwas Trittsicherheit. Trekkingschuhe empfehlenswert. Elementares Orientierungsvermögen.	Casaccia–Soglio; Oberwald–Münster–Bellwald
T3 **anspruchsvolles Bergwandern**	Weg am Boden nicht unbedingt durchgehend sichtbar. Ausgesetzte Stellen können mit Seilen oder Ketten gesichert sein. Eventuell braucht man die Hände fürs Gleichgewicht. Falls markiert: weiss-rot-weiss. Zum Teil exponierte Stellen mit Absturzgefahr, Geröllflächen, weglose Schrofen.	Gute Trittsicherheit. Gute Trekkingschuhe. Durchschnittliches Orientierungsvermögen. Elementare alpine Erfahrung.	Airolo–Alpe di Lago–Capanna Cadlimo; Il Fuorn–Munt la Schera–Ofenpass; Vira Gambarogno–Poncione della Croce–Monte Tamaro; Hoher Kasten–Saxer Lücke–Bollenwees
T4 **Alpinwandern**	Wegspur nicht zwingend vorhanden. Teilweise braucht es die Hände zum Vorwärtskommen. Falls markiert: weiss-blau-weiss. Gelände recht exponiert, heikle Grashalden, Schrofen, einfache Firnfelder und apere Gletscherpassagen.	Vertrautheit mit exponiertem Gelände. Stabile Trekkingschuhe. Gewisse Geländebeurteilung und gutes Orientierungsvermögen. Alpine Erfahrung. Bei Wettersturz kann ein Rückzug schwierig werden.	Gätterlipass–Rigi Hochflue–Egg; Forstberg–Grosser Sternen–Kleiner Sternen
T5 **anspruchsvolles Alpinwandern**	Oft weglos. Einzelne einfache Kletterstellen. Falls markiert: weiss-blau-weiss. Exponiert, anspruchsvolles Gelände, steile Schrofen. Gletscher und Firnfelder mit Ausrutschgefahr.	Bergschuhe. Sichere Geländebeurteilung und sehr gutes Orientierungsvermögen. Gute Alpinerfahrung und Erfahrung im hochalpinen Gelände. Elementare Kenntnisse im Umgang mit Pickel und Seil.	Lago di Stabbiello–Pizzo Stabbiello–Punta Negra; Alpe Fümegna–Capanna d'Efra; Brienzer Rothorn–Tannhorn–Augstmatthorn–Harderkulm
T6 **schwieriges Alpinwandern**	Meist weglos. Kletterstellen bis II. Grad. Meist nicht markiert. Häufig sehr exponiert. Heikles Schrofengelände. Gletscher mit erhöhter Ausrutschgefahr.	Ausgezeichnetes Orientierungsvermögen. Ausgereifte Alpinerfahrung und Vertrautheit im Umgang mit alpintechnischen Hilfsmitteln.	Capanna Borgna–Alpe Fümegna; Capanna d'Efra–Capanna Cognora

In diesem Buch wurde grundsätzlich darauf geachtet, dass die Anwendung der SAC-Skala mit der Markierung im Gelände möglichst übereinstimmt, dass also beispielsweise weiss-blau-weiss markierte Routen mindestens mit T4 bewertet werden und umgekehrt eine weiss-rot-weisse Strecke höchstens ein T3 erhält. Gleichzeitig wird auf Wegabschnitte, die ausgesetzt oder sonst heikel sein können, speziell hingewiesen. Die Bewertung richtet sich dabei nach dem schwierigsten Abschnitt innerhalb einer Tour oder einer Etappe.

Wanderungen im weiss-rot-weiss markierten Bereich, also bis T3 auf der SAC-Skala, sind für die meisten durchschnittlich trainierten, regelmässigen Wanderer gut zu bewältigen. Die höheren Schwierigkeitsstufen ab T4 setzen entsprechende Erfahrung und Kenntnisse voraus und sind zu Beginn am besten in Begleitung entsprechend erfahrener Bergsportler zu unternehmen.

Eine gute Kondition und ausreichende Kraftreserven gehören zu den Grundvoraussetzungen für ein verantwortungsbewusstes Bergwandern. Wer an die Limite geht, wird kaum Spass an der Tour haben und gefährdet unter Umständen sich selbst oder andere. Hier gilt: bei der Tourenwahl nicht zu ambitiös sein – weniger ist oft mehr – und auf der Tour sich genügend Zeit lassen.

Zur Ausrüstung und zu jenen Dingen, die unbedingt in den Rucksack gehören, nur soviel: Auch bei besten Wetteraussichten muss im Gebirge immer mit Gewittern oder einem Wetterumsturz gerechnet werden, und kalt kann es in den Bergen immer werden, selbst mitten im Hochsommer. Darauf gilt es vorbereitet zu sein.

Bei zweifelhaften Wetterverhältnissen bzw. -aussichten ist die Tourenwahl entsprechend anzupassen; statt einer Höhenwanderung, die naturgemäss meist in exponierterem Gelände verläuft, wo keine Wälder mehr Schutz bieten, ist dann eher eine talnähere Wanderung angesagt.

Zum Schluss noch eine Bemerkung zu den Zeitangaben bei den einzelnen Tagesetappen: Es handelt sich dabei um Durchschnittswerte und um die reine Marschzeit ohne Pause. Rechnen Sie in jedem Fall genügend Zeit ein, um die Natur und die Wanderung wirklich erleben und geniessen zu können.

ZU DEN KARTENAUSSCHNITTEN

In den Kartenausschnitten wird die folgende Kennzeichnung verwendet:

— Route. Die Nummerierung bezieht sich auf die Tagesetappen.

····· Variante

🏠 Berghütte/einfaches Berghotel

🏚 Restaurant oder Verpflegungsmöglichkeit (teilweise mit Übernachtungsmöglichkeit)

🟡 Haltestelle Postauto oder Bus

Auf der Höhenwanderung im Alpstein: Bewacht durch die Kalksteintürme der Chrüzberge verläuft der Höhenweg von der Saxer Lücke über die Roslenalp zum Mutschensattel.

OSTSCHWEIZ

Gratwegs über das Kalksteingebirge: ALPSTEIN

Hoher Kasten–Saxer Lücke–Bollenwees–Zwinglipass–Rotsteinpass–Säntis–Ebenalp

Wanderungen durch das Appenzellerland sind Balsam für Seele und Geist. Durchatmen kann man hier, sich freuen an den grünen Matten, auf denen die Kühe weiden – es sind wohltuende Streifzüge durch eine ländliche Gegend, in der die Hügel mal etwas gemächlicher, mal etwas zügiger, nie aber schroff in die Höhe streben und immer auch bewaldet sind, was den optischen Reiz zusätzlich verstärkt. Die traditionellen Appenzeller Häuser mit ihren reich verzierten, mit vielen Fenstern versehenen Frontseiten und den tief herab gezogenen Dächern sehen aus wie aus der Backstube des Zuckerbäckers. Locker verstreut stehen überall Bauernhöfe, als wären sie tatsächlich

Auf dem Weg vom Säntis in Richtung Schäfler traversiert der Weg steile Hänge.

Über der Roslenalp türmen sich die Chrüzberge auf, die vor allem als Kletterparadies bekannt sind.

dem Herrgott aus einer Tasche gekullert, als er gerade damit beschäftigt war, die Welt zu erschaffen. So jedenfalls wird es erzählt, und zum Glück war er auch zu beschäftigt, die Häuser wieder wegzuräumen, weshalb sie immer noch verstreut stehen und eine Zierde für diese Landschaft sind.

Das Appenzellerland hat seinen eigenen Charakter bis in unsere moderne Zeit bewahren können, noch immer werden hier alte Traditionen und Brauchtum mit Hingabe gepflegt. Dazu zählt nicht zuletzt die Alpfahrt, ein wichtiger Festtag im bäuerlichen Leben, wenn das Vieh auf die Alp getrieben wird. Begleitet vom tiefen, dumpfen Klang von drei Senntumsschellen bricht schon frühmorgens, manchmal noch in der Dunkelheit, der lange Tross auf. Immer ist es ein Junge in Sennentracht, der einer Schar von weissen Ziegen vorangeht, während ein Mädchen dafür sorgt, dass die eigenwilligen Tiere gehorchen. Es folgt der Senn, ebenfalls in Festtagstracht und mit einem hölzernen Melkkübel auf der Schulter. Dann drei der schönsten Kühe, nicht minder prachtvoll herausgeputzt, mit schweren Glocken um den Hals, die den übrigen Mitgliedern des Alpaufzugs vorausgehen. Ziel des Umzugs ist die Alp, Weideland hoch über dem Dorf, wo der ganze Bauernhaushalt den Sommer verbringt.

Die zunächst sanften grünen Hügel des Appenzellerlands werden immer höher, je weiter man nach Süden kommt, bis sie schliesslich jäh in die Höhe aufschiessen und ins Alpsteingebirge übergehen. Dieses aus Kalkstein aufgebaute Massiv überragt die Umgebung und dominiert das Landschaftsbild weit herum. Man kann den Alpstein als eine Art Fortsetzung der im Grenzgebiet zwischen Österreich und Deutschland verlaufenden, nördlichen Kalkalpen betrachten. Rein optisch steht das Massiv aber fast allein da. Dominiert vom massigen, 2500 Meter hohen Klotz des Säntis besteht

Die Appenzeller Geiss ist eine weisse, meist hornlose Ziegenrasse.

der Alpstein im Wesentlichen aus drei parallel verlaufenden Bergzügen, zwischen denen tief eingeschnittene Täler liegen. Täler, die im Südwesten aufsteigen zum Lisengrat und Chreialpfirst, welche wiederum – unterbrochen von den Passübergängen Rotsteinpass, Zwinglipass und Mutschensattel – die drei Gebirgszüge miteinander verbinden, bevor der Alpstein abfällt und ins Obertoggenburg ausläuft.

Wo Kalk der Baustein der Berge ist, ist Wasser rar, denn schon längst hat es sich einen Weg durch das Gestein gefressen, um sich im Untergrund davonzustehlen. Dennoch gibt es hier, in Mulden eingebettet, auch drei grössere Seen, die vom Regenwasser und von kleinen Bächen gespeist werden und über keinen oberirdischen Abfluss verfügen.

Nur eine dünne Humusschicht liegt über den Kalkplateaus, und wo diese blossgelegt sind, durchziehen tiefe Furchen den Fels. Im speziellen Mikroklima dieser Furchen gedeiht aber eine vielfältige Pflanzenwelt, wie überhaupt der kalkige Untergrund eine eigene, reichhaltige Blumen- und Kräuterflora zum Wachstum anregt, die den Menschen mit all den verschiedenen Formen und Farben ihrer Blüten erfreut.

Ein dichtes Wegnetz durchzieht das kleinräumige Gebirge des Alpsteins, und zusammen mit den vier Seilbahnen, die Wanderer und Ausflügler in die Höhe befördern, ist die Infrastruktur für das Wandern im Alpstein geradezu ideal – nicht zuletzt wegen der aussergewöhnlichen Dichte an Gaststätten und Unterkünften, die man selbst auf den Kämmen der Alpsteinberge überall antrifft. Selbstverständlich kann man Auf- und Abstieg auch aus eigener Kraft bewältigen, doch der Höhenweg vom Hohen Kasten über die Saxer Lücke zum Säntis und weiter zur Ebenalp hat den Vorteil, dass an beiden Enden der hufeisenförmigen Tour eine Luftseilbahn die strengsten Höhenmeter überwinden hilft. Durch die ständig abwechselnden Auf- und Abstiege ist die Tour dennoch kein Spaziergang, wobei die Verteilung der gesamten Strecke auf drei Tage die einzelnen Etappen einigermassen kurz werden lässt und so gut zu bewältigen ist.

Mit 1795 Metern ist der Hohe Kasten der höchste und äusserste Gipfel der Nordostschweiz. Hoch überragt er Appenzellerland und Rheintal und macht seinem Namen alle Ehre. Seit 1964 mit einer Seilbahn erschlossen, darf natürlich auch das Drehrestaurant nicht fehlen, ein Alpengarten lädt zum Verweilen, und die gute Thermik

Zahlreiche Gaststätten, wie jene auf dem Schäfler, laden unterwegs zur Einkehr.

Die erste Etappe der Tour endet am fjordähnlichen Fälensee.

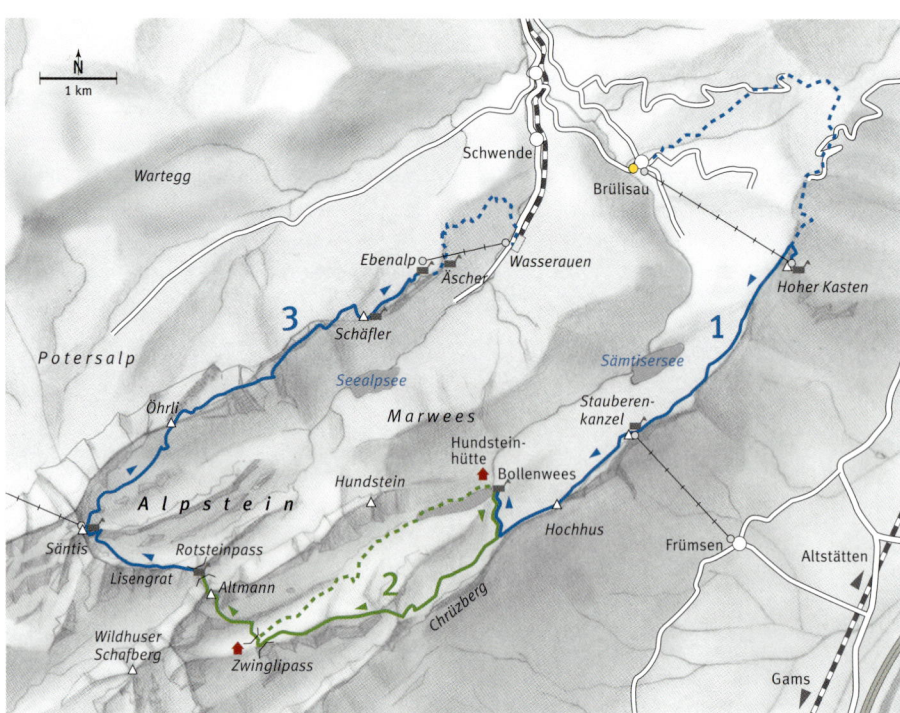

um den einsamen Gipfel lockt die Freunde des Flugsports. Der Höhenweg über Stauberen zur Saxer Lücke verläuft auf dem Grat oder entlang der Gratflanke und ist wohl einer der beliebtesten Wanderwege des Alpsteingebiets. Fantastische Ausblicke über das Rheintal mit den angrenzenden Vorarlberger, Bündner und Glarner Alpen und über weite Teile des Mittellands bis hin zum Bodensee und darüber hinaus sind – gutes Wetter vorausgesetzt – dabei die stetigen Begleiter. Ein kurzer Abstieg führt von der Saxer Lücke zum Tagesziel, dem Gasthaus Bollenwees oder, wer eine Hütte vorzieht, zur Hundsteinhütte, die aber etwas oberhalb von Bollenwees liegt und einen nochmaligen, kurzen Aufstieg verlangt. Von hier überblickt man die ganze Länge des dunklen, in einem engen Graben gelegenen Fälensees, der an einen kleinen Fjord erinnert. Am nächsten Morgen kann man dem See entlang wandern und über die Fälenalp zum Zwinglipass aufsteigen, was den Weg dorthin abkürzt. Höhenwanderer kehren zur Saxer Lücke zurück, von wo sich der Weg über die Roslenalp zum Mutschensattel zieht. Die Türme der Chrüzberge ragen über der Roslenalp auf, ein Mekka für Kletterer, und selbst wen es schon beim Gedanken an solche vertikalen Aufstiege graust, dürfte sich der Faszination nicht ganz entziehen können.

Weiter geht es dann zum Zwinglipass mit der gleichnamigen Hütte. Diese Bergunterkunft, die der Sektion Toggenburg des Schweizerischen Alpenclubs gehört, ist eine Besonderheit unter den SAC-Hütten: Kein Helikopter knattert je mit Bierdosen und Weinflaschen hierher, um die Hütte mit Vorräten zu versorgen. Einmal im Jahr, Ende Juni, führt die Sektion das «Hötteträgete» durch; bis zu hundert Vereinsmitglieder finden sich dann ein, um mit eigener Kraft den gesamten Vorrat an Getränken, Lebensmitteln, Gas und Brennholz, verpackt in Rucksäcke oder aufgeschnallt auf Holzräfen, von der Chreialp zur Hütte hochzutragen.

Am dritten Tag steht als erstes Zwischenziel der Säntis auf dem Programm, dann setzt sich die Höhentour fort zum Schäfler, wo ein weiteres Gasthaus die Wandernden erwartet. Der Rest bis zur Ebenalp ist dann einfach und gemütlich, und wer für den Tag genug Kilometer in den Knochen spürt, kann für den Abstieg ins Tal natürlich die Luftseilbahn benutzen. Vorher sollte man aber den Abstecher zum Äscher und zum Wildkirchli nicht verpassen. Hier gibt es Höhlen, in denen schon vor 50 000 Jahren Menschen der Altsteinzeit gehaust haben und ihre Spuren hinterliessen. Auch das einmalige, an den Felsen gebaute Berggasthaus Äscher ist berühmt und sehenswert – ein schöner Abschluss für diese Tour. (UH)

Unterhalb des Zwinglipasses steht die gleichnamige Hütte der SAC-Sektion Toggenburg.

CHARAKTER

Teilweise anspruchsvolle, aber gut unterhaltene Bergwege, mit einigen etwas ausgesetzten Stellen, die heikelsten jedoch in der Regel mit Stahlseilen gesichert. Der Fels ist auf einigen Wegabschnitten teilweise abgeschliffen, weshalb die Wege bei nassem Wetter glitschig sind.

DIE WANDERUNG

Anfahrt

Mit der Appenzellerbahn bis Weissbad, dann mit dem Bus bis Brülisau, Talstation der Luftseilbahn Brülisau–Hoher Kasten.

1. Tag

Von der Bergstation der Luftseilbahn hinab zum Kastensattel, dann unterhalb des Gipfelaufbaus hinüber zum Rohrsattel. Nun abschnittsweise auf dem Kamm oder auf dessen Nordseite über das Wännesätteli und an der Felszacke Heierli Nadel vorbei auf den Stauberenfirst und zum Berggasthaus Stauberen auf einem Sattel unterhalb der eindrücklichen Stauberenkanzel (mit Luftseilbahn von Frümseren im Rheintal direkt erreichbar). Um die Stauberenkanzel zu umgehen, führt der Weg auf ihrer Nordseite schräg abwärts und auf ein etwas ausgesetztes Felsband (mit Seilen gesichert), weiter fast geradeaus zum Fuss des Hochhus, anschliessend ein kurzes Stück über den Grat, dann hinab zur Saxer Lücke. Kurzer Abstieg bis zum Gasthaus Bollenwees. 9 km, 550 m Aufstieg, 880 m Abstieg, 4¼ Std., T3.

2. Tag

Zurück auf die Saxer Lücke, von wo man leicht ausgesetzt die steile Flanke traversiert, um in die lang gestreckte Mulde der Roslenalp zu gelangen. Aufstieg zum Mutschensattel, dann zu P. 2099 queren, über den Rücken des Chreialpfirst und hinab zum Zwinglipass. Etwas unterhalb dieses Passübergangs an der Zwinglipasshütte vorbei und zu P. 2334 aufsteigen. Kurzer, jedoch etwas exponierter und steinschlaggefährdeter Abstieg zum Rotsteinpass. 7½ km, 1000 m Aufstieg, 350 m Abstieg, 4¼ Std., T3.

3. Tag

Bald nach Aufbruch ist der Einstieg zum Lisengrat erreicht; ein mit Stahlseilen gesicherter, eindrücklicher Felsenweg führt über diesen Verbindungsgrat zwischen Altmann und Säntis auf den Säntisgipfel. Durch einen Tunnel auf die Nordseite des Säntis steil über eine mit Drahtseilen gesicherte Felsplatte abwärts auf einen Sattel unterhalb des Girenspitz. Hier nach rechts abwärts auf den Blau Schnee, den kümmerlichen Rest eines Firnfeldes, dann ohne grossen Höhenverlust auf die Nordseite des vom Girenspitz herablaufenden Grats und über Öhrligrueb zum Lötzlialpsattel. Unter den eindrücklichen Altenalptürmen hindurch zu P. 1799, wo der von Messmer heraufkommende Weg einmündet. Weiter durch steiles, ausgesetztes Gelände auf den Schäfler (1912 m). Auf breitem, einfachen Weg nun hinab zur Chlus und dann zur Ebenalp. 10 km, 600 m Aufstieg, 1100 m Abstieg, 4¾ Std., T3.

UNTERKUNFT UND VERPFLEGUNG

Restaurant Hoher Kasten, 9058 Brülisau, Telefon 071 799 11 17, drehrestaurant@hoherkasten.ch, www.hoherkasten.ch.
Berggasthaus Staubern, 9467 Frümsen, Telefon 081 757 24 24, www.staubern.ch.
Berggasthaus Bollenwees, 9058 Brülisau, Telefon 071 799 11 70, info@bollenwees.ch, www.bollenwees.ch.
Hundsteinhütte, 9058 Brülisau, Telefon 071 799 15 81, info@hundsteinhuette.ch, www.hundsteinhuette.ch.
Zwinglipasshütte, 9658 Wildhaus, Telefon 071 999 24 36 oder 071 988 28 02.
Berggasthaus Rotsteinpass, 9058 Weissbad, Telefon 071 799 11 41, info@rotsteinpass.ch, www.rotsteinpass.ch.
Berggasthaus Säntis, 9107 Urnäsch, Telefon 071 799 11 60, Fax 071 799 11 60, www.berggasthaus-saentis.ch.
Berggasthaus Schäfler, 9057 Weissbad, Telefon 071 799 11 44, www.schaefler.ch.
Berggasthaus Ebenalp, 9057 Weissbad, Telefon 071 799 11 94, infos@gasthaus-ebenalp.ch, www.gasthaus-ebenalp.ch.
Berggasthaus Aescher-Wildkirchli, 9057 Weissbad, Telefon 071 799 11 42, info@aescher-ai.ch, www.aescher-ai.ch.

VARIANTEN

1. Tag

– Von Brülisau über Ruhsitz zum Kastensattel. Dann mit oder ohne Abstecher zum Gipfel des Hohen Kastens auf den Höhenweg. 4 km, 760 m Aufstieg, 2¼ Std., T3.
– Von Brülisau zuerst Richtung Bernbrugg, dann durch den Graben des Horstbachs, später über Weiden und durch bewaldetes Gebiet nach Chluserenweidli. Nun auf dem Strässchen mit einer Abkürzung zum Resspass (1309 m). Weiter über den 1356 Meter hohen Buckel der Forstegg hinab auf einen Sattel, über Wiesen zu den Alpgebäuden von Stofel hinauf, dann auf dem Strässchen in Richtung Kamor, nach einem Reservoir unterhalb des Gipfels auf einen Fussweg wechselnd und zum Kastensattel. 7 km, 870 m Aufstieg, 110 m Abstieg, 3 Std., T2.

2. Tag

Von Bollenwees dem Fälensee entlang zur Fälenalp, von dort Aufstieg zum Zwinglipass und weiter zur Zwinglipasshütte. Anschliessend auf der Route wie oben beschrieben zum Rotsteinpass. 7 km, 900 m Aufstieg, 250 m Abstieg, 4 Std., T3.

3. Tag

Abstieg von der Ebenalp zum Äscher und dann weiter zum Wildkirchli. Von der oben erwähnten Chlus kann man auch auf der Südseite des Zisler hindurch und unter Umgehung der Ebenalp zum Äscher gelangen. Hier beginnt der gute Abstiegsweg über Bommen hinab nach Wasserauen, wo sich auch die Talstation der Luftseilbahn zur Ebenalp befindet. Ab Ebenalp bis Wasserauen 3½ km, 800 m Abstieg, 1¾ Std., T3.

INFORMATIONEN

Appenzellerland Tourismus AR, Bahnhofstrasse 2, 9410 Heiden, Telefon 071 898 33 00, info.ar@appenzell.ch, www.appenzell.ch.
Appenzellerland Tourismus AI, Hauptgasse 4, 9050 Appenzell, Telefon 071 788 96 41, info.ai@appenzell.ch, www.appenzell.ch.
Säntis Schwebebahn, 9107 Schwägalp, Telefon 071 365 65 65, www.saentisbahn.ch.
Luftseilbahn Wasserauen–Ebenalp, 9057 Wasserauen, Telefon 071 799 12 12, info@ebenalp.ch, www.ebenalp.ch.

Landeskarte 1:25 000, 1115 Säntis.
Landeskarte 1:50 000, 227 Appenzell.

Zwischen Hohem Kasten und Saxer Lücke sind die Auf- und Abstiege kurz, aber zahlreich.

Über Walensee und Thur: TOGGENBURGER HÖHENWEG

Heiligkreuz–Palfries–Lüsis–Arvenbüel–Tanzboden–Rickenpass–Chrüzegg–Schnebelhorn–Mühlrüti

Reisende, die in Bahn oder Auto vom Unterland den Bündner Bergen entgegeneilen, verschwinden auf dem Abschnitt zwischen Weesen und Walenstadt immer wieder in Tunnels und verpassen so einen guten Teil der wunderbaren Aussicht auf Walensee und Berge. Gemächlicher und lohnender ist da die Fahrt mit dem Schiff vom einen Ende des Sees zum anderen. Auf dem Deck kann man sich zurücklehnen und hindernisfrei die Berge betrachten, die sich über dem Gewässer auftürmen: die Churfirsten, deren steile Südseite fast senkrecht in den See hinabzufallen scheint und die wohl das spektakulärste Seeufer der ganzen Schweiz bilden.

Offiziell bestehen die Churfirsten aus sieben Gipfeln: es sind dies Selun, Frümsel, Brisi, Zuestoll, Schibenstoll, Hinderrugg und Chäserrugg. Weshalb nur diese sieben Berge zusammen die Churfirsten bilden sollen, ist auf den ersten Blick wenig einsichtig. Der Name «Churfirsten» soll jedoch abgeleitet sein von den Kurfürsten, jenem mittelalterlichen Wahlgremium, das jeweils den deutschen Kaiser kürte, und das waren

Immer weiter öffnet sich der Blick beim Aufstieg zum Hinderrugg.

Scharfkantig: Der Südwestgrat des Speers, dessen Gipfel nur wenig abseits des Toggenburger Höhenwegs liegt.

Idyllisch: Das Älpli kurz vor der Hulftegg.

eben auch nur sieben Männer. Tatsächlich beginnt die lange, steil gegen Walensee und Seeztal abfallende Gebirgskette schon mit dem Gonzen oberhalb von Sargans. Von dort zieht sie sich dann unter Einbezug weiterer Berge wie Gauschla, Alvier, Gamsberg und Sichelkamm westwärts bis zum Leistchamm, neben dem die grosse, muldenförmige Terrasse beginnt, auf der das von der Sonne verwöhnte Amden liegt.

Aus der Froschperspektive des Passagiers eines Walenseeschiffs ist kaum vorstellbar, dass es hoch in diesen vertikalen Flanken Fusswege geben soll. Tatsächlich weist aber fast der ganze Bergzug zwischen Gonzen und Leistchamm unterhalb der Gipfelaufbauten mehr oder minder breite Terrassen auf, die für die Alpwirtschaft genutzt werden und auf denen hoch über See und Tal schöne Wege verlaufen. Erst weit im Westen, unterhalb des Leistchamms, kippt das Gelände und wird so steil, dass man beim besten Willen nicht mehr von einer Geländeterrasse sprechen kann. Hier haben die Wandernden die Wahl: Entweder steigen sie ab bis zum Seeufer, von wo die Wanderung durch üppige, vom milden Klima verwöhnte Vegetation nach Amden weiterführt. Oder man wählt die alpine Route, den nicht ganz harmlosen Sattel des Gocht, hinter dem sich schon bald der Blick auf die Rückseite der Churfirsten öffnet – und die ist völlig anders als die vordere. Nicht gerade flach, aber doch deutlich weniger geneigt fallen auf dieser Seite grasbewachsene Hänge wie Pultdächer von den Gipfeln hinab ins langgestreckte Tal der Thur. Das Thurtal zwischen Churfirsten und Säntismassiv wird gemeinhin als Toggenburg bezeichnet. Tatsächlich umfasst das Toggenburg jedoch ein weit grösseres Gebiet, das bis vor die Tore der Stadt Wil reicht und neben dem Thurtal auch noch das Tal der Necker umfasst, die sich bei Lütisburg mit der Thur vereint. So ist es denn nichts als logisch, dass der 87 Kilometer lange Toggenburger Höhenweg, der in Wildhaus seinen Anfang hat, bis nach Wil führt und damit die voralpine Landschaft der Churfirsten weit hinter sich lässt. – Wer zuerst hinab zum Walensee gewandert ist, braucht etwas mehr Geduld und bekommt den Toggenburger Höhenweg erst oberhalb von Amden unter die Füsse.

Unmittelbar hinter Amden erhebt sich ein letzter Vorposten der Alpen, der wie eine Lanze ins Mittelland hinausragt – ein von weitem sichtbarer, nach Norden schroff abfallender Berg, der mit seinen Nachbargipfeln eine eigentliche Phalanx bildet, als ob er die «richtigen» Berge der Alpen vor dem Ansturm aufmüpfiger, grüner Hügel schützen müsste: der Speer. Mit 1950 Metern ist er der höchste Nagelfluhberg der Schweiz, und weil er seine Nachbargipfel überragt, ist er ein vortrefflicher Aussichtsberg, der an schönen Tagen oft einen argen Ansturm aushalten muss. Der Toggenburger Höhenweg umrundet den Speer zwar nordseitig, der kurze Abstecher auf den Gipfel ist aber schon fast Ehrensache. Zwar gibt es von dort eine direkte Verbindung an der Nordseite hinab, doch diese klettersteigähnliche Route ist im Abstieg wenig empfehlenswert, weshalb man mit Vorteil brav zurückkehrt, um auf harmlosen Wegen nordwärts zu wandern.

Nach dem nächsten Zwischenziel, dem Tanzboden mit seiner Alpwirtschaft, führt der Höhenweg immer über die Bergrücken zwischen Thurtal und Linthebene wandelnd weg von den Alpen, erreicht mit dem 1315 Meter hohen Regelstein nochmals einen Höhepunkt, bevor er zum Ricken abfällt, jenem wenig ausgeprägten, verkehrsreichen Passübergang zwischen Uznach und Wattwil. Wer glaubt, nun das flache Mittelland erreicht zu haben, sieht sich gewaltig getäuscht, denn zwischen Rickenpass und der Thurebene im Norden liegt ein kleines Gebirge, das sich zwar zu keinen wirklich hohen Gipfeln mehr auftürmt. Dafür wartet hier eine Landschaft, die trotz ihrer Nähe zu urbanen Zentren wie Wattwil, Wil oder Winterthur eine bemerkenswerte Ruhe und Abgeschiedenheit hat bewahren können. Schmale, scharfkantige Grate führen vom einen spitz geschnittenen Gipfel zum nächsten. Dazwischen liegen bewaldete, tief eingeschnittene Täler mit zahlreichen Schluchten, an den Hängen kleben einsame Gehöfte, und nicht selten liegen die Weiden, Wälder und Wipfel der einsamen Wettertannen eingehüllt in Nebelschwaden, die diesen Bergen zwischen Thur und Töss einen mystischen Charakter verleihen.

Über Rotstein und die Flanke des Tweralpspitz erreicht der Höhenweg auf der Chrüzegg ein weiteres Berggasthaus, in dem man fern von Strassen in aller Ruhe die Nacht verbringen kann, wobei man im Dunkeln mit etwas Glück die zahllosen Lichter der Zürichseeregion funkeln sieht.

Die Grenze zum Kanton Zürich ist nun nicht mehr weit, tatsächlich erreicht man diese bei der Schindelberghöchi, rund eineinhalb Wegstunden nach der Chrüzegg. Fortan wird die Höhenwanderung zum Grenzschlängeln zwischen den Kantonen St. Gallen

Orchideen erfreuen das Auge.

Die Kalksteinwände der Churfirsten türmen sich über den Alpterrassen oberhalb des Walensees.

Der Kettenweg über die Nordflanke des Speers ist im Abstieg nicht zu empfehlen.

Der Toggenburger Höhenweg verbindet die voralpine Welt der Churfirsten mit der Hügellandschaft des unteren Toggenburgs und des Zürcher Oberlands.

und Zürich, wobei man auf dem Schnebelhorn sogar auf dem Kopf des höchsten Zürchers stehen darf. Beim Roten wechselt der Weg dann definitiv wieder auf St. Galler Territorium und strebt der Hulftegg zu, einem Strassenübergang – dem ersten seit dem Rickenpass –, der diese Bergregion von Ost nach West durchquert. Von den Höhen am Rand des Toggenburgs gibt es immer wieder Möglichkeiten zum Abstieg, eine davon bietet sich auf der Hulftegg an, von der ein kurzer Weg hinab ins hübsche Toggenburger Dorf Mühlrüti führt, ein von der Chrüzegg aus in einer angenehmen Tagesetappe erreichbares Ziel.

Der Toggenburger Höhenweg – ein veritabler Höhenweg, der auf seiner ganzen Länge immer in der Höhe bleibt – mag nicht zu den alpinsten und spektakulärsten seiner Art zählen, doch verbindet er – egal ob man nun in Heiligkreuz startet oder den Originalweg ab Wildhaus wandert – die schroff-gebirgige Region der Churfirsten mit den so ganz anders gestalteten Hügelzügen des unteren Toggenburgs beziehungsweise des Zürcher Oberlands. Kein anderer Höhenweg führt durch so unterschiedliche Landschaften und dringt so weit Richtung Mittelland vor und bleibt doch immer fernab der grossen Strassen und geschäftigen Ballungszentren. Eine einzigartige «grüne» Wanderung von Berggasthaus zu Berggasthaus. (UH)

CHARAKTER

Fast immer auf guten Bergwegen oder Fahrstrassen verlaufend, wobei geteerte Strassenabschnitte nicht vollständig zu vermeiden sind. Die einzige Ausnahme bildet der weiss-blau-weiss markierte Aufstieg zum Sattel Gocht, der durch steile Flanken unterhalb des Nägelibergs und eine steile, geröllige Rinne hinauf zum Übergang führt; dieser Abschnitt verlangt Trittsicherheit und keine Scheu vor Tiefblicken. Um die Passage über den Gocht zu umgehen, entweder dem Höhenweg weiter folgen bis zur Laubegg und dann zum Walensee absteigen, von wo allerdings ein Wiederaufstieg nach Amden notwendig ist (durch Bus abkürzbar). Oder bereits eine knappe Wegstunde nach Lüsis direkt (steil und anstrengend, aber ohne Nervenkitzel) auf den Sattel zwischen Chäserrugg und Hinderrugg aufsteigen. Vom Hinderrugg dann nach Selamatt und dort wieder auf den Toggenburger Höhenweg. Der Abschnitt von Lüsis nach Arvenbüel wird dadurch aber sehr lang, und man sollte eine zusätzliche Übernachtung in Erwägung ziehen.

DIE WANDERUNG

Anfahrt

Mit der Bahn bis Sargans, dann mit dem nach Mels fahrenden Bus bis Heiligkreuz, Haltestelle Untergasse.

1. Tag

Von der Haltestelle ein wenig weiter in Fahrtrichtung bis zu einer grossen Kreuzung, dort rechts aufwärts und dem Bach entlang bis P. 563. Von hier auf dem Bergwanderweg über Hinterspina zur Alp Palfries, weiter auf Alpstrassen zuerst zum Gasthaus Strahlrüfi, dann über Gastilunsäss hinab zum wundervoll gelegenen und sehr empfehlenswerten Kurhaus Alp-Sennis. Ebenfalls möglich ist der Aufstieg von Palfries Richtung Alvier, unter diesem via P. 1755 zur Alp Malun und dann zum Kurhaus hinab. Diese Variante vermeidet die Fahrwege, ist aber aufgrund des Geländes anstrengender und dauert etwa gleich lang. Vom Kurhaus weiter auf ansteigendem Fahrweg bis zum Hof von Büchel und bald auf einem Fussweg, steil und stellenweise leicht ausgesetzt hinab in ein Abbruchgebiet mit dem treffenden Namen «Bruch». Oberhalb von Verachta traversiert der Weg ohne Höhenverlust durch steiles Gelände zu P. 1241, von wo ein Fahrweg nach Lüsis hinaufführt. 19 km, 1550 m Aufstieg, 760 m Abstieg, 8 Std., T3.

2. Tag

Über Weiden bis Brunnen, dann auf dem Alpzufahrtsweg nach Vorder büls und weiter bis Hinterbüls. Von dort auf schönem Fussweg über die Alp Tschingla (Unterkunftsmöglichkeit) nach Schrina-Obersäss. Steiler Abstieg auf einem Zickzackweg auf eine Alpstrasse hinab, auf dieser nach Schwaldis und weiter um den Halbkreis des Sälser Schwamms an der Sälserhütte vorbei bis P. 1521. Hier beginnt der weiss-blau-weiss markierte Aufstiegsweg zum Gocht, der nur bei trockenen und schneefreien Verhältnissen zu begehen ist. Nach Überschreitung des Sattels hinab zum Toggenburger Höhenweg, unterhalb des Glattchams und des Leistchams vorbei auf den Sattel bei P. 1663 und auf leichten Wanderwegen hinab nach Arvenbüel oder Amden (Bus zwischen Arvenbüel und Amden). Bis Arvenbüel 18 km, 1280 m Aufstieg, 1280 m Abstieg, 7¼ Std., T4.

3. Tag

Von Arvenbüel gemächlicher Aufstieg Richtung Vorder Höhi bis P. 1450 unterhalb des Gulmens. Von nun an wieder auf dem Toggenburger Höhenweg um den Gulmen herum nach Hinter Höhi. Wer in Amden übernachtet hat, benutzt am besten den Mattstock Sessellift und wandert von dessen Bergstation nach Hinter Höhi. Über Oberchäseren zu P. 1771, wo der kurze Aufstiegsweg zum Speer abzweigt. Der Höhenweg traversiert die steile Südflanke der Schwarzi Chöpf, überquert dann den vom Speer in Richtung Nordost verlaufenden Grat und sinkt hinab auf die Elisalp. Leichter Aufstieg zur Nordschulter des Wannenberg, dann mit wechselndem Auf und Ab am Schorhüttenberg vorbei zum Tanzboden. Ab Arvenbüel 18 km, 950 m Aufstieg, 790 m Abstieg, 6¼ Std., T2.

4. Tag

Angenehmes Gratwandern über Oberbächen (Alpwirtschaft) auf den Regelstein (1315 m), dann Abstieg durch meist bewaldetes Gebiet nach Ricken auf dem Rickenpass. 2 Kilometer die Strasse in Richtung Walde entlang, bis bei den Gehöften von Oberricken rechts ein Fahrweg nach Hüttenberg (Restaurant) abzweigt. Auf einem Fussweg auf den Grat zwischen Schwammegg und Rotstein. Nun entweder über den Tweralpspitz oder entlang dessen Westseite zur Oberen Tweralp und weiter zur Chrüzegg. 16 km, 800 m Aufstieg, 970 m Abstieg, 5½ Std., T1.

5. Tag

Kurzer Aufstieg zum Chümibarren, dann abwärts durch märchenhaften Wald mit grossen Felsblöcken auf einen Sattel unterhalb des Habrütispitz. Um diesen herum nach Hinter Chreuel und dann über die Rossegg oder um diese herum zum Schindelberg (Restaurant). Schöner Höhenweg zur Schindelberghöchi, wo der kurze, aber satte Aufstieg zum Schnebelhorn beginnt. Auf dem Grat zur Hirzegg, dann am Roten vorbei zu P. 955, einem Sattel beim einsamen Gehöft von Älpli. Möglichkeit des direkten Abstiegs nach Mühlrüti. Ansonsten auf dem Zufahrtsweg zur Hulftegg weiter kurz die Strasse entlang, über die Passhöhe und etwas abwärts, dann auf einem schmalen Fussweg hinab zum Weiler Hulftegg und weiter nach Mühlrüti. 14 km, 450 m Aufstieg, 960 m Abstieg, 4½ Std., T1.

UNTERKUNFT UND VERPFLEGUNG
Unterkünfte in Amden und Arvenbüel. Siehe Tourismus Amden-Weesen rechts.
Berggasthaus Palfries, 9478 Azmoos, Telefon 081 783 12 24, Fax 081 783 31 06, www.palfries.ch.
Berggasthaus Stralrüfi, 9478 Azmoos, Telefon 081 785 15 10, www.stralruefi.ch.
Kurhaus Sennis Alp, 8892 Berschis, Telefon 081 733 12 29, www.sennis-alp.ch.
Berggasthaus Lüsis, 8881 Tscherlach, Telefon 081 735 11 72, berggasthaus.luesis@bluewin.ch, www.luesis.ch.
Alp Tschingla, 8880 Walenstadtberg, Telefon 081 735 21 61, www.alp-tschingla.ch.
Alpwirtschaft Tanzboden, 8739 Rieden, Telefon 055 283 12 18, www.tanzboden-rieden.ch.
Alpwirtschaft Oberbächen, 9642 Ebnat-Kappel, Telefon 071 993 10 35, alp@oberbaechen.ch, www.oberbaechen.ch.
Berggasthaus Chrüzegg, 9630 Wattwil, Telefon 055 284 54 84, info@chruezegg.ch, www.chruezegg.ch.
Hotel-Restaurant Hulftegg, 9613 Mühlrüti, Telefon 071 983 33 66, hulftegg@bluewin.ch, www.hulftegg.ch.

VARIANTEN
1. Tag
- Mit der Bahn ab Sargans oder Buchs SG nach Trübbach, dann mit Bus bis Oberschan. Eine Luftseilbahn mit Selbstbedienung führt hinauf zum Kurhaus Alvier (siehe dazu auch www.hotelalvier.ch). Von hier Aufstieg über Hübschen Waldboden nach Labria, dann auf der Zufahrtsstrasse über Chammboden nach Palfries. Ganze Wanderung Kurhaus Alvier bis Lüsis 18 km, 1050 m Aufstieg, 780 m Abstieg, 6½ Std., T3.
- Mit Taxi nach Palfries, nähere Angaben dazu unter www.palfries.ch. Die Wanderung ab Palfries bis Lüsis dauert dann noch rund 4½ Std.

2. Tag
- Bei P. 1521, wo der weiss-blau-weisse Weg zum Gocht abzweigt, geradeaus und auf dem Höhenweg bis Laubegg. Nun zuerst steil, dann zusehends angenehmer abwärts bis auf den beliebten Wanderweg von Quinten nach Weesen. Auf diesem bis Hinterbetlis und dann auf gut bezeichneten Wegen hinauf ins Dorf. Ab Lüsis bis Amden Dorf 22 km, 1180 m Aufstieg, 1540 m Abstieg, 8¼ Std., T3.
- Von Lüsis über Brunnen bis Vorderbüls und weiter Richtung Hinterbüls. Zwischen den beiden Höfen zweigt der sehr steile, aber durch eine grandiose Landschaft führende Aufstiegsweg zum Chäserrugg und Hinderrugg ab. Auf dem Sattel bei P. 2284 nach links auf das Gipfelplateau des Hinderrugg und über dessen Rücken hinab nach Zinggen. Dann auf dem Toggenburger Höhenweg über die Alp Selamatt zur Breitenalp und weiter über Vorder- und Hinderselun Richtung Glattcham und Leistcham, an diesen vorbei zum Sattel bei P. 1663. Von hier Abstieg auf leichten Wegen nach Arvenbüel. 22 km, 1640 m Aufstieg, 1640 m Abstieg, 9½ Std., T3.

INFORMATIONEN
Hotel Alvier, 9479 Oberschan, Telefon 081 784 02 02, Fax 081 784 02 00, www.hotelalvier.ch.
Tourismus Amden-Weesen, Dorfstrasse 22, 8873 Amden, Telefon 058 228 28 30, tourismus@amden.ch, www.amden-weesen.ch.
Toggenburg Tourismus, 9658 Wildhaus, Telefon 071 999 99 11, info@toggenburg.org, www.toggenburg.org.

Landeskarte 1:25 000, 1093 Hörnli, 1113 Ricken, 1114 Nesslau, 1134 Walensee, 1135 Buchs.
Landeskarte 1:50 000, 226 Rapperswil, 227 Appenzell, 237 Walenstadt.

Das Kurhaus Sennis Alp ist ein wundervoller Ort für eine Pause oder um dort die Nacht zu verbringen.

Schwyzer Panoramaweg: Höhenwanderung durch die klassische Voralpenlandschaft der Zentralschweiz.

ZENTRALSCHWEIZ

Über fünf Ecken: SCHWYZER PANORAMAWEG

Weglosen–Forstberg–Sternenegg–Ibergeregg–Holzegg–Haggenegg–Nüsellstock–Rothenturm

An den eher seltenen schönen Tagen mit klarer Sicht über die ganze Länge des Sees bis zu den Alpen gibt es einige sehr auffällige Gipfel im Panorama, das sich den Besuchern bereits vom Bürkliplatz in Zürich aus bietet. Neben dem massigen Tödi, dem breiten Rücken des Bös Fulen und der eisigen Welt des Glärnisch gibt es noch einen weiteren Berg, der ins Auge sticht: charakteristisch sein hohes, schräg aufwärts laufendes Felsband, über dem sich ein schmaler, dunkelgrüner, messerscharf wirkender Grat aufbaut. Besonders im Winter, wenn die Landschaft unter Schnee liegt, sticht dieses Felsband schwarz und bedrohlich heraus und macht seinen Besitzer, den Druesberg, zu einem unverwechselbaren Bestandteil der Stadtzürcher Sicht auf die Berge.

Dem Druesberg zu Füssen, eingebettet in eine grosse Mulde, liegt das Skigebiet des Hoch-Ybrig, jene Wintersportarena, die der Stadt und der Agglomeration Zürich am nächsten liegt. Unübersehbar erinnern das grosse, nicht eben schöne Parkhaus bei der Talstation in Weglosen und die im Sommer meist deutlich überdimensionierten Kabinen der Hoch-Ybrig-Luftseilbahn daran. Doch trotz ruhenden Skiliften, Sesselbahnen und von Musik beschallten Sonnenterrassen ist der Hoch-Ybrig auch im Sommer ein Gebiet, das man mit gutem Gewissen als Wanderregion empfehlen kann. Während der warmen Jahreszeit weidet hier oben das Vieh wie auf den meisten anderen Alpen des Landes und lässt sich von den stählernen Masten nicht stören, die den Reiz der Landschaft tatsächlich nur wenig beeinträchtigen. Dafür bieten jene Sesselbahnen, die auch im Sommer in Betrieb sind, den Ausflüglern, Spaziergängern und Wanderern eine willkommene Auf- oder Absteigehilfe.

Schon beim Aufstieg in Richtung Druesberghütte lockt der Forstberg.

Gratwandern auf dem Rücken des Forstbergs mit Blumenpracht im Vordergrund.

Schroff fällt das Gelände vom Forstberg hinab ins Muotatal.

Die eigentümlich geformten Mythen sind Überreste der einstigen Penninischen Decke.

Die Einsamkeit sucht man hier wie bei allen gut erschlossenen Wanderrouten vergeblich. Dies gilt speziell für das Herzstück des Panoramawegs zwischen Ibergeregg und Hagenegg und insbesondere natürlich für das Wochenende. Aber auch wer lieber auf einsamen Wegen unterwegs ist und die Natur ungern mit vielen anderen teilt, darf sich den Schwyzer Panoramaweg getrost vornehmen. Die offizielle Route führt vom Kleinen Sternen im Hoch-Ybrig-Gebiet über die Ecken der Iberger-, Holz- und Haggenegg nach Mostelberg, was sich gut in einem Tag bewältigen lässt. Doch mit einer Verlängerung am Anfang und am Ende sowie einer Übernachtung dazwischen wandelt man nicht nur auf den angefügten Enden auf deutlich einsameren Pfaden, sondern begeht auch das populäre Herzstück zu Tageszeiten, wenn die meisten schon wieder auf dem Heimweg oder aber noch nicht angekommen sind. Eine reizvolle Wochenendtour, die auch einige interessante Varianten bereithält.

In der von uns vorgestellten Variante beginnt der Panoramaweg in Weglosen. Das erste Zwischenziel ist die Druesberghütte, am einfachsten erreichbar auf der Fahrstrasse, wesentlich aufregender jedoch ist der Aufstieg über den Leiternweg: Weiss-blau-weiss markiert, bietet dieser Weg keine technischen Schwierigkeiten und führt zuerst steil, über hohe Stufen durch den Wald hinauf an den Fuss der Felswand, die sich über Weglosen auftürmt und kaum überwindbar scheint. Geschickt eine Rinne ausnutzend, gewinnt man rasch an Höhe und geniesst dabei den immer weiter werdenden Ausblick. Der gut gesicherte Steig ist ein attraktiver Aufstieg zur Druesberghütte; wer allerdings Tiefblicke nicht schätzt und für die zuweilen hohen Tritte nicht gelenkig genug ist, wählt vorzugsweise die Fahrstrasse. Nach diesem reizvollen Einstieg erreicht man die gastliche Druesberghütte, die nicht nur zu einer Pause lädt, sondern sich auch als Übernachtungsort anbietet für Tourengängerinnen und -gänger, die gleich nach Feierabend aufgebrochen sind.

Wer sich, auf der Hüttenterrasse sitzend, vom nahen Druesberg und seinem Nachbarn, dem etwas niedrigeren Forstberg, angezogen fühlt, folgt der weiss-blauen Wegmarkierung hinauf zum Sattel zwischen den beiden benachbarten Gipfeln. Ein Abstecher zum Druesberg drängt sich hier beinahe auf, doch wer am selben Tag noch bis zur Ibergeregg will, sollte sich diesen kleinen Ausflug gut überlegen, verlängert sich doch das ohnehin schon recht ambitiöse Tagesprogramm so um eine gute Stunde. Die unmittelbare Nähe zu den grossen Innerschweizer Bergen macht den Forstberg zu einem sehr lohnenden Aussichtsberg. Nicht zuletzt überblickt man von hier oben die weite, silbrig glänzende Welt der Silberen, ein riesiges Karstgebiet, welches auch das Höllloch beherbergt, eines der längsten Höhlensysteme Europas. Steil vom Gipfeldach abwärts, dann mehr oder weniger den Grat entlang mit einigen recht ausgesetzten Passagen bringt uns die weiss-blaue Route ebenfalls zum Kleinen Sternen, dem eigentlichen Tor zum Schwyzer Panoramaweg.

Der Schwyzer Panoramaweg wurde – nicht zuletzt angespornt durch den Erfolg des 1991 eröffneten «Wegs der Schweiz» – in den Jahren 1993 bis 1998 realisiert. Der Weg verläuft natürlich meist auf früher schon bestehenden Pfaden, die aber saniert, neu beschildert und zum Teil auch neu und vorteilhafter angelegt wurden.

Langsam beginnen die Mythen das Blickfeld zu füllen und rücken mit fortschreitender Tour immer näher. Die zwei eigentümlichen Berggestalten sind Überreste der einstmals riesigen penninischen Deckenmasse, die ansonsten in schon weit zurückliegenden Zeiten abgetragen worden ist. Im Unterschied zur Umgebung, die hauptsächlich aus Nagelfluh besteht, sind die Mythen aus sechs verschiedenen Kalksteinarten aufgebaut, was zu ihrer auch rein optisch auffälligen Erscheinung beiträgt. Auf der Ostseite der beiden Felsriesen, zu denen auch der kleine Nachbar Haggenspitz zählt, leitet der Panoramaweg zur Haggenegg und strebt dann nach Mostelberg, wo eine Gondelbahn nach Sattel hinabhilft.

Auf der Haggenegg verlassen wir den Panoramaweg. Wer mag, besteigt noch die grasbewachsene Pyramide des Hochstuckli. Ansonsten lockt nun der zumeist bewaldete Rücken, der das Alptal nach Westen einrahmt und der auf dem spitzen Nüsellstock einen letzten Höhepunkt findet. Die Variante Haggenegg–Nüsellstock–Rothenturm ist sozusagen das Dessert, ein liebliches, überaus angenehmes Stück Weg, ein Wechselspiel von Bäumen, blumenreichen Wiesen, Alpweiden, Fernsicht und dem Reiz der Schätze am Wegrand. Die schroffen Felstürme der Mythen im Rücken, hat man nun die mit zunehmender Ferne sanfter und flacher werdenden, von den Voralpen ins Mittelland übergehenden Hügelzüge im Blickfeld. In leichter Biegung liegt das glitzernde Band des Zürichsees zu Füssen des Betrachters und an seinem Ende, im dunstigen Licht kaum auszumachen, die Stadt Zürich, wo die Wellen ans Ufer schwappen oder an die Mauern beim Bürkliplatz klatschen, jenem Platz an der Seefront, wo unsere Reise, zumindest in Gedanken, begonnen hat. (UH)

Schon fast ein Muss: Etwas abseits des Schwyzer Panoramawegs lockt der Grosse Mythen mit seiner grandiosen Aussicht.

CHARAKTER

Der Leiternweg zur Druesberghütte, ein gut gesicherter, jedoch steiler Weg mit einigen kitzligen Tiefblicken, erfordert Trittsicherheit. Alternativ folgt man dem Hüttenweg, der jedoch auf der Alpzufahrtsstrasse verläuft. Von der Druesberghütte über den Forstberg zum Kleinen Sternen ist es eine alpine Route, auf der Trittsicherheit und Schwindelfreiheit unerlässlich sind. Die Etappe über den Forstberg kann aber umgangen werden (siehe «Varianten»). Vom Kleinen Sternen bis nach Rothenthurm auf einfachen, gut ausgebauten Wegen oder (zumeist ungeteerten) Fahrstrassen.

DIE WANDERUNG

Anfahrt

Mit der Südostbahn nach Einsiedeln, dann mit direktem Bus ab Einsiedeln via Unteriberg zur Talstation der Hoch-Ybrig-Luftseilbahn in Weglosen.

1. Tag

Der weiss-blau-weiss markierte Leiternweg führt ab Weglosen die steile Ostflanke des Tals hinauf nach Ober Gruebi, dann auf dem normalen Hüttenweg über Weiden zur Druesberghütte. Von dort über die Alplandschaft auf das Chalberalpeli, einer Mulde zwischen Drues- und Twäriberg. Hier beginnt ein stetig steiler werdendes Geröllfeld, das man auf einem Zickzackweg hinaufsteigt bis auf den Sattel zwischen Druesberg und Forstberg. Nun nach rechts über Geröll bis zum Gipfelaufbau und auf steilem Pfad zum Forstberggipfel (2215 m). Über die Nordwestflanke des Berges abwärts zu P. 2026, der Schlüsselstelle der Tour: ein ausgesetztes Felsband mit Kettensicherungen und durch Kies etwas rutschigem Untergrund (bei Nässe meiden). Weiter, mit nochmals einigen ausgesetzten Stellen, auf dem Verbindungsgrat zwischen Forstberg, Grossem und Kleinem Sternen. 8 km, 1250 m Aufstieg, 450 m Abstieg, 4¾ Std., T4.

Ab Kleinem Sternen auf breiten, guten Wegen zuerst weiter dem First entlang, dann kurzer Abstieg zum Nühhüttli, von wo es zum Spirstock (1771 m) hinaufgeht. Über Laucherenchappelen zur Sternenegg und schliesslich über einen kleinen Sattel zwischen Hudelschijen und Chli Schijen zur Ibergeregg. 7 km, 200 m Aufstieg, 600 m Abstieg, 2¼ Std., T2.

2. Tag

Ab Ibergeregg auf einer Fahrstrasse leicht ansteigend durch die Südwestflanke nach Zwäcken, weiter zur Müsliegg und dann direkt zur Stäglerenegg und Holzegg. Nun dem Fuss des Grossen Mythen entlang nach Zwüschet Mythen und durch bewaldetes Gebiet zur Haggenegg. 7 km, 300 m Aufstieg, 300 m Abstieg, 2 Std., T2.

Ein kurzes Stück auf der Teerstrasse Richtung Mostelberg, dann rechts hinauf zu einem Sattel (P. 1475) zwischen Hochstuckli und Nätschboden. Hier zweigt die Fortsetzung der Tour nach rechts ab und steigt auf den Grat, der die Haggenegg mit dem Nüsellstock verbindet. Über mehrere kleinere Auf- und Abstiege zum Nüsellstock (1478 m). Nun steil abwärts durch den Wald auf eine Foststrasse, der man bis zu einem Übergang (P. 1206) zwischen Rothenthurm und Trachslau folgt. Abstieg durch Wald und Moorlandschaft und schliesslich über Weiden nach Rothenthurm. 11 km, 400 m Aufstieg, 900 m Abstieg, 3½ Std., T3.

UNTERKUNFT UND VERPFLEGUNG

Druesberghütte, 8842 Unteriberg, Telefon 055 414 11 63, www.druesberghuette.ch.
Hotel Passhöhe, Ibergeregg, 8843 Oberiberg, Telefon 041 811 20 49, rubli@ibergeregg.ch, www.ibergeregg.ch.
Alpwirtschaft Zwäcken, 8843 Oberiberg, Telefon 041 810 33 57, www.zwaecken.ch. Für eine Übersicht der Verpflegungsmöglichkeiten unterwegs siehe auch www.mythenregion.ch und www.sattel-hochstuckli.ch.

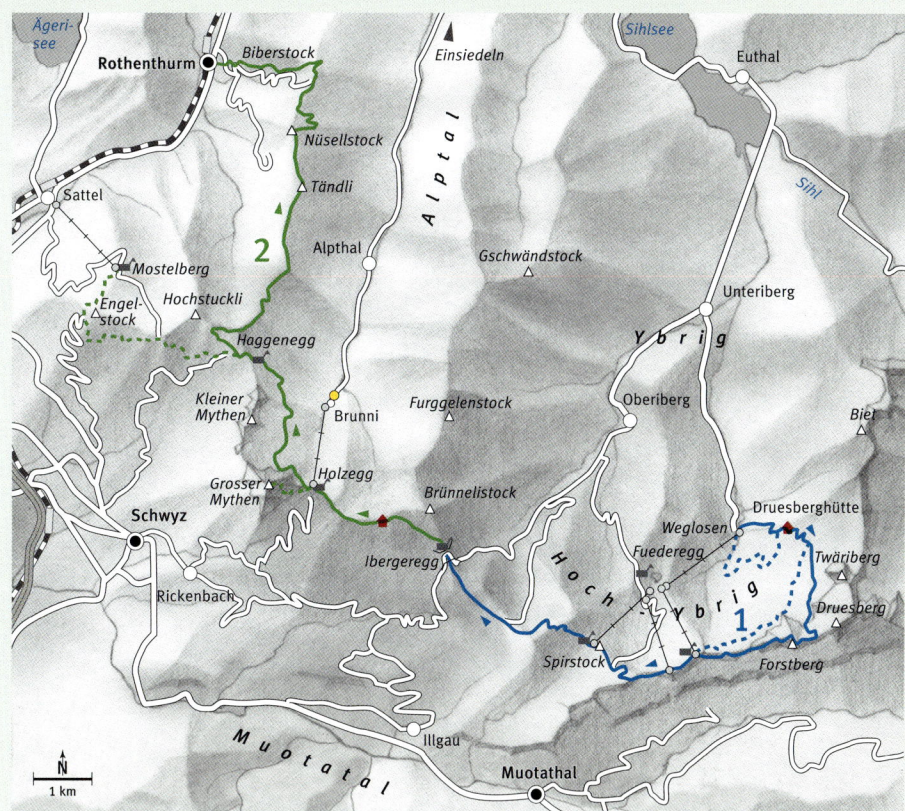

VARIANTE

1. Tag

Von Weglosen auf dem Hüttenweg über die Alpzufahrtsstrasse zur Druesberghütte. Weiter auf dem Bergwanderweg, der die Nordwestflanke des Forstbergs entlang zum Kleinen Sternen führt. 8 km, 900 m Aufstieg, 100 m Abstieg, 3½ Std., T3.

2. Tag

– Aufstieg ab Holzegg zum Grossen Mythen, steil und ausgesetzt, aber auf sehr gut angelegtem und gesichertem Weg. Hin und zurück 3 km, 500 m Aufstieg und Abstieg, 2½ Std., T3.
– Ab Haggenegg weiter auf dem Schwyzer Panoramaweg, um den Engelstock nach Mostelberg. 6 km, 140 m Aufstieg, 360 m Abstieg, 1½ Std., T1.

INFORMATIONEN

Ferien- und Sportregion Ybrig, Jessenenstrasse 5, 8843 Oberiberg, Telefon 055 414 26 26, www.ybrig.ch.
Schwyzer Wanderwege, Brand 18, 6436 Ried-Muotathal, Telefon 041 820 04 24, info@schwyzer-wanderwege.ch, www.schwyzer-wanderwege.ch.

Landeskarte 1:25 000, 1152 Ibergeregg.
Landeskarte 1:50 000, 236 Lachen.

Die drei Gipfel einer Königin: RIGI-HÖHENWEG

Rigi Kulm–Rigi Scheidegg–Urmiberg

Die Strecke rund um seinen ganzen Fuss misst gut 50 Kilometer, mehr als 35 davon verlaufen an Seeufern, der Rest über Land – flaches Land. Die Rede ist vom Sockel eines Berges, der eigentlich eine Dame ist: die Rigi. Das kleine Gebirgsmassiv, das alle nur unter dem Namen Rigi kennen, besteht aus drei Haupt- und fünf Nebengipfeln, zusammen bilden sie ein kleines Gebirge, das mit keinem anderen Berg in direkter Berührung steht, sondern völlig für sich allein aus dem Gelände wächst wie eine Insel. Dazu passt, dass das Wasser von nicht weniger als drei Seen an den Gebirgsfuss schwappt und damit den eigenständigen Charakter dieser Königin unter den Bergen noch verstärkt. Die von den Nachbarn entrückte Lage macht die Rigi zu einem der lohnendsten Aussichtsberge der Zentralschweiz. Von ihrem Rücken schweift der Blick vom Säntis zum massigen Glärnisch, über die Gipfel der Zentralschweiz hin zu den Berner Alpen und weiter zum nicht minder eindrücklichen Pilatus, schliesslich über die Weite des Mittellands, die in der Ferne mit den Jura- und Schwarzwaldhöhen ihren

Der Rigi-Höhenweg ist zwischen Rigi Kulm und Rigi Scheidegg selbst im Winter begehbar.

Schon seit 1870 ist die Rigi mit Zahnradbahnen erschlossen.

Das Rütli, Wiege der Schweiz, liegt gleich um die Ecke: Ausblick vom Urmiberg auf den Urnersee.

Abschluss findet – sofern das Mittelland nicht unter einer dicken Nebeldecke verborgen ist, wie es im Winter regelmässig der Fall ist. An diesen Tagen, und das sind nicht wenige im Jahr, wird die Rigi erst recht zu einer Insel, auf die sich jeweils Hunderte von sonnenhungrigen Mittellandbewohnern retten, um wenigstens für ein paar Stunden dem grauen Deckel zu entfliehen, der dann über weiten Teilen der Schweiz liegt.

Touristisch erschlossen ist die Rigi schon seit langer Zeit. Bereits 1871 wurde die Zahnradbahn von Vitznau nach Rigi Kulm eröffnet, vier Jahre später folgte die Linie von Goldau. Zur selben Zeit wurde auf der Rigi noch eine dritte Bahnstrecke eingeweiht, die ohne Zahnradstangen betriebene Verbindung zwischen Kaltbad und Rigi Scheidegg. Ausser einem schönen Eisenbahnviadukt ist von dieser Bahn allerdings nichts mehr übrig, ihr Betrieb wurde 1931 eingestellt, die Schienen später abgebrochen. Geblieben ist das Trassee, das zum Kernstück der Höhenwanderung über die Rigi geworden ist – einer Wanderung notabene, die zwischen Rigi Kulm und Rigi Scheidegg sogar im Winter möglich ist!

Leute mit Stil reisen mit dem Schiff von Luzern nach Vitznau, um von dort nach Rigi Kulm hinaufzufahren. Leute mit Muskeln steigen aus eigener Kraft von Immensee oder zumindest von der Seebodenalp auf die Rigi. Wer sich alle drei Rigihauptgipfel vorgenommen hat, wandert die Tour am besten in der entgegengesetzten Richtung als hier vorgestellt, denn der Abstieg vom Felszahn der Hochflue nach Egg ist nicht ganz ohne und für die meisten Tourengänger im Aufstieg besser zu bewältigen. Leute mit Musse nehmen sich zwei Tage Zeit für die Tour über die Rigi – was man übrigens nicht nachdrücklich genug empfehlen kann. Die Rigi ist nicht nur berühmt für ihre Sonnenuntergänge, mindestens ebenso attraktiv ist die Ruhe, die abends eingekehrt, wenn die Tagesgäste abgefahren oder abgestiegen sind. Dann hat man den Berg fast für sich allein und erlebt ihn in einer Stille und Schönheit, die der Berg an schönen Tagen vor dem grossen Publikum verborgen hält. (UH)

ZENTRALSCHWEIZ

Verschiedene Wege führen auf die Rigi Hochflue. Gemeinsam ist allen, dass Trittsicherheit gefragt ist.

CHARAKTER

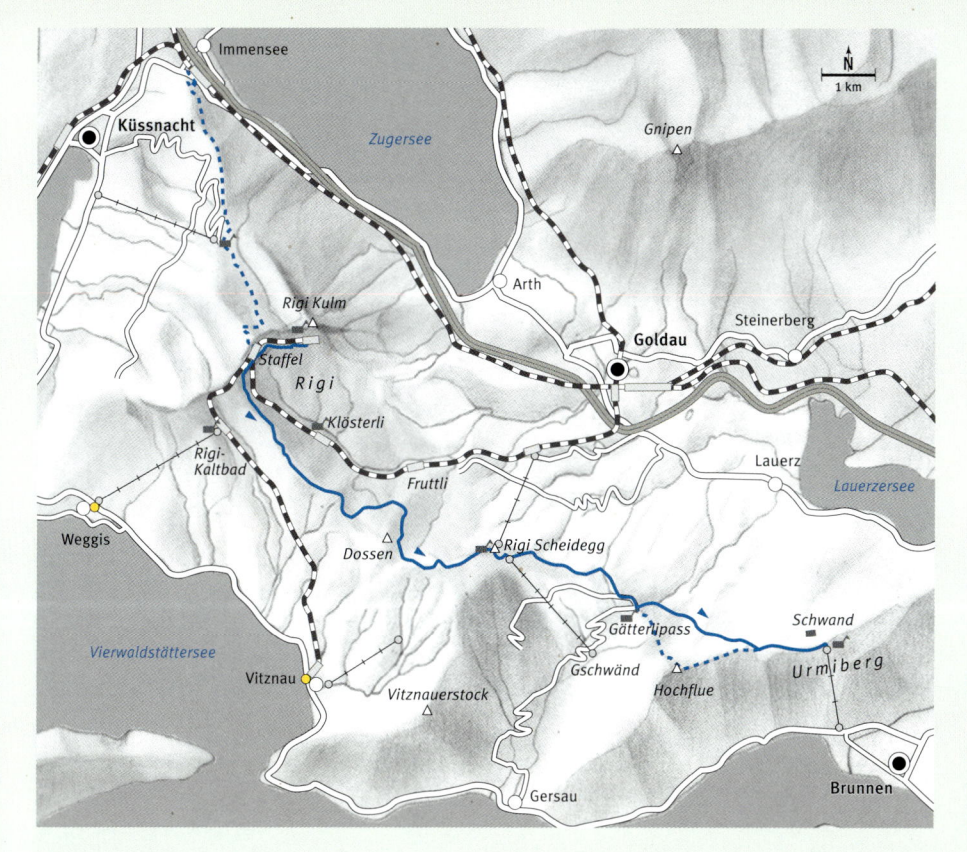

Von Rigi Kulm bis Rigi Scheidegg auf breiten Wegen, fast ohne Steigungen. Der Abstieg von der Scheidegg zum Gätterlipass ist ebenfalls einfach, jedoch steil. Der letzte Abschnitt vom Gätterlipass durch die Nordostflanke der Hochflue nach Urmiberg ist wiederum problemlos und verläuft auf guten Wegen beziehungsweise einer Forststrasse.

Der Aufstieg von Immensee via Seebodenalp nach Staffel ist steil, aber ansonsten makellos. Ebenfalls steil ist der Weg vom Gätterlipass zur Rigi Hochflue (lange Leiter auf den Gipfelaufbau). Der Abstieg von der Hochflue nach Egg ist trittsicheren und schwindelfreien Berggängern vorbehalten. Er führt zuerst einen Kamin hinab (Eisengriffe) und über eine steile Flanke (z.T. mit Seilen gesichert), dann über einen ausgesetzten Grat.

DIE WANDERUNG

Anfahrt

Mit den Rigibahnen entweder von Arth-Goldau oder von Vitznau nach Rigi Kulm.

Von Rigi Kulm hinab nach Staffel, dann am Rotstock vorbei (oder darüber) zum First. Auf dem Felsenweg die Südseite des Schilds entlang oder auf dem ehemaligen Bahntrassee um dessen Nordseite zur Schildhütte, dann um den Würzenstock nach Unterstetten. Der Hauptweg umgeht nun den Dossen, man kann aber auch über diesen steilen Nebengipfel nach Hinder Dossen wandern. Von hier kurzer Aufstieg zur Rigi Scheidegg, auf deren Ostgrat der Weg zum Gätterlipass abfällt. Leicht abwärts auf die Nordseite, dann auf einer Forststrasse nach Egg zwischen Hochflue und Gottertli. Auf einfachem Bergweg zur Bergstation der Seilbahn Urmiberg. 15 km, 440 m Aufstieg, 1020 m Abstieg, 5 Std., T1.

VARIANTEN

– Von Immensee über den Nordgrat der Rigi oder mit der Seilbahn ab Küssnacht zur Seebodenalp. Über Grodstafel und Holderen zum Fuss des Bergaufschwungs, dann auf gutem Bergweg steil hinauf nach Staffel. Immensee bis Staffel 7 km, 1140 m Aufstieg, 3 ½ Std., T2.

– Vom Gätterlipass den Nordostgrat der Hochflue hinauf bis unter den Gipfel, die letzten Höhenmeter auf einer langen Leiter hinauf auf das grosse Gipfelplateau. Weiter knapp unterhalb des Ostgrats bis zu einem Kamin mit Haltegriffen, durch diesen hinab bis an den Fuss der Felswand, dann eine abschüssige, teilweise mit Seilen gesicherte Flanke hinab zu einem Sattel am oberen Ende eines sehr steilen Einschnitts. Nun auf stellenweise ausgesetztem Grat über den Spitz nach Egg. Ab Gätterlipass bis zur Seilbahnstation Urmiberg 4 km, 560 m Auf- und Abstieg, 3 Std., T4.

UNTERKUNFT UND VERPFLEGUNG

Ein ausführliches Verzeichnis der auf der Rigi verfügbaren Unterkünfte und Restaurants findet sich auf der Homepage der Rigibahnen (siehe unten).

Bergrestaurant Gätterlipass, 6442 Gersau, Telefon 041 828 11 53.

INFORMATIONEN

Rigi Bahnen AG, Postfach, 6354 Vitznau, Telefon 041 399 87 87, rigi@rigi.ch, www.rigi.ch.
Luftseilbahn Seebodenalp, Grepperstr. 43, 6403 Küssnacht am Rigi, Telefon 041 850 19 33, Telefon Wetter 041 850 66 80, info@luftseilbahnseebodenalp.ch, www.luftseilbahnseebodenalp.ch.
Urmiberg-Bahn/Bergrestaurant Timpelweid, 6440 Brunnen, Telefon 041 820 14 05, www.urmiberg.ch.

Das Rigimassiv wächst ganz für sich allein aus dem Gelände und bildet fast so etwas wie eine Insel.

Urchige Landschaft über historischer Passstrasse:
SCHÄCHENTALER HÖHENWEG

Flüelen/Eggberge–Biel–Klausenpass–Brunnital–Sittlisalp

Der Schächentaler Höhenweg ist einer der klassischen Tal-Höhenwege: Man wandert auf der einen Seite in das Tal hinein, in diesem Fall bis zum Klausenpass, und kehrt anderntags auf der anderen Talseite wieder zurück. Das mag etwas gar einfach und simpel tönen, ist es eigentlich auch, aber die Veränderung der Ausblicke mit veränderter Laufrichtung ist auf dieser Tour besonders eindrücklich. Sieht man von Eggberge noch kurze Zeit auf den weit unten zwischen grossen Felswänden, Alpen und Wäldern eingebetteten Vierwaldstättersee, dominiert bald darauf schon eine alpine Szenerie mit dem Schärhorn im Mittelpunkt. Der 3294 Meter hohe Gipfel ist von Gletschern umgeben und fällt durch seinen zweigeteilten, scherenartig auseinander strebenden, felsigen Gipfelaufbau auf.

Kurz nach dem Start auf Eggbergen zeigt sich der Brunnistock (markante Spitze in der Bildmitte).

Eine Gartenzwergfamilie behütet eine Alphütte auf der Alp Heidmanegg, kurz vor der Klausenpasshöhe.

Morgendliche Nebelstimmung am Fleschsee.

Von Eggberge, hoch über dem Reusstal, steigt man zunächst zum Fleschsee hinauf. Der Weiterweg führt dann in leichtem Auf und Ab von Alp zu Alp. Am Schluss des Tages erreicht man die Klausenpassstrasse; die im Jahr 1900 eröffnete Strasse ermöglicht den Übergang vom Kanton Uri in das Glarnerland. Dass das Hotel Klausenpasshöhe schon manchen strengen Winter erlebt hat, ist ihm anzusehen: Durch den stetigen Schneedruck wurde es hangabwärts in Schräglage gedrückt. Die mit alten Möbeln eingerichteten Nostalgie-Hotelzimmer haben deshalb auch schräge Fussböden und Wände.

Während der zweiten Tagesetappe kann man die erste Etappe noch einmal überblicken und Revue passieren lassen. Die zahlreichen Alpen auf den verschiedenen Höhenstufen sind gut zu erkennen, ebenso die gemähten und dadurch in unterschiedlichem Grün erscheinenden Wiesen. Die sonnenhalb, das heisst auf der Sonnenseite des Schächentals gelegenen Alphütten liegen schön regelmässig verstreut, um das vielfach noch aufwendig von Hand gemähte Heu nicht weiter als nötig transportieren zu müssen. Die verschiedenen Höhenlagen nützend, ziehen die Bauern im Lauf des Jahres samt Vieh und allen nötigen Habseligkeiten mehrfach vom Tal auf immer höher gelegene Alpen und im Herbst dann wieder hinab.

Anders ist die Verteilung der Alpen schattenhalb, also auf der Schattenseite, die wir am zweiten Tag begehen. Hier sind die Alpen eher weiter auseinander gelegen, aber dennoch recht gross, und die Alphütten sind in Gruppen zusammen gebaut. Auf Flächen, die nicht oder nicht mehr bewirtschaftet werden, holt sich die Natur rasch ihren Lebensraum zurück, indem sich Büsche, Legföhren und Erlenstauden breitmachen.

Die erste der beiden Steilstellen der zweiten Tagesetappe: Ein guter Weg führt hinunter zur Oberalp.

Von der Alp Wannelen auf 1630 Metern erblickt man im Talboden die Häuser von Unterschächen, flächenmässig die fünftgrösste Gemeinde des Kantons Uri. Hat man einmal die Alp Wannelen passiert, öffnet sich der Blick in das Brunnital, das einzige südliche Seitental des Schächentals in dieser Grösse. Über den steilen Felswänden und den Fichtenwäldern liegen wieder zahlreiche Alpen. Einige bieten ihren Käse im Direktverkauf an. (DV)

CHARAKTER

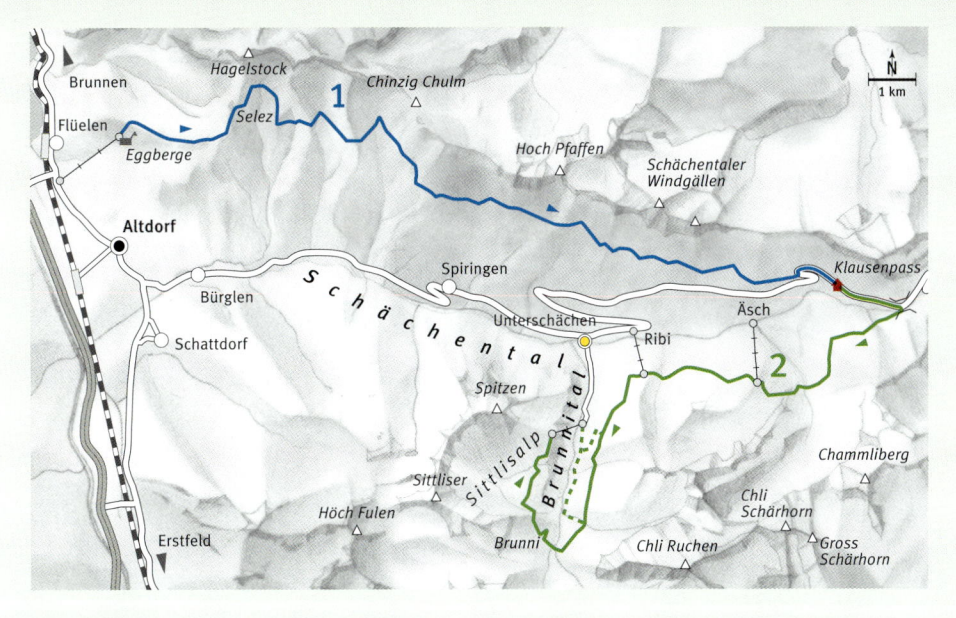

Am ersten Tag einfache, aber lange Wanderung hoch über dem Schächental. Am zweiten Tag bewegt man sich im mittleren Schwierigkeitsbereich von Alp zu Alp.

DIE WANDERUNG

Anfahrt

Zu Fuss oder mit dem Bus vom Bahnhof Flüelen zur Bergbahn nach Eggberge.

1. Tag

Von der Bergstation der Eggberge-Bahn erst nordostwärts bis P. 1502, dann direkt über den breiten Rücken via Hüenderegg zum Fleschsee. Weiter zum grössten Teil auf Alpstrassen über Alp Selez, Alafund (Sirupstand), Unter Gisleralp, Obflüe, Älpeli, Hegerwald, Grotzenegg, Heidmanegg und Vorderen Rustigen zum Hotel Klausenpasshöhe (1840 m). 20 km, 1000 m Aufstieg, 500 m Abstieg, 6½–7 Std., T1.

2. Tag

Vom Hotel Klausenpass über Chammli (2054 m), Chammlitritt, Oberalp, Hüenderli (1842 m), Egghütte, Wannelen (1630 m), Alp Trogen, Brunnialp, Sittlisalp nach Vorder Boden (Bergstation Seilbahn). Beim Chammlitritt und Hüenderli wird auf gut ausgebautem Zickzackweg jeweils eine kleine Felsstufe überwunden. 15½ km, 450 m Aufstieg, 650 m Abstieg, 6 Std., T3.

UNTERKUNFT UND VERPFLEGUNG

Hotel Klausenpasshöhe, 6465 Unterschächen, Telefon 041 879 11 64, info@klausenpasshoehe.ch, www.klausenpasshoehe.ch.

1. Tag

Kleines Restaurant und WC beim Fleschsee. Restaurant Edelweiss oberhalb Biel.

2. Tag

Verpflegungsmöglichkeit auf Alp Wannelen und Trogen, Brunnialp, Sittlisalp und diversen weiteren Alpen.

VARIANTEN

1. Tag

Die Tour kann auch auf drei Tage aufgeteilt werden: Zusätzliche Übernachtung im Restaurant Edelweiss, 10 Minuten oberhalb der Bergstation Biel, Telefon 041 870 26 62, www.biel-kinzig.ch

2. Tag

– Auf der Oberalp (Hüenderli) die Seilbahn nach Äsch (1239 m) nehmen und auf dem Talweg nach Unterschächen. 9½ km, 300 m Aufstieg, 500 m Abstieg, 2½ Std., T3.
– Bis Alp Wannelen (1630 m), mit der Seilbahn nach Ribi (1058 m) und auf dem Talweg nach Unterschächen. 9 km, 300 m Aufstieg, 500 m Abstieg, 3 Std., T3.
– Von der Alp Trogen/Vorder Boden (1500 m) direkt ins Brunnital absteigen und auf der Talstrasse nach Unterschächen. 13 km, 300 m Abstieg, 1150 m Abstieg, 4½ Std., T3.

Die Tour kann fast beliebig abgekürzt werden, indem man vorzeitig ins Tal absteigt. Oder nur eine der beiden Tagesetappen als eintägige Wanderung mit Start- oder Endpunkt Klausenpass.

INFORMATIONEN

Luftseilbahn Flüelen-Eggberge, 6460 Altdorf, Telefon 041 870 15 49, mail@eggberge.ch, www.eggberge.ch.

Landeskarte 1:25 000, 1172 Muotatal, 1192 Schächental.
Landeskarte 1:50 000, 246 Klausenpass.

Alpidylle auf der Brunnialp.

ZENTRALSCHWEIZ

Hoch über dem Glarnerland: BRAUNWALD

Urnerboden–Braunwald–Ortstockhaus–Oberblegisee–Guppensee–Schwändi

Der Verlauf der Kantonsgrenze zwischen den Kantonen Uri und Glarus ist im Bereich des Urnerbodens ein Kuriosum: Obwohl die riesige Alp, die nur noch wenige Menschen ganzjährig bewohnen, geografisch und hydrologisch eindeutig dem Kanton Glarus zuzuschlagen wäre, gehört der Urnerboden politisch schon seit langem zu Uri. Bereits 1315 wurde diese Grenze so festgelegt. Die Klausenpassstrasse zwischen den Kantonen Glarus und Uri wurde 1893 bis 1899 erstellt und war zu dieser Zeit eine der modernsten Passstrassen. Aus diesem Grund wurden hier zwischen 1922 und 1934 auf schottrigem Trassee auch regelmässig Autorennen veranstaltet. 1993 erlebte das Rennen als «Klausenrennen Memorial» eine Wiedergeburt und wird seitdem alle vier Jahre durchgeführt.

Die Tour beginnt genau an dieser Kantonsgrenze und führt zuerst auf das Rietstöckli. Der kleine Umweg zum höchsten Punkt lohnt sich, wird man doch mit einer herrlichen Aussicht auf den gegenüberliegenden Fisetengrat, den Tödi und die Nordwand des Clariden belohnt. Auch den Urnerboden überblickt man in seiner vollen Grösse; zudem zeigt sich hier erstmals das autofreie Braunwald und das markante Haupttal des Glarnerlands, das neben der Talzufahrt einzig über den Klausen- und den weiter nördlich liegenden Pragelpass auf der Strasse erreichbar ist. Alle anderen Zugänge sind Pässe, die nur zu Fuss begehbar sind.

Aussicht vom Chnügrat: Hinter den Fichten verstecken sich der Surenstock und der Piz Segnas (rechts).

Vom Ortstockhaus fällt der Blick auf die stark gefalteten Decken des Ortstocks.

Silberdistel.

Im weiteren Verlauf der Wanderung eröffnet sich der Blick in die eindrückliche Nordwand des Ortstocks. Seine geologischen Decken sind wild verworfen. Nach der Alp Ober Stafel (1602 m) führt der Weg zum Berggasthaus und Etappenort Ortstockhaus, das 46 Plätze zum Übernachten bietet. Das bogenförmig angelegte Haus wurde 1931 nach den Plänen des bekannten Architekten Hans Leuzinger erbaut, der mit seinem Baustil die damals «moderne» Architektur des Glarnerlandes mitgeprägt hat. Gegenüber dem Ortstockhaus, auf der anderen Seite des Haupttals grüsst der Doppelgipfel des Chli und Gross Chärpf. Bereits seit 1548 besteht dort das älteste Wildschutzgebiet der Schweiz. Es wurde damals geschaffen, um der drohenden Ausrottung des Wildbestandes wegen der zu jener Zeit aufkommenden Feuerwaffen Einhalt zu gebieten.

Am zweiten Tag lädt der in einer sanften Mulde liegende Oberblegisee mit seinen flachen Ufern zum Verweilen ein. Er wird durch mehrere Gletscherbäche von der Ostseite des Glärnisch gespeist, hat aber keinen oberirdischen Abfluss. Der Weiterweg nach einer gemütlichen Rast führt über den breiten Rücken von Oberblegi zum Ijenstock, der einmal mehr einen Überblick über das ganze Tal bietet. Unschwer sind von oben die zahlreichen, aus der Zeit der Industrialisierung stammenden grossen Gebäude der Glarner Textilindustrie zu erkennen. Sie wurden alle an der Linth erbaut, denn der Fluss war der Motor und Lebensnerv der frühen Fabriken: Mit der Wasserkraft wurden die Maschinen angetrieben.

Vor dem Aufkommen der Textilindustrie im 18. Jahrhundert dominierten im Kanton Glarus die Land- und Forstwirtschaft sowie der Abbau von Bodenschätzen, vor allem Schiefer. Eine starke wirtschaftliche Entwicklung brachte die ungewöhnlich grosse Bevölkerungszunahme von über 50 Prozent in der Zeit von 1760 bis 1798. Aus den Heimspinnereien entwickelte sich dann zwischen 1820 und 1840 eine Fabrikindustrie mit Spinnereien, Webereien und Textildruck. In der Blütezeit um 1865 bis 1870 arbeiteten zwei Drittel der Erwerbstätigen in diesem Bereich, der gesamtschweizerisch, ja europaweit eine hervorragende Stellung genoss – heute erinnert daran nur noch das nach wie vor beliebte und bekannte «Glarner Tüechli». Doch die Industrialisierung hatte auch ihre Schattenseiten: Die Löhne waren niedrig, die Arbeitszeiten lang, und selbst Kinder mussten in den Fabriken mitarbeiten. Schon ab den 1870er Jahren begann der langsame, aber stetige Niedergang des Textilsektors, und durch Aus- und Abwanderung sanken die Bevölkerungszahlen wieder. Andere Industriezweige wie Metall-, Maschinen- und Elektroapparatebau haben heute im Gegenzug an Bedeutung gewonnen.

Das Rietstöckli bietet einen hervorragenden Blick auf den Urnerboden und den Klausenpass.

Wer die Tour noch um einen Tag verlängern will, übernachtet auf der Guppenalp; sie ist nach dem fast ganz ausgetrockneten Guppensee rasch erreicht und lädt auch zu Rast und Verpflegung ein. Ambitionierte Berggänger können hier über den Guppengrat das Vrenelisgärtli in Angriff nehmen, eine Tour, die durch sehr anspruchsvolles Gelände führt (T6) und geübten Berggängern vorbehalten bleibt.

Ein gut ausgebauter, aber steiler Weg, den der Älpler gar mit einem Motorrad befährt, führt zurück ins Haupttal des Glarnerlands, vorbei am Mittler Guppen zu einem Buchen-Tannen-Mischwald und über eine langgezogene Waldlichtung südlich der Guppenrus hinunter. Über eine Brücke erreicht man einen kurzen Terrassenweg mit Aussicht auf Schwändi, das Ziel der Tour. In einem Stück sind nun 950 Höhenmeter zu bewältigen – aber man kann ja auch mal im Abstieg eine Pause einlegen. (DV)

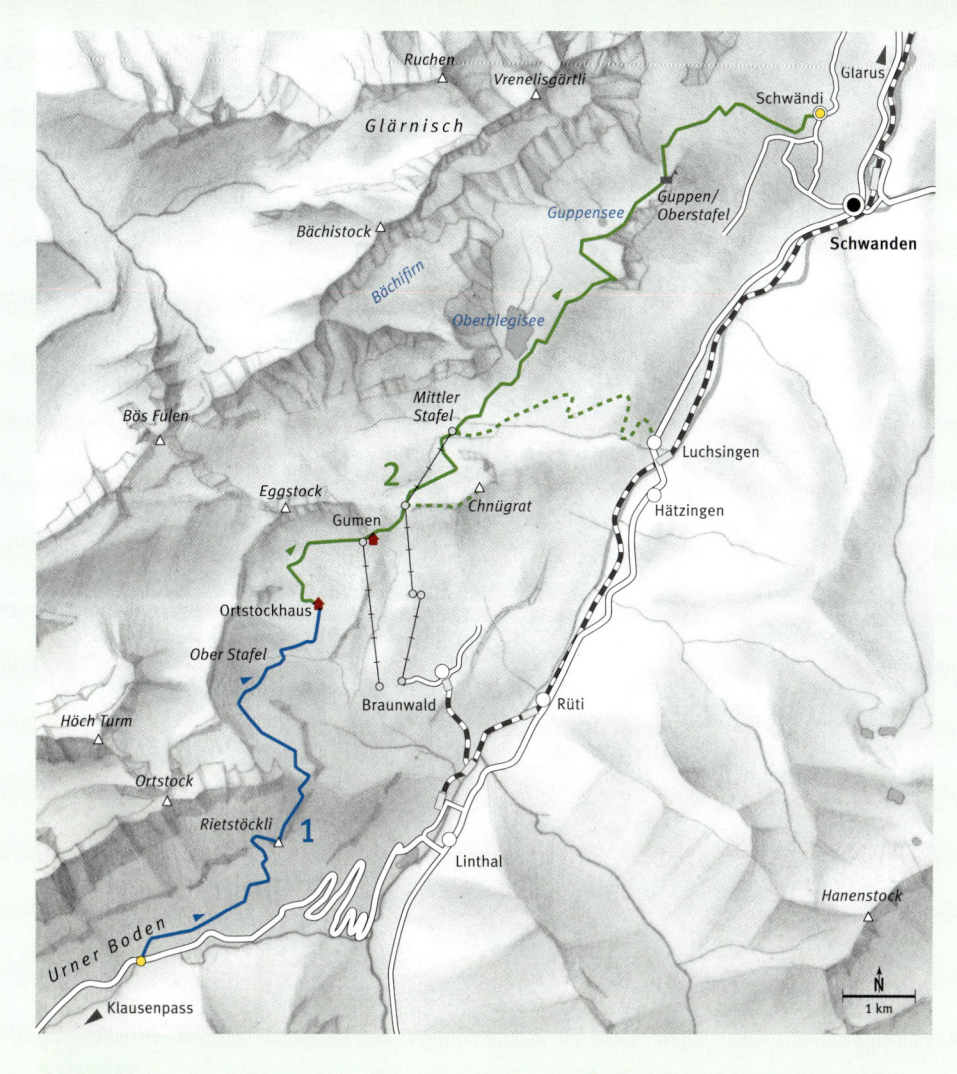

CHARAKTER
Zweitägige einfache Höhenwanderung auf guten Wegen hoch über dem Glarnerland.

DIE WANDERUNG
Anfahrt
Postautolinie Linthal–Urnerboden–Klausenpass–Altdorf–Flüelen bis Haltestelle «Linthal Kantonsgrenze» zwischen Linthal und Urnerboden, östlich des Urnerbodens bei P. 1310.

1. Tag
Von der Kantonsgrenze vorerst gemächlich ansteigend in nordöstlicher Richtung an den Alpen Vorder Stafel und Unter Stafel vorbei. Kurz vor P. 1517 steil ansteigend zum Rietstöckli. Am Tüfels Chilchli (zwei gespaltene Felstürme) und Bergetenseeli vorbei zum Ortstockhaus (1772 m). 7½ km, 550 m Aufstieg, 250 m Abstieg, 4 Std., T2.

2. Tag
Vom Ortstockhaus direkt oder schöner via Höhenweg zum Bergrestaurant Gumen-Seblengrat (kurzer Abstecher zum lohnenden Aussichtspunkt Chnügrat, 1 km, 20 Min.). Direkt bei der Bergstation Seblengrat beginnt der Weg hinunter zur Bächialp (nicht mehr wie früher und eventuell noch auf älteren Karten eingezeichnet bei P. 1845). Von der Bächialp flach weiter zum Oberblegisee, über den breiten Rücken von Oberblegi via Ijenstock (Aussichtpunkt) und dann nordwestwärts am Chilchli vorbei zu P. 1674 und östlich am Guppensee vorbei zur Alp Guppen/Oberstafel (1658 m). Von hier langer Abstieg via Mittler Guppen und südlich an der Guppenrus vorbei nach Schwändi (Bushaltestelle im Dorf). 11½ km, 700 m Aufstieg, 1600 m Abstieg, davon 950 m am Stück, 5½ Std., T2 (bis Oberblegisee 2½ Std).

UNTERKUNFT UND VERPFLEGUNG
Berggasthaus Ortstockhaus, 8784 Braunwald, Telefon 055 643 12 50 oder 079 406 98 10, info@ortstockhaus.ch, www.ortstockhaus.ch.
Berggasthaus Gumen (1901 m), 8754 Braunwald, Telefon 055 643 13 24, info@gumen.ch, www.gumen.ch.
Bächialp, Mittler Stafel (1383 m), 15 Plätze, für Übernachtung unbedingt reservieren, Hr. Rhyner, Telefon 055 643 17 87.
Guppenalp, Oberstafel (1658 m), Telefon 078 744 21 84, www.schwanden-gl.ch/guppenalp.

VARIANTEN
1. Tag
Als Alternative übernachten im Bergrestaurant Gumen (1901 m, 1½ km nördlich vom Ortstockhaus, ¾ Std.) oder in der Bächialp (auf der Karte als Mittler Stafel bezeichnet, 4 km vom Ortstockhaus, 1½ Std.).

2. Tag
Abstieg von Mittler Stafel direkt nach Luchsingen. Ganze Strecke dann 9½ km, 200 m Aufstieg, 1350 m Abstieg, 3¼ Std., T2.

INFORMATIONEN
Verkehrsverein Urnerboden, 8751 Urnerboden, Telefon 055 643 21 31, verkehrsverein@urnerboden.ch, www.urnerboden.ch.
Braunwald-Klausenpass Tourismus, 8784 Braunwald, Telefon 055 653 65 65, info@braunwald.ch, www.braunwald.ch.
Gemeinde Schwändi, 8762 Schwändi, Telefon 055 647 30 00, www.glarus-sued.ch.

Landeskarte 1:25 000, 1173 Linthal, 1153 Klöntal.
Landeskarte 1:50 000, 236 Lachen, 246 Klausenpass.

Die Alp Guppen/Oberstafel liegt am Fuss des Guppengrats, der auf den Glärnisch führt.

Vielfältige Landschaft im Herzen der Schweiz:
URSCHNER HÖHENWEG

Andermatt–Albert-Heim-Hütte–Sidelenhütte–Rotondohütte–Gotthardpass

Diese Tour führt durch ein Tal, das viele wohl schon längst zu kennen glauben, dies aber meist nur von der Durchfahrt oder vom Skifahren auf der Schattenseite des Tals. Deshalb bietet diese Höhenwanderung eine gute Gelegenheit, das Urserental für einmal sozusagen aus der nördlichen Vogelperspektive zu entdecken.

Einen wunderbaren Überblick über das Urserental bietet denn auch die auf einer massiven Kuppe aus Furkagranit thronende Albert-Heim-Hütte, das erste Etappenziel. Sie wurde zu Ehren des Naturforschers, Geologen und Glaziologen Albert Heim benannt, der von 1849 bis 1937 lebte und als Professor am Polytechnikum und an der Universität Zürich wirkte. Er war ein Pionier auf dem Gebiet der Geologie und Glaziologie, erstellte unzählige Panoramen, Reliefs und geologische Gutachten.

Wer den ersten Tag noch in den Beinen spürt, wird dankbar sein für die kurze zweite Etappe. Auch wenn sie auf den ersten Blick gar bescheiden erscheint, lohnt es sich doch, sich genügend Zeit zu nehmen für die eindrückliche Landschaft südlich des Galenstocks, sozusagen der Hausberg der Albert-Heim- und der Sidelenhütte. Und bei warmem Wetter laden zudem die zwei Bergseen beim Chraiennest und derjenige bei der Sidelenhütte zu einem erfrischenden Bad.

Die Sidelenhütte wurde 2003 vergrössert, indem die Hütte quer zum First wortwörtlich halbiert wurde. Der hintere Teil wurde nach hinten verschoben und ein Kubus zwischen die beiden Teile gebaut. Seither laden die geräumige, helle Hütte und die grosszügige Terrasse zum Verweilen ein. Als Markenzeichen der Sidelenhütte gelten die zwei markanten Felstürme in der Unteren Bielenlücke. Bei geeignetem Lichteinfall und Standort erscheinen sie als Grosses und Kleines Kamel; so werden sie denn auch von Kletterern genannt, die sie gerne besteigen.

Der Ronggergrat bietet eine vorzügliche Sicht auf den Pizzo Lucendro und die obere Leventina.

Die Sidelenhütte mit Kleinem
und Grossem Kamel.

Der Galenstock präsentiert sich vom Stotzigen Firsten aus in voller Grösse.

Mag der Galenstock von der Sidelenhütte aus noch fast unscheinbar wirken, wird er im Verlauf des dritten Tages umso dominanter, je weiter man sich von der Hütte entfernt. Am eindrücklichsten präsentiert sich dieser bekannte Firngipfel vom Stotzigen Firsten aus, der darüber hinaus auch einen wunderbaren Blick auf die zahlreichen Grate und Türme der Furka- und Bielenhörner eröffnet, die vielfältige Klettervarianten im Granit anbieten. An diesem Tag beeindruckt der mehrfache Wechsel von einer Geländekammer in die nächste ebenso wie die nahe Gletscherwelt, die man umso mehr schätzt, je mehr man sich ihres stetigen Rückzugs bewusst ist.

Auch die vierte Etappe bietet einmal mehr Einblick und Aussicht in verschiedene Täler, lässt uns aber auch einen Blick in vergangene Zeiten werfen. Anfänglich geht der Blick nordwärts ins Witenwasserental und auf den Weg der vorangegangenen Tage, andererseits vom Ronggergrat südwestlich ins Bedrettotal und südöstlich in die obere Leventina. Im Gebiet des Ronggergrats und des Passo di Lucendro entdeckt man zahlreiche alte Gebirgsunterkünfte des Militärs und Kriegsstellungen, teilweise zerfallen oder rückgebaut, andere noch erstaunlich gut erhalten. Mit wachem Auge erkennt man auf einem grossen Stein auf dem Passo di Lucendro gar eine Inschrift aus dem Jahr 1914, die an die Kriegsjahre erinnert. Kulturhistorisch Interessierten sei in diesem Zusammenhang das Gotthardmuseum und kriegshistorisch Interessierten das Festungsmuseum auf dem Gotthardpass empfohlen. (DV)

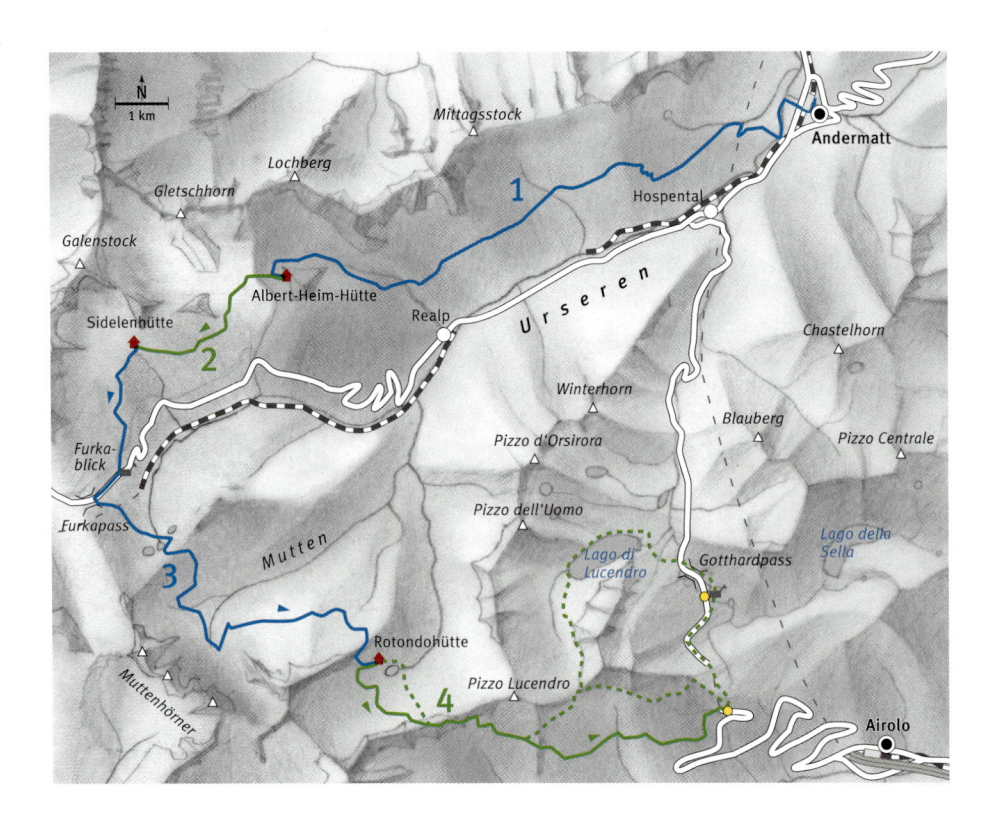

Die Albert-Heim-Hütte steht auf einer soliden Felskuppe vor der Gletscherwelt des Galenstocks.

Steinige Wegmarkierung.

CHARAKTER
Viertägige Tour mittleren Schwierigkeitsgrads im Herzen der Schweizer Alpen. Das teilweise steinige Gelände und die Nähe zu hohen Bergen verleiht ihr einen alpinen Charakter.

DIE WANDERUNG
Anfahrt
Mit der Bahn bis Andermatt (1440 m).

1. Tag
Vom Bahnhof Andermatt Richtung Hospental, die Bahnlinie unterquerend nordwestwärts, der Reuss entlang und zum Mülibach. Zur Rossmettlen aufsteigen und dann südwestwärts via Lutersee, Rotenberg und Blauseeli zur Wasserfassung beim Lochbergbach (2018 m). In westlicher Richtung zuerst nördlich an der Albert-Heim-Hütte vorbei und schliesslich von Westen auf einem Fahrsträsschen zur Hütte (2543 m). 14 km, 1350 m Aufstieg, 250 m Abstieg, 6 Std., T3.

2. Tag
Westlich der Albert-Heim-Hütte bei P. 2480 auf den weiss-blau-weiss markierten «Nepali-Highway», der südwestwärts über die Geröllablagerungen des Tiefengletschers zum kleinen See bei P. 2496 und dann südlich des Chli Bielenhorns vorbei in leichtem Auf und Ab zur Sidelenhütte führt. 4 km, 300 m Aufstieg, 100 m Abstieg, 2 Std., T4.

3. Tag
Von der Hütte in südlicher Richtung am Hüttensee vorbei, über das Moränengelände des Sidelengletschers und die Sidelenbach-Brücke bis Galenbödmen an der Furkapassstrasse (1–1½ Std.; kurz Blick ins Goms, auf Grimselpass und die dahinterliegenden Viertausender). Weiter in südöstlicher Richtung am Blauberg und an drei Seen vorbei zum Übergang am Stotzigen Firsten (2732 m). Südwärts über Weiden absteigen (Weg mit Holzpfählen nur spärlich markiert) bis zum steinigen Vorfeld des Muttengletschers auf 2400 Meter, das man etwas mühsam einige 100 Meter südwärts überquert (Markierungen an Steinblöcken). Nordwärts zur Chrummegg und auf gut markiertem und ausgebautem Weg ostwärts bis P. 2456, dann südwärts zum Tälligrat (2748 m) aufsteigen. Dem Rottälligrat 300 m südwestwärts entlang, bis man steil, aber auf gutem Weg zur Rotondohütte absteigen kann. 12½ km, 700 m Aufstieg, 900 m Abstieg, 6 Std., T4.

4. Tag
Von der Hütte südwestlich zum Witenwasserengletscher und nördlich des Gletschersees vorbei zu P. 2560. Ab hier eher beschwerliche Überquerung des teilweise unstabilen Moränengeländes auf der Nordseite des Hüenerstocks zum Hüenersattel (2695 m). Leicht ansteigend zum Ronggergrat, nördlich des höchsten Punkts vorbei (eine Passage mit Kette) und dann auf gut ausgebautem Weg zum Passo di Cavanna absteigen. Südlich absteigen und ostwärts zu P. 2443. Ab hier drei Varianten:
- Zu P. 2454 und zur Alpstrasse absteigen und auf dieser via Rosso di dentro und P. 2045 zur Galleria dei Banchi (Südportal des Tunnels, 1970 m, Postautohaltestelle, ganze Strecke dann 6 Std.) oder weiter via P. 2042 und unterhalb der Strassengalerie zum Gotthardpass.
- Oder von P. 2443 zu P. 2507 aufsteigen und auf ausgebautem, aber steilem Weg via Cresta del Poncionetto (Passagen mit Seilen) zum Passo di Lucendro (2532 m), nordwärts zur Alpe di Lucendro absteigen und nördlich am Stausee vorbei zum Gotthardpass.
- Als anspruchsvollste Variante vom Passo di Lucendro ostwärts leicht abfallend zu P. 2451 queren und zur Galleria dei Banchi oder via P. 2375 und 2042 zum Gotthardpass. 11 km, 300 m Aufstieg, 900 m Abstieg, 6 Std. bis zur Galleria dei Banchi, 7–8 Std. bis Gotthardpass, T4.

UNTERKUNFT UND VERPFLEGUNG
Albert-Heim-Hütte, 9491 Realp, Telefon 041 887 17 45, www.albertheimhuette.ch.
Sidelenhütte, 9491 Realp, Telefon 041 887 02 33, www.sidelen-huette.ch.
Rotondohütte, 9491 Realp, Telefon 041 887 16 16, www.rotondohuette.ch.
Albergo *San Gottardo Ospizio,* 6780 San Gottardo, Übernachtungsmöglichkeit von Anfang Juni bis Ende Oktober, Telefon 091 869 12 35.

Einzige Verpflegungsmöglichkeit unterwegs: *Hotel Restaurant Furkablick* auf dem Furkapass, 10 Minuten östlich der Furkapasshöhe, nur tagsüber offen, keine Übernachtungsmöglichkeit.

Der Lochbergbach entspringt in der Nähe der Albert-Heim-Hütte.

VARIANTEN
1. Tag
Bei P. 2060 bei Rossmettlen nordostwärts abzweigen für einen Abstecher zum Rossplattensee, der in einer steinigen Moränenmulde liegt und interessanterweise zwei Abflüsse hat.

4. Tag
Statt westwärts von der Rotondohütte ostwärts den Hüttenwegmarkierungen (Stangen mit rotem Wegweiser) folgend bis zur Schwemmebene auf 2433 Meter absteigen. Den Bach auf einer Brücke überqueren und in südsüdöstlicher Richtung zum Hüenersattel aufsteigen (beim Hüttenwart nach dem aktuell am besten begehbaren Weg fragen) und von der Westseite in wenigen Minuten zum höchsten Punkt des Ronggergrats. Als Fortsetzung die Tour Gotthardpass–Capanna Corno Gries–Airolo anhängen.

INFORMATIONEN
Umfangreiche Informationen über Wanderungen und Hütten im Kanton Uri unter www.top-of-uri.ch.

Landeskarte 1:25 000, 1231 Urseren, 1251 Val Bedretto.
Landeskarte 1:50 000, 255 Sustenpass, 265 Nufenenpass.

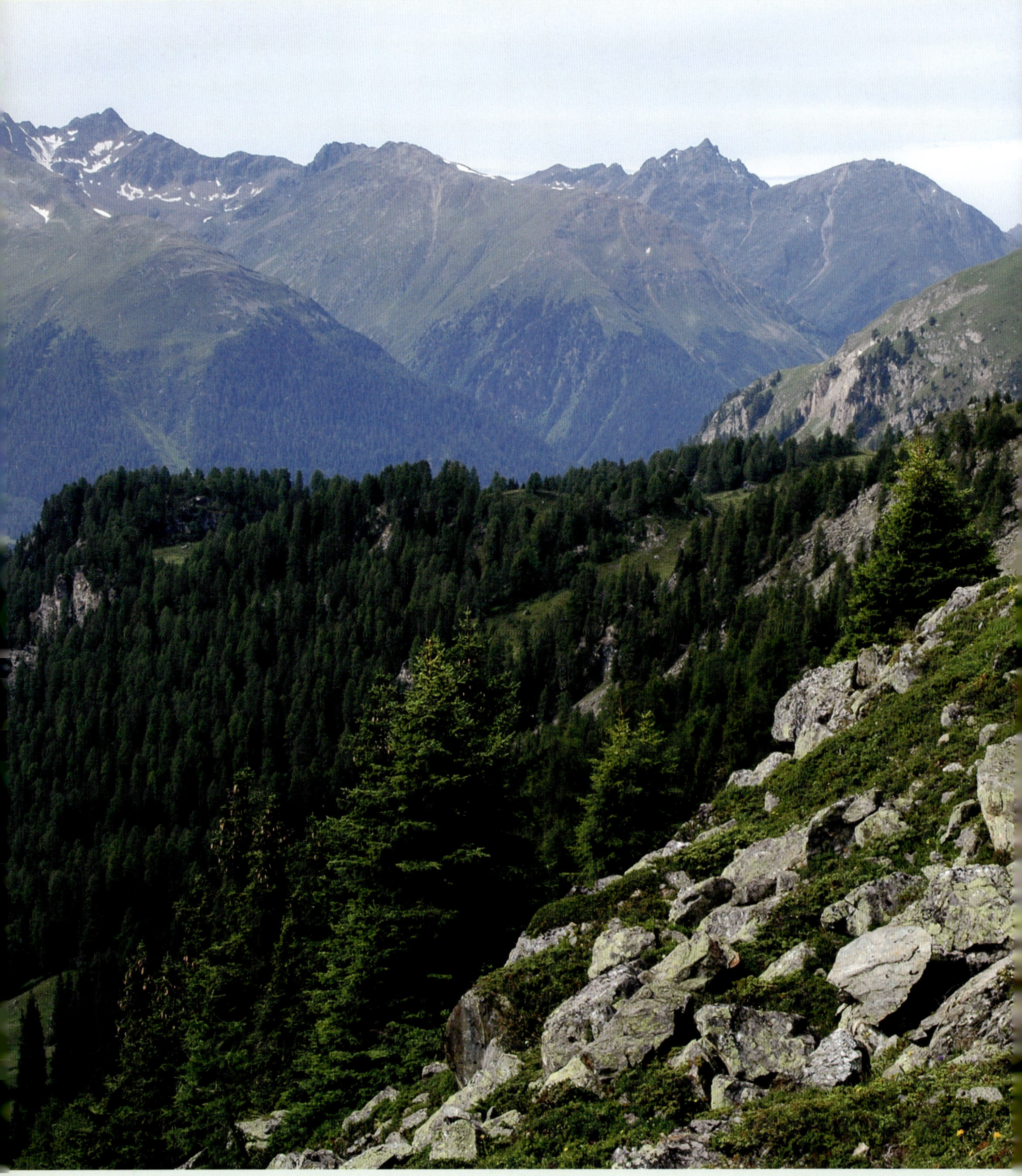

Das Unterengadin ist reich an natürlichen Schätzen. Dazu gehört nicht zuletzt eine weitgehend intakte Landschaft, die sich auf der Via Engiadina besonders schön erleben lässt.

GRAUBÜNDEN

Höhenweg «über dem Wald»: SENDA SURSILVANA

Oberalppass–Sedrun–Disentis–Cumpadials–Schlans–Breil–Andiast–Panix–Ruschein–Falera–Trin

Der romanische Name «Surselva» heisst auf Deutsch übersetzt «über dem Wald», und gemeint war damit ursprünglich der «Uaul Grond», der Grosse Wald bei Flims im Gebiet des eiszeitlichen Flimser Bergsturzes. Heute steht der Name Surselva für eine ganze Talschaft mit ihren Seitentälern, nämlich das Gebiet entlang des Vorderrheins, der im Lai da Tuma am Fuss des Piz Badus entspringt und sich bei Reichenau mit dem Hinterrhein vereinigt, um danach als Rhein zu einem der grössten und bedeutendsten Flüsse Europas anzuwachsen. Das Gebiet der Surselva, auch als Bündner Oberland bekannt, erstreckt sich somit vom Oberalppass im Westen bis nach Flims im Osten, wobei politisch betrachtet der im Jahr 2001 gebildete Bezirk Surselva auch die Seitentäler Val Medel, Val Sumvitg, Val Lumnezia und das Safiental umfasst. Die vielen etwas fremd klingenden Namen lassen es vermuten: Die Surselva ist eine rätoromanische Region, in der das Idiom Sursilvan gesprochen wird. Offiziell sind es noch etwas mehr als 60 Prozent der Bevölkerung, die Rumantsch beherrschen und täglich anwenden. Deutschsprachige Inseln in diesem Gebiet sind einzig das Safiental sowie die Dörfer Obersaxen und Vals, die von Walsern gegründet beziehungsweise besiedelt worden waren. Selbst das mondäne Flims ist rätoromanisch, obwohl es hier etwas mehr Geduld braucht, bis man tatsächlich jemanden Sursilvan sprechen hört.

Nicht nur der Vorderrhein durchzieht die Surselva in ihrer ganzen Länge, auch ein Strang aus Holzschwellen und Stahlschienen folgt zumeist dem Fluss und durchquert mit ihm die Surselva. Von Chur bis nach Disentis gehört die Spur der Rhätischen

Dank dem Mönch Placidus Spescha ist die Benediktinerabtei von Disentis eng verbunden mit der Geschichte des Schweizer Alpinismus.

Trotz ihres Namens verläuft die Senda Sursilvana nicht immer oberhalb des Waldes – schöne Ausblick sind dennoch zahlreich.

Bahn, während die Bergstrecke ab dem Klosterort bis hinauf zur Bündner Grenze auf dem Oberalppass zum Schienennetz der ehemaligen Furka-Oberalp-Bahn – heute Matterhorn-Gotthard-Bahn – gehört. Bereits 1978 schufen die beiden Bahnunternehmen in Zusammenarbeit mit der Post einen Höhenweg, der über eine Distanz von gut 100 Kilometern vom Oberalppass bis nach Chur führte. In den vergangenen Jahren wurde die Wanderroute saniert, teilweise neu verlegt und auf der ganzen Länge mit dem Namen des Weges «Senda Sursilvana» – Weg der Surselva – beschildert.

Für manche mag die Senda Sursilvana die Bezeichnung «Höhenweg» nicht ganz verdienen. Tatsächlich ist der Abstand zum Talgrund nicht überall sonderlich beeindruckend, mancherorts führt der Weg hinab in die Dörfer, und für einen längeren Abschnitt verläuft er sogar entlang des Flusses, doch für den grössten Teil der Strecke wird sie ihrem Beinamen durchaus gerecht. Neben Kleinoden der Natur und dem Ausblick auf eine schöne Landschaft bietet die Route zwischen Disentis und dem Zielort Felsberg zudem Höhepunkte im übertragenen Sinn: Der Weg verläuft hier von Dorf zu Dorf und verbindet dabei eine kulturelle Sehenswürdigkeit mit der nächsten. Eine Art kultureller Höhenflug auf dem Höhenweg also.

Ihren Anfang nimmt die Senda Sursilvana auf dem Scheitel des Oberalppasses, der seit 1926 ganzjährig mit den Zügen der Matterhorn-Gotthard-Bahn erreichbar ist. Die Wanderung führt in stetigem Auf und Ab aussichtsreich über schöne Alpweiden und quert während der ersten Etappe die Mündung von nicht weniger als fünf Seitentälern, die tief in die Bergwelt nördlich des Vorderrheins hineingreifen.

Etwa auf halbem Weg zwischen Oberalppass und Disentis führt die Senda Sursilvana mitten durch den Ort Sedrun. Der Abschnitt des Tals westlich von Disentis heisst Val Tujetsch, und entsprechend wird auch die politische Gemeinde so genannt,

Weiden und Wälder wechseln sich regelmässig ab: die Senda Sursilvana zwischen Pigniu/Panix und Siat.

die insgesamt elf Fraktionen umfasst. Sedrun ist eine dieser Fraktionen, wenn auch die grösste und im Unterland weitaus bekannteste. Und dies nicht erst, seit sich hier eine der gewaltigsten Baustellen der Schweiz befindet. Unübersehbar sind die Baubaracken, Fördertürme und Schutthalden südlich von Sedrun tief unten am Vorderrhein. Ein Schacht von 800 Metern ragt an dieser Stelle senkrecht hinab in die Erde, wobei an dessen unterem Ende je ein Stollen nach Norden und nach Süden in den Fels getrieben werden – der sogenannte Zwischenangriff für die Neat, die Neue Eisenbahnalpentransversale, deren Kernstück der 57 Kilometer lange Gotthardtunnel sein wird. Viel ist gesagt und geschrieben worden über diese Baustelle, nicht zuletzt, weil viele Menschen der Surselva und des ganzen Kantons aus dem Schacht gerne einen aussergewöhnlichen Bahnhof gemacht hätten: die Porta Alpina. Im neuen Gotthardtunnel, unterhalb von Sedrun, sollte eine Haltestelle für die Schnellzüge entstehen, von der aus die Passagiere mit einem Lift hinauf ans Tageslicht befördert würden. Sedrun wäre damit von Zürich aus in weniger als zwei Stunden erreichbar geworden. Die Region versprach sich von der direkten Anbindung an diesen modernsten Verkehrsweg ein riesiges Potenzial. Doch die Idee wird vermutlich eine Vision bleiben, und die heute weit herum sichtbare Baustelle eines Tages wieder verschwunden und mit ihr auch die Porta Alpina in Vergessenheit geraten sein.

Ohne stark in die Höhe zu steigen, führt die Route von Sedrun weiter nach Disentis, dem Ziel der ersten Etappe.

Wie Sedrun wartet auch Disentis – oder romanisch Mustér – mit einem grossen Bauwerk auf, allerdings einem deutlich älteren: dem Benediktinerkloster. Unübersehbar dominiert es das Ortsbild, was eine gewisse Logik hat, verdankt doch das Dorf seine Existenz letztlich dem Kloster. Die Geschichte der Abtei geht zurück bis ins 7. Jahrhundert, als ein fränkischer Mönch in der bewaldeten Einsamkeit eine Kapelle und eine Zelle baute. Das Kloster selbst etablierte sich um das Jahr 720 und beherbergt noch heute eine Gemeinschaft von rund 30 Priester- und Laienmönchen.

Die Benediktinerabtei von Disentis ist auch – was auf Anhieb erstaunen mag – eng verbunden mit der Geschichte des Schweizer Alpinismus. Dies verdankt sie einem ihrer Brüder, dem Mönch Placidus Spescha, der 1752 in Trun auf die Welt kam und mit neunzehn Jahren ins Kloster Disentis eintrat. Neben seinen klösterlichen Pflichten galt sein besonderes Interesse der Natur und vor allem dem Bergsteigen. So bestieg er als Erster das Rheinwaldhorn, den Oberalpstock und den Piz Terri und versuchte sechsmal vergeblich, den Tödi zu bezwingen. Wann immer er Zeit fand, war er unterwegs in den Bergen, er war ein Pflanzen- und Tierfreund, interessierte sich für die Bräuche und die Sprache der Bevölkerung. Spescha war ein Kind seiner Zeit, der Aufklärung, als der Mensch sich für die Natur und die Naturwissenschaften zu interessieren begann. Doch er war seiner Zeit weit voraus, denn die Aufklärung entwickelte sich primär in den Städten und drang nur langsam in die Bergtäler vor. Entsprechend stiessen Speschas Aktivitäten auf Misstrauen, und nicht selten wurde ihm vorgeworfen, er vernachlässige seine seelsorgerischen Pflichten. In der Geschichte des Alpinismus hat er dafür einen festen Platz eingenommen. Dies nicht allein wegen seiner Erstbesteigungen, hat er doch um das Jahr 1800 auch eine «Anleitung zum Unternehmen von Bergreisen» verfasst, also eine Art Vorläufer der heutigen SAC-Führer.

Nicht jeder Admiral ist ein Seemann, sondern manchmal auch ein Schmetterling.

Artenreiche Blumenwiesen gehören zur Senda Sursilvana.

Im westlichen Teil führt die Senda Sursilvana über ausgedehnte Alpweiden wie hier beim Eingang zum Seitental Val Giuv.

Hier zog einst General Suworow mit einer 10 000 Mann starken Armee hindurch: Val da Pigniu.

Nach Disentis begleitet die Senda Sursilvana für ein gutes Stück den Rhein, der Höhenweg wird zur malerischen Uferwanderung. Vor Cumpadials verlassen wir den Fluss und folgen der Strasse ins benachbarte Sumvitg, das mit einer aus dem Jahr 1630 stammenden Barockkirche aufwartet. Anschliessend strebt die «Senda» erneut in höhere Gefilde, hinauf nach Sogn Benedetg, das mit einer modernen, vom Architekten Peter Zumthor entworfenen Kapelle aufwartet, die als Ersatz für das 1984 von einer Lawine zerstörte Gotteshaus entstand. Die aus Holz erbaute und mit Schindeln eingekleidete Kapelle wirkt aus manchen Perspektiven wie der Bug eines mächtigen Schiffes.

Der Weg verläuft oberhalb der Ortschaft Trun, das als Wiege des Grauen Bundes gilt. Bereits 1395 hatten sich unter dem Namen «Oberer Bund» 21 Gerichtsgemeinden des Vorder- und des Hinterrheintals zu einem Bündnis zusammengeschlossen. Unter einem legendären Ahornbaum in Trun wurde das Bündnis im Jahr 1424 neu beschworen und fortan «Grauer Bund» genannt, der dem ganzen Kanton den Namen gab.

Nächste Station ist das kleine Dörflein Schlans mit seinem Wehrturm, dann folgen die Fraktionen Capeder und Dardin, bevor ein letzter Anstieg die zweite Etappe in Breil/Brigls zu Ende gehen lässt. Breil, abseits der grossen Verkehrswege auf einer sonnigen Terrasse gelegen, hat sich zu einem schmucken Ferienort entwickelt. Nach Andiast dringt die «Senda» tief in die Berge ein, führt ins Val da Pigni und ins winzige Dörflein Panix/Pigniu, dessen Name vom lateinischen «pinetum» – Fichtenwald – abgeleitet sein soll. Panix hinterliess aber auch seine Spuren in den Geschichtsbüchern, beherbergte doch das kleine Dorf im Oktober 1799, nicht ganz freiwillig, die erschöpfte und ausgehungerte Armee von General Suworow, der zusammen mit rund 10 000 Mann über den Panixerpass hierher kam und das Dorf regelrecht ausplünderte.

GRAUBÜNDEN 55

Ebenfalls historisch bedeutsam und daher eine längere Pause lohnend ist die megalithische Kultstätte in Falera, das wir am vierten Tag erreichen. Die Megalithanlage, die grösste ihrer Art in der Schweiz, entstand in der Bronzezeit, rund 1600 bis 1200 vor Christus; sie umfasst 34 Menhire, aufgerichtete Steine, deren Bedeutung man sich am besten auf einer Führung erläutern lässt.

Nach den historischen und prähistorischen Stätten berührt diese Tour auch noch ein einmaliges Naturdenkmal. Conn im Süden von Flims thront an einer Kante, von der das Gelände steil in die Rheinschlucht hinabfällt. Hier, am Rand der Rheinschlucht, stehen wir mitten im Gebiet des grössten Bergsturzes, der je in Europa niederging. Vor etwa 10 000 bis 12 000 Jahren brachen oberhalb von Flims rund 10 000 Millionen Kubikmeter Fels ab und begruben den Vorderrhein unter einer 50 Quadratkilometer grossen, mehrere hundert Meter dicken Schuttmasse. Zum Vergleich: Dieses Felsvolumen beträgt rund das 250-fache der Menge, die 1806 beim berühmten Bergsturz von Goldau niederging. In der Folge staute sich der Rhein hinter der neuen Barriere, und es entstand ein 25 Kilometer langer See. Nach und nach frass sich das Wasser jedoch in das weiche Geröll des natürlichen Dammes, der See floss ab, und es entstand die Rheinschlucht, eine der aussergewöhnlichsten und bedeutendsten Naturlandschaften der Schweiz.

Nach einer solchen Tour mögen wir so empfinden, wie es schon Placidus Spescha formuliert hat: «Durch das stille Sitzen (...) ward mein Leib schwer und mein Gemüt traurig. Ich setzte mich in Bewegung, schwitzte meine überflüssigen Feuchtigkeiten aus und kam nach Hause, gereinigt und leicht wie ein Vogel.» (UH)

Entlang der Senda Sursilvana bieten sich viele kulturelle Sehenswürdigkeiten, so auch die aus dem 11. Jahrhundert stammende Kapelle Sogn Glieci (St. Luzius) bei Siat.

CHARAKTER

Einfache Wanderung, zum grössten Teil auf Fusswegen und ungeteerten Forst- oder Landwirtschaftsstrassen, zum Teil auch auf geteerten Strässchen. Da Dörfer und Haltestellen des öffentlichen Verkehrs nie weit entfernt sind, lassen sich die Tagesetappen problemlos abkürzen. Zwischen Disentis und Chur steigt die Senda Sursilvana nie höher als auf 1500 Höhenmeter, weshalb sich dieser Teil auch als Frühlingswanderung eignet.

DIE WANDERUNG

Anfahrt
Mit der Matterhorn-Gotthard-Bahn auf den Oberalppass.

1. Tag
Vom Oberalppass kurzer Aufstieg zum Pass Tiarms (2137 m), dann durch das Val Val und über Cuolm Val nach Milez. Nach Querung der Mündung des Val Giuv auf ein relativ flaches Geländesims und auf einem Trampelpfad durch schönen Wald hinab zur Wegverzweigung von Malamusa Sut oberhalb von Rueras. Wieder an Höhe gewinnend tief hinein ins Val Strem und nach der Bachquerung talauswärts nach Sedrun. Ab Sedrun begleitet die Senda Sursilvana für ein gutes Stück die Schienen der Matterhorn-Gotthard-Bahn, führt dann nochmals leicht bergauf nach Mompé Tujetsch und weiter über Segnas und Acletta hinab nach Disentis. 25 km, 260 m Aufstieg, 1170 m Abstieg, 6½ Std., T2.

2. Tag
Untypisch für einen Höhenweg geht es zuerst abwärts, zum Vorderrhein und am Ufer oder in Ufernähe bis Cumpadials, von dort rund 1 Kilometer der Strasse entlang nach Sumvitg. Von dort auf schönem Bergweg die Talflanke hinauf nach Sogn Benedetg (1277 m) und auf der Höhe weiter nach Cartatscha (ca. 160 Meter oberhalb von Trun), dann eher sacht bergauf ins kleine Tälchen Val Stinzera, an dessen Rand der Weg dann steiler durch bewaldetes Gelände ansteigt. Nach dem höchsten Punkt geht es angenehm auf einer Forststrasse nach Schlans. Die offizielle Senda Sursilvana verläuft ab Schlans auf einem geteerten Strässchen bis Casu oberhalb von Dardin und von dort wieder auf Fusswegen hinauf nach Breil/Brigls. Der lange geteerte Abschnitt ab Schlans kann aber umgangen werden (siehe Varianten). 25 km, 870 m Aufstieg, 300 m Abstieg, 6¾ Std., T2.

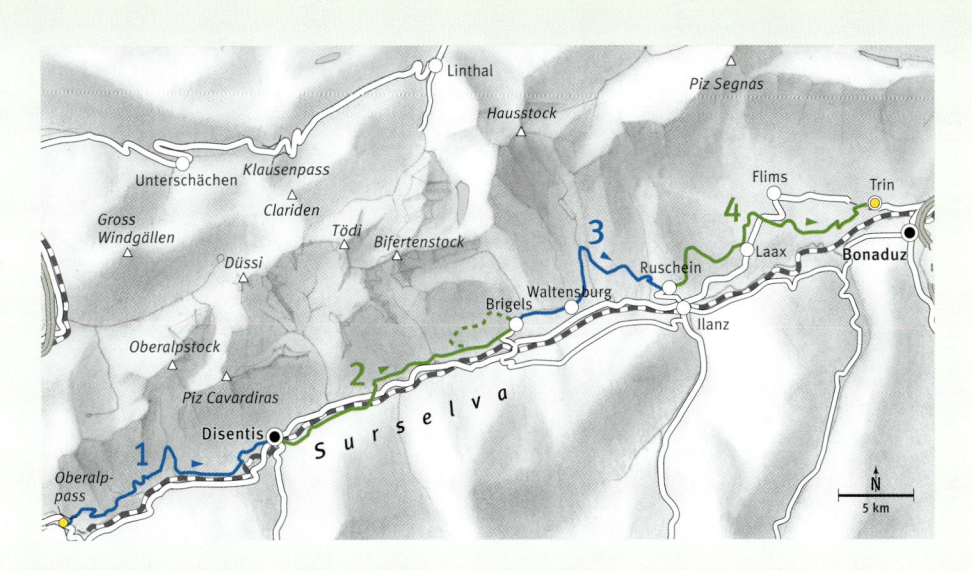

3. Tag
Am Lag da Breil vorbei leicht abwärts nach Curtginet, dann wieder aufwärts, oberhalb der Strasse nach Andiast. Weiter geht es tief hinein ins Seitental des Val da Pigniu, über den Bach Schmuer und ins kleine Dorf Panix/Pigniu. Nach einem kurzen Abschnitt der Strasse entlang folgt der Aufstieg nach Darpagaus auf 1500 Meter. Ab hier geht es über Siat bis Ruschein fast nur noch abwärts. 21 km, 260 m Aufstieg, 520 m Abstieg, 5 Std., T2.

4. Tag
Zuerst ins Nachbardorf Ladir, von wo eine Forststrasse durch das kleine Val da Cafegns nach Falera führt. Ein gutes Stück oberhalb von Laax die Südflanke des Crap Sogn Gion traversierend, zu den vereinzelten Häusern von Ravaneins, dann hinab nach Murschetg, die Hauptstrasse queren und durch den Uaul Grond (Grosswald) nach Conn (Gasthaus). Weiter auf Forst- und Landwirtschaftsstrassen nach Digg unterhalb von Trin und schliesslich nach Trin. 24 km, 270 m Aufstieg, 740 m Abstieg, 6½ Std., T1.

UNTERKUNFT UND VERPFLEGUNG

1. Tag
Diverse Hotels in Disentis. Verkehrsverein Disentis siehe unten.

2. Tag
Diverse Hotels in Breil/Brigels. Verkehrsverein Breil siehe unten.

3. Tag
Pension Restaurant Alpina, 7154 Ruschein, Telefon 081 925 13 34, www.alpina-ruschein.ch.
Pensiun La Cauma/Lazy Mountain, 7155 Ladir, Telefon 081 925 17 51, info@lazy-mountain.ch, www.lazy-mountain.ch.
Pensiun Casa Crusch, 7155 Ladir, Telefon 081 925 13 66, www.casacrusch.ch.

Verschiedene Einkehrmöglichkeiten in den Dörfern unterwegs.

VARIANTEN

2. Tag
Ab Schlans Aufstieg nach Pradas und weiter aufwärts bis zur Querung einer Geländerinne auf 1552 Meter. Dann über Plaun da Plaids und Plaun la Lema nach Breil/Brigels. Zusätzlich 3 km, 230 m Aufstieg, 300 m Abstieg, 1½ Std., T3.

INFORMATIONEN

Sedrun-Disentis Tourismus, Via Alpsu 62, 7188 Sedrun, Telefon 081 920 40 30 info@disentis-sedrun.ch, www.disentis-sedrun.ch.
Center Turistic, 7165 Breil/Brigls, Telefon 081 941 13 31, info@surselva.info, www.surselva.info.

Landeskarte 1:25 000, 121 Amsteg, 1232 Oberalppass, 1213 Trun, 1194 Flims, 1214 Ilanz, 1195 Reichenau.
Landeskarte 1:50 000, 256 Disentis/Mustér, 257 Safiental, 247 Sardona.

Durch das Unterengadin der Donau entgegen: VIA ENGIADINA

Lavin–Ardez–Motta Naluns–Fuorcla Champatsch–Vnà–Tschlin

Zum Schwarzen Meer strebt das Wasser des Flusses Inn, dessen rätoromanischer Name En dem ganzen Tal den Namen gegeben hat. Das Engadin ist ein rund 80 Kilometer langes Hochtal, das vom 1800 Meter hohen Malojapass abfällt bis zur Schlucht von Finstermünz auf knapp 1000 Metern, wo der Fluss die Schweiz in Richtung Österreich verlässt und sein Wasser als einziger der Schweizer Hauptflüsse nach Osten zur Donau trägt. Auf diesen 80 Kilometern lassen sich einige Veränderungen beobachten: der Wechsel von der weiten, von mehreren Seen, aber auch einem rauhen Klima geprägten Berglandschaft des Oberengadins hin zum engen, fast schluchtartigen Gebirgseinschnitt des unteren Engadins, in dem es für Dörfer auf dem Talboden kaum Platz gibt. Daher wurden viele Häuser auf den Geländeterrassen über dem Fluss erbaut, vorzugsweise auf der sonnigen, linken Talseite, um so in den vollen Genuss des verhältnismässig milden Klimas zu kommen. Scuol, der Hauptort des Unterengadins, zählt zu den niederschlagsärmsten Ortschaften der Schweiz.

Das Unterengadin ist reich an natürlichen Schätzen: Im Dreieck zwischen Scuol, Tarasp und Vulpera entspringen rund zwanzig Mineralquellen, weshalb hier in der zweiten Hälfte des 19. Jahrhunderts zahlreiche Hotels entstanden und Scuol zum Kur-

Der Weg von der Fuorcla Champatsch durch das Val Laver ist eine sehr attraktive Variante der Via Engiadina.

Wer von Lavin direkt ins Val Tuoi wandert, kommt am hübschen Dorf Guarda vorbei. Erdpyramiden bei Zuort im Val Sinestra.

und Badeort wurde. Und ist dies bis heute geblieben. Das Bogn Engiadina ist seit seinem Neubau einer der wichtigsten Publikumsmagnete des Ortes, der auch dann noch Besucher anlockt, wenn die Skilifte längst geschlossen und die Wanderwege von der Schneeschmelze noch völlig aufgeweicht sind. Reich ist auch die Natur: Stellvertretend dafür sei die Pracht der Blumen erwähnt, die im Spätfrühling und Frühsommer auf den Wiesen der nordseitigen Berghänge blühen. Aber auch ihre unscheinbaren Verwandten, die Algen, Farne und Moose (Kryptogamenflora) sind hier bestens vertreten.

Reich ist das Unterengadin nicht zuletzt in kultureller Hinsicht. Das Tal ist ein ausgezeichnetes Beispiel für eine gelungene Symbiose der landwirtschaftlich genutzten Flächen, der Dörfer und Einzelgehöfte mit ihrer natürlichen Umgebung. Selbst Sündenfälle wie die auf der Südseite des Tals verlaufende Starkstromleitung vermögen dieses Bild kaum zu beeinträchtigen. Neben den Naturschönheiten machen daher gerade auch die Siedlungen mit ihren grösstenteils gut erhaltenen Dorfbildern den Besuch des Engadins zum Erlebnis. Die behäbigen Engadinerhäuser mit ihren

Rötliches Gestein dominiert im Gebiet um die Fuorcla Champatsch.

GRAUBÜNDEN

Eine Brücke zum Mond? Der Piz Minschun oberhalb von Motta Naluns.

wuchtigen, oft mit Sgraffito verzierten Steinmauern bilden vielerorts noch intakte Dorfkerne, die über Jahrhunderte wenige Veränderungen erfuhren. Als Höhenweg kann die Via Engiadina nicht alle Dörfer des Unterengadins besuchen. In ihrem zweiten Teil besucht sie jedoch zwei der hoch über dem Inn gelegenen Terrassendörfer und mit etwas Fantasie und ausreichendem Zeitbudget lassen sich durchaus noch weitere Dorfbesichtigungen einbauen.

Dank des Vereinatunnels ist Lavin für viele Bewohner des Mittellands so nahe gerückt, dass Frühaufsteherinnen noch in den kühleren Stunden des Vormittags zur Wanderung auf der Via Engiadina aufbrechen können. Von Zernez her kommend, verlässt die Via Engiadina in Lavin die Tiefe des Tals und steigt das Val Lavinuoz hinauf zur Alp d'Immez. Noch ist der Panoramaweg nicht erreicht, es fehlen noch gut 200 Höhenmeter, die über einen Zickzackweg zu erklimmen sind. Dann wird die Via Engiadina aber der Erwartung gerecht und umrundet als schöner Höhenweg den Piz Chapisun. Zwischen Lavin und Scuol sind es nicht weniger als drei Seitentäler, die tief nach Norden in die Berge hineinreichen – es sind dies das erwähnte Val Lavinuoz, das Val Tuoi und das Val Tasna, die alle von der Via Engiadina begangen werden. Dadurch wird die Etappe zwischen Lavin und Motta Naluns aber auch ganz schön lang. Da die Via Engiadina das Dorf Ardez fast streift und nur wenige Höhenmeter entfernt die Hänge quert, bietet sich hier eine Übernachtung und die Aufteilung der Etappe auf zwei Tage an.

Motta Naluns ist das Herzstück des Skigebiets von Scuol und Bergstation der Gondelbahn. Eine Übernachtungsgelegenheit gibt es hier oben nicht, doch die Bahn hilft bequem über die Höhenmeter hinab nach Scuol mit seinem reichhaltigen Angebot an Hotels. Der folgende Tag beginnt dann wieder mit der Bergfahrt, um den Weg auf der Via Engiadina fortzusetzen. Diese quert nun steile, grasbewachsene Flanken und sinkt hinab nach Sent, um von dort ins Val Sinestra vorzudringen. In diesem engen, durchwegs bewaldeten Seitental steht weit hinten ein grosse Gebäude, das Anfang des 20. Jahrhunderts errichtete Kurhaus Sinestra. Die hier entspringenden, arsenhaltigen Quellen waren der Grund, weshalb ausgerechnet an diesem Ort ein derart grosses Hotel entstand. Aus allen Teilen Europas kamen Menschen hierher, um mit Bade- und Trinkkuren allerlei Gebrechen zu lindern. Zwar nicht mehr als Kurhaus, aber als Hotel entführen die stilvollen alten Räume heute noch in eine andere Zeit.

Das Unterengadin ist bekannt für seine üppigen Blumenwiesen, an denen oft auch die Via Engiadina vorbeiführt.

Von Motta Naluns kann man noch auf einem zweiten gebirgigeren, längeren, aber landschaftlich fantastischen Weg ins Val Sinestra gelangen: über die Fuorcla Champatsch und durch das Val Laver nach Zuort, wo ein weiteres schönes Gasthaus zum Bleiben einlädt, das nicht weit vom Kurhaus Val Sinestra entfernt liegt. Nur ein kurzes Stück Weg von weniger als einer Stunde verbleibt nun nach Vna. Dieses winzige, kompakte Terrassendorf hoch über dem Tal verfügt seit dem Jahr 2008 über eine kleine Besonderheit: das mit viel Aufwand sorgfältig renovierte Gast- und Kulturhaus Piz Tschütta. Das Besondere an diesem Haus liegt weniger in der Architektur als in der Idee, das Dorf und seine Bewohnerinnen und Bewohner in den Hotelbetrieb mit einzubeziehen. So verfügt das «Piz Tschütta» nicht nur über seine eigenen zehn Zimmer, sondern bietet weitere acht externe Zimmer an, die im Dorf von Privatpersonen zur Verfügung gestellt werden. So wurde ein ganzes Dorf zum Hotel mit dem Gasthaus Piz Tschütta als Zentrum, das nicht zuletzt als Begegnungsort für die Dorfbevölkerung eine wichtige Rolle spielt. Daneben gibt es in Vna eine zweite Unterkunft, die nicht minder gemütliche, schöne Pensiun Arina, deren Terrasse die Wanderer an schönen Sommertagen unweigerlich zur Einkehr lockt.

Eine letzte Anstrengung, ein letztes Wegstück, dann betritt man eine weitere Perle, das verträumte Dorf Tschlin, mit seinen stilvollen Häusern und der spätgotischen Kirche aus dem Jahr 1515. Um auch als Berggemeinde Arbeitsplätze zu erhalten und lebendig zu bleiben, werden hier unter der Marke «Bun Tschlin» verschiedene Produkte wie Biokäse oder Marketingdienstleistungen vermarktet. Vna – das Dorf als Hotel; Tschlin – das Dorf als Marke. Unter dieses Dach gehört auch eine Bierbrauerei, deren Gebräu wirklich Freude macht. Für alle Liebhaber von Hopfen und Malz die schönste Belohnung nach einer langen Wanderung – und für einmal nicht von weit hergekarrt, sondern ein echtes lokales Bier. (UH)

Tief dringt die Via Engiadina in Seitentäler wie das Val Tasna ein.

CHARAKTER

Einfache Wanderung auf guten und gut bezeichneten Wegen, wobei die erste der beschriebenen Etappe sehr lang ist, gute Kondition und auch etwas Trittsicherheit verlangt. Auch die dritte Etappe von Scuol/Motta Naluns bis Tschlin ist eher lang, lässt sich aber problemlos auf zwei Tage aufteilen.

DIE WANDERUNG

Anfahrt
Mit der Rhätischen Bahn nach Lavin.

1. Tag
Durch die Unterführung beim Bahnhof auf die Nordseite der Bahngeleise und der Umfahrungsstrasse wechseln, dann auf einem Fussweg und abschnittsweise auf der Alpstrasse hinauf zur Alp Dadora und weiter auf dem Fahrweg zur Alp d'Immez. Auf dem nach rechts abzweigenden Weg im Zickzack steil hinauf bis auf etwa 2200 Meter Höhe, wo der eigentliche Panoramaweg beginnt. Auf diesem zu P. 2180 und dann durch die steile Südflanke des Muott'Auta zur Chamanna dal Bescher. Weiter ins Val Tuoi und hinab nach Plan Champatsch auf dem Talgrund. In der Nähe des Bachs aufwärts zur Alp Suot und wiederum hangaufwärts bis auf etwa 2100 Meter, dann flacher und aussichtsreich über Marangun und Alp Sura zur Alp Murtera Dadora. Von dort teilweise steil über Weiden, mehrheitlich aber auf Alpsträsschen hinab nach Ardez. 20 km, 1250 m Aufstieg, 1140 m Abstieg, 7¼ Std., T3.

2. Tag
Auf dem am Vortag benutzten Weg bis zum Waldrand aufsteigen, wo bei P. 1588 die Via Engiadina nach rechts abzweigt. Über den romantischen Balkon von Clüs ins Val Tasna und weit hinten, auf der Alp Valmala, den Bach queren, dann 150 Höhenmeter steil hinauf und schliesslich deutlich flacher zur Alp Laret. Danach durch einen wilden, von Felsbrocken dominierten Gebirgskessel nach Clanas. Auf einem Strässchen einige Meter bergan, dann nach rechts und auf schmalem Pfad hinab nach Prui, an der Bergstation des Sessellifts vorbei und auf dem breiten Fahrweg nach Motta Naluns. 15 km, 900 m Aufstieg, 220 m Abstieg, 5 Std., T3.

3. Tag
Vor der Bergstation der Gondelbahn nach Motta Naluns nach rechts auf dem Fahrweg aufwärts bis unterhalb der Chamanna Naluns, dann auf einem Fussweg über die Alpweiden und durch ein von rötlichem Geröll geprägtes Tal hinauf zur Fuorcla Champatsch. Nach kurzem, steilem Abstieg auf rutschigem, lockerem Untergrund auf zunehmend besserem Weg talauswärts durch das wundervolle Val Laver. Von der Alp Pra San Flurin auf der Zufahrtsstrasse nach Zuort, einem Hof mit Gasthaus. Danach, bei der Verzweigung bei P. 1691 (wo geradeaus die Strasse zum Kurhaus Val Sinestra führt), nach links auf ungeteertem Fahrweg nach Vnà und danach, längere Zeit dem Waldrand folgend, weiter nach Chant Sura und Chant Dadaint. Durch bewaldetes Gebiet hinab ins enge Val Ruinains und über aussichtsreiche Hänge nach Tschlin. 25 km, 900 m Aufstieg, 1550 m Abstieg, 8 Std., T3.

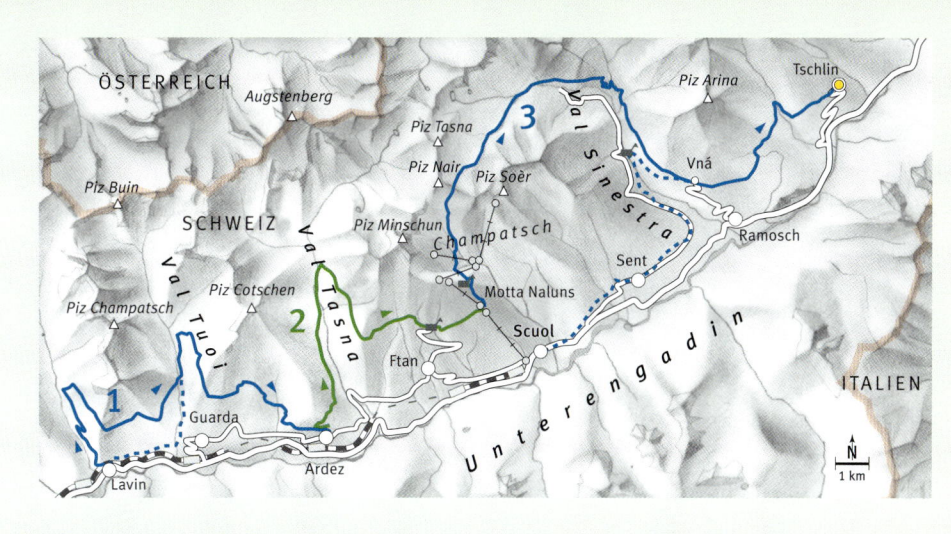

UNTERKUNFT UND VERPFLEGUNG

Für Unterkünfte in Ardez und Scuol siehe Tourismusvereine unten.
Hotel Val Sinestra, 7554 Sent, Telefon 081 866 31 05, www.sinestra.ch.
Hof Zuort, 7554 Sent, Telefon 081 866 31 53, info@zuort.ch, www.zuort.ch.
Pension Arina, 7557 Vnà, Telefon 081 866 31 27.
Gast- und Kulturhaus Piz Tschütta, 7557 Vnà, Telefon 081 860 12 12, info@hotelvna.ch, www.hotelvna.ch.
Hotel Macun, 7559 Tschlin, Telefon 081 866 32 70, info@hotelmacun.ch, www.hotelmacun.ch.

VARIANTEN

1. Tag
Vom Bahnhof Lavin an der Kirche vorbei auf einem Seitensträsschen unter Bahn und Umfahrungsstrasse hindurch, dann den Wegweisern folgend Richtung Guarda. Kurz vor dem Dorf in das Tal der Clozza und in der Nähe des Bachs talaufwärts via Plan Champatsch zur Alp Suot, von wo die Via Engiadina wie oben beschrieben weiter führt. Bis Ardez 16 km, 870 m Aufstieg, 820 m Abstieg, 5¼ Std., T3.

3. Tag
– Von Motta Naluns Richtung Chamanna Naluns, kurz davor nach rechts abwärts zu den Talstationen der Bahnen und von dort auf der Via Engiadina durch die grasbewachsene Flanke des Piz Soer hinab nach Sent. Zuerst parallel zur Strasse, dann auf der Strasse zum Kurhaus Val Sinestra. Vor dem ersten Gebäude rechts hinab zum Bach, diesen queren und dann leicht ansteigend nach Vnà. Fortsetzung nach Tschlin wie oben beschrieben. Motta Naluns–Tschlin 24 km, 670 m Aufstieg, 1280 m Abstieg, 7½ Std., T3.

– Von Scuol auf direktem Weg durch schöne Hänge ins Nachbardorf Sent und dann zuerst auf dem Wanderweg parallel zur Strasse, später auf der Strasse zum Kurhaus Val Sinestra. Von dort via Vnà nach Tschlin wie oben beschrieben. 20 km, 800 m Aufstieg, 510 m Abstieg, 6¼ Std., T2.

INFORMATIONEN

Tourismus Engadin, Via da Buorcha 492, 7550 Scuol, Telefon 081 861 88 00, info@engadin.com, www.scuol.ch.
Ardez Turissem, Sur En, Bos-cha, 7546 Ardez, Telefon 081 862 23 30, info@ardez.ch, www.ardez.ch.
Bun Tschlin, 7559 Tschlin, Telefon 081 866 31 07, www.buntschlin.ch.

Landeskarte 1:25 000, 1198 Silvretta, 1199 Scuol, 1179 Samnaun.
Landeskarte 1:50 000, 249 Tarasp.

Ein Weltkulturerbe als Ziel: SENDA VAL MÜSTAIR

Il Fuorn–Munt la Schera–Ofenpass–Lü–Müstair

Es war einmal ein Kaiser, der hiess Karl, genannt der Grosse. Auf einem seiner zahlreichen Feldzüge auf dem Weg nach Süden kam er beim Überschreiten der Alpen zu einem abgelegenen Tal, dicht bewachsen von uralten Wäldern, bevölkert von nichts anderem als Hirschen, Füchsen, Bären und anderen Tieren. Als er und sein Gefolge auf dem Pass standen, der in dieses Tal führte, brach ein gewaltiger Schneesturm los, und alle weltliche Macht nützte dem Kaiser nichts mehr. In der Not und angesichts des drohenden Todes legte Karl ein Gelübde ab und schwor, dass er hier, genau in diesem Tal, ein Kloster stiften würde, wenn Gott ihn und seine Leute heil aus diesem Sturm führen würde.

Ob diese Legende, die von manchen so oder ähnlich erzählt wird, tatsächlich zutrifft, weiss niemand. Das Kloster St. Johann in Müstair gilt jedenfalls als Stiftung Karls des Grossen oder zumindest als karolingisch beeinflusste Gründung. Seine ältesten Teile stammen aus dem 8. Jahrhundert, der Zeit, als Karl lebte und dem Höhepunkt seiner Macht zustrebte. In der Saalkirche des Klosters sind Fresken zu bewundern, die vor 1200 Jahren entstanden sind. Selbst Menschen, die sonst selten das Innere einer Kirche besuchen, können sich der Faszination dieses uralten Ortes nicht entziehen – die Verbindung zwischen dem Heute und jener frühmittelalterlichen Zeit um das Jahr 800 ist in den alten Mauern spürbar, die Lebendigkeit der vor 12 Jahrhunderten gemalten Szenen ist beeindruckend. Den Besuch des Klosters, das seit 1983 als Weltkulturerbe anerkannt ist, sollte man sich deshalb auf einer Reise ins Münstertal nicht entgehen lassen. Wie praktisch, dass der Höhenweg Senda Val Müstair direkt dorthin führt!

Von weidenden Kühen geprägt: Erdhügel auf der Alp da Munt zwischen Ofenpass und Lü.

Blick über die Grenze: Der Lago di Livigno liegt bereits im benachbarten Italien.

Für einmal nicht selten: das Edelweiss.

Im 16. Jahrhundert wurde am Munt Buffalora Eisenerz abgebaut und bei Buffalora in Öfen geschmolzen, was dem Ofenpass zu seinem Namen verhalf.

Die Senda Val Müstair nimmt ihren Anfang auf dem Ofenpass, und es könnte keinen besseren Einstiegsort dafür geben, ist doch der Ofenpass – oder Il Fuorn – das Tor zum Val Müstair und sein Verbindungsglied zur übrigen Schweiz. Seinen eigentümlichen Namen erhielt der Pass von den da und dort noch zu sehenden Öfen, die im 15. und 16. Jahrhundert entstanden, als in den Bergwerken am Munt Buffalora Eisenerz abgebaut wurde. In Buffalora, wo heute noch ein Restaurant steht, gab es zur Blütezeit des Bergbaus ein kleines Dorf; hier wohnten und lebten die Bergleute mit ihren Familien. Unweit davon standen die Öfen, in denen das Eisen aus dem Gestein geschmolzen wurde, ein Vorgang, der Unmengen von Holzkohle benötigte. Kein Wunder also, dass die Wälder der Umgebung einst arg dezimiert wurden und das Gebiet einer für damalige Verhältnisse erheblichen Umweltzerstörung ausgesetzt war. Umso passender, dass ausgerechnet in dieser Ecke des Landes der Schweizer Nationalpark liegt. Vor bald hundert Jahren als erster Nationalpark Mitteleuropas gegründet, soll sich die Natur innerhalb seiner Grenzen ungestört nach ihren eigenen Gesetzen entwickeln und nach und nach zu jenem Zustand zurückkehren, der in diesen Bergen vor dem Auftauchen des Menschen geherrscht hat.

Nationalpark und Münstertal sind zwar seit der Eröffnung des Vereinatunnels näher an die urbanen Zentren der Schweiz herangerückt. Dennoch dauert die Fahrt aus dem Mittelland bis auf den Ofenpass noch immer recht lang, weshalb es sinnvoll ist, gleich mehrere Tage hier zu verbringen. Um neben der eintägigen Wanderung auf der Senda Val Müstair noch all die Sehenswürdigkeiten und Schönheiten der Region angemessen und mit ausreichendem Zeitbudget zu würdigen, sind mindestens zwei

Tage angesagt. So liessen sich beispielsweise der Besuch des Nationalparks und der ehemaligen Eisenbergwerke mit der vorgeschlagenen Wanderung zu einer zweitägigen Tour zusammenfügen, indem man von Il Fuorn über den Munt La Schera zum Ofenpass und dann auf der Senda Val Müstair nach Müstair wandert. Am besten reist man bereits am Nachmittag vor der Wanderung an und verbringt eine Nacht im Hotel Parc Naziunal, dem einzigen Hotel im Nationalpark, ein einsamer Ort inmitten der Natur. Wenn die Gäste des Hotels im Speisesaal sitzen und zu Abend essen, plagt auch die Hirsche der Hunger, und sie verlassen die Wälder, um auf den Wiesen rund um das Hotel zu äsen. Hirschbeobachtungen während der Dämmerung in unmittelbarer Nähe des Hotels gehören deshalb schon fast zum festen Programm. In der Stille und Schönheit des Ortes kommen selbst gestresste Stadtmenschen innerhalb kürzester Zeit zur Ruhe – eine ideale Voraussetzung für eine erholsame und erlebnisreiche Wanderung durch eine der schönsten Regionen der Schweiz. (UH)

Das Dorf Lü an der Senda Val Müstair ist die am höchsten gelegene politisch eigenständige Gemeinde der Schweiz.

CHARAKTER

Eine Wanderung auf durchwegs guten und einfachen Wegen. Die Senda Val Müstair beziehungsweise die hier vorgeschlagene Variante verlaufen zum grossen Teil auf ungeteerten Forststrassen.

DIE WANDERUNG

Anfahrt

Mit der Rhätischen Bahn bis Zernez, von dort mit einem der über den Ofenpass ins Münstertal verkehrenden Postautos bis zur Haltestelle Il Fuorn beim Hotel Parc Naziunal.

1. Tag

Vom Hotel parallel zur Strasse Richtung Zernez bis zum Parkplatz auf der gegenüberliegenden Strassenseite gehen, die Strasse queren und nun auf dem Wanderweg sanft ansteigend durch einen märchenhaften Wald auf die grosse Lichtung der Alp La Schera (die Hütte ist nicht öffentlich zugänglich, sondern den Parkwächtern vorbehalten). Die Alp überqueren und zunehmend steiler auf die vom Munt La Schera herabfallende Gebirgsschulter. Wieder flacher bis zu einer Verzweigung: Hier entweder nach links steil hinauf zum weiten, flachen Gipfelplateau des Munt La Schera (2586 m, lohnende Aussicht über den Nationalpark und bis nach Italien) und von dort hinab zu P. 2370. Oder bei der Verzweigung geradeaus auf direktem Weg zu P. 2370. Weiter auf schönem, einfachem Höhenweg, der schliesslich den Nationalpark verlässt. Kurz danach Möglichkeit zu einem Abstecher zu den alten Bergwerken am Munt Buffalora. Dann hinab zu einer einsamen Alphütte, wieder durch bewaldetes Gebiet und schliesslich auf breitem Weg steil hinunter zu den Gebäuden der Alp Buffalora. Hier nach rechts und auf der Alpzufahrtsstrasse abwärts bis zum Bach. Vor der Brücke über den Bach zweigt der Fussweg auf den Ofenpass nach rechts ab. 14½ km, 1050 m Aufstieg, 700 m Abstieg, 5¼ Std., T2.

2. Tag

Auf der dem Hotel gegenüberliegenden Strassenseite wenige Schritte das Bord hinauf bis zu einer Verzweigung nach rechts, wo die Senda Val Müstair beginnt. Auf anfangs schmalem Weg durch eine steile, bewaldete Flanke in das flache, breite Tal der Plaun dal Aua. Dort auf einem Fahrweg zuerst abwärts in eine Mulde, dann nach links hinauf zu den Alpgebäuden der Alp da Munt. Zwischen den Gebäuden hindurch und leicht ansteigend hinauf zum gut sichtbaren hohen Zaun (Schutz des Waldes vor Verbissschäden). Aussichtsreich auf der gut bezeichneten «Senda» bis zur Alp Champatsch (im Sommer Restaurationsbetrieb) und weiter auf dem Fahrweg nach Lü. Durch das Dorf hindurch, bei erster Gelegenheit nach links hinauf und auf der ungeteerten Forststrasse bis zu einer Haarnadelkurve. Hier geradeaus zur nächsten Verzweigung, wo man nach links hält, zuerst bergauf, dann auf der Forststrasse leicht abwärts und oberhalb der Häusergruppe von Craistas vorbei. Bei der nun folgenden engen Kurve, wo der Wegweiser der Senda Val Müstair nach rechts abwärts weist, lohnt es sich, die «Senda» zu verlassen, nach links auf dem Fahrweg aufwärts zu gehen und die steile Flanke des Berges zu queren. Der breite Weg geht schliesslich in einen Trampelpfad über und führt hinauf zu einer Alpwiese mit Gebäude. An diesem vorbei bis zur nächsten Forststrasse, auf dieser rechts abwärts zum Berggasthof Terza und zwei Kurven weiter die Forststrasse hinab bis zur Abzweigung eines schönen, angenehmen Fusswegs nach links. Auf diesem bis zu einer weiteren Verzweigung und dort wiederum nach links bis Müstair. 19½ km, 570 m Aufstieg, 1470 m Abstieg, 6¼ Std., T2.

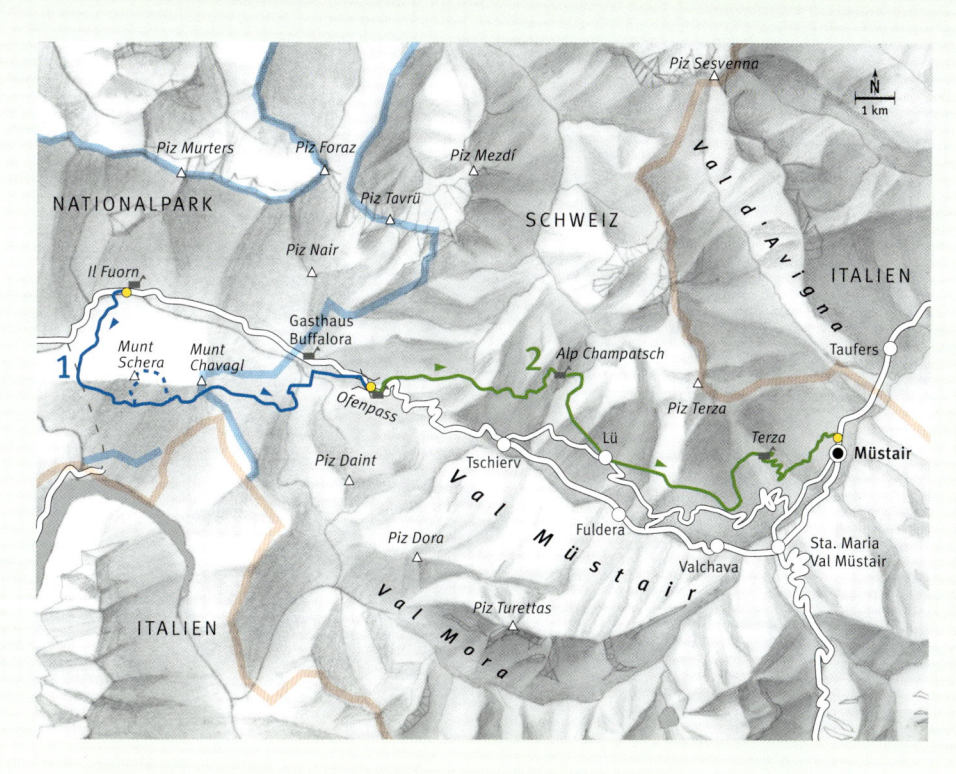

UNTERKUNFT UND VERPFLEGUNG

Hotel Parc Naziunal, Il Fuorn, 7530 Zernez, Telefon 081 856 12 26, info@ilfuorn.ch, www.ilfuorn.ch.

Hotel Süsom Givè, Ofenpasshöhe, 7532 Tschierv, Telefon 081 858 51 82, ofenpass@gmx.ch.

Gasthaus am Ofenpass, Buffalora, 7532 Tschierv, Telefon 081 856 16 32, info@gasthaus-buffalora.ch, www.gasthaus-buffalora.ch.

Alp Champatsch, 7535 Valchava, Telefon 081 858 56 02.

Gasthaus Hirschen, 7534 Lü, Telefon 081 858 51 81, www.hirschen-lue.ch.

Bergrestaurant Terza, 7537 Müstair, Telefon 081 858 71 60, bainterza@bluewin.ch, www.bergrestaurant-terza.ch.

INFORMATIONEN

Turissem Val Müstair, Chasa Cumünala, 7532 Tschierv, Telefon 081 861 88 40, val-muestair@engadin.com, www.val-muestair.ch.

Schweizerischer Nationalpark, Neues Nationalparkzentrum, 7530 Zernez, Telefon 081 851 41 41, info@nationalpark.ch, www.nationalpark.ch.

Landeskarte 1:25 000, 1218 Zernez, 1219 S-charl, 1239 Sta. Maria, 1239 Müstair.

Landeskarte 1:50 000, 5017 Unterengadin.

Bei den Königen der Alpen: STEINBOCKWEG

Muottas Muragl–Alp Languard–Fuorcla Pischa–Bernina Suot

Der letzte Steinbock der Schweiz – so die Vermutung – wurde im Jahr 1809 im Wallis geschossen. Der Kanton Graubünden hatte sein Wappentier schon viel früher, nämlich bereits in der ersten Hälfte des 17. Jahrhunderts verloren, und dies obwohl hier die Jagd auf Steinböcke 1612 verboten worden war. Eine Vielzahl von Gründen hatte dazu geführt, dass das stolze Tier im schweizerischen Alpenraum ausgerottet wurde. Die mächtigen Hörner waren schon immer eine begehrte Trophäe, hinzu kam der Aberglaube, der verschiedenen Körperteilen des Steinbocks eine heilende Wirkung zuschrieb. Wurden die Zeiten, zum Beispiel klimatisch bedingt, für den Menschen härter, landeten zudem mehr Steinböcke auf den Tellern, und nicht zuletzt besiegelte das Aufkommen effizienter Schusswaffen schon früh das Schicksal des Paarhufers.

Doch die Tragödie wendete sich schliesslich zu einer Erfolgsgeschichte. Glücklicherweise überlebte eine Restpopulation von einigen hundert Steinböcken im italienischen Gran Paradiso, nicht zuletzt dank des Schutzes durch die Könige von Savoyen. Anfang des 20. Jahrhunderts begann man mit Wiederansiedlungsversuchen in der

Wer den Abstecher hinauf zum Gipfel des Piz Languard unternimmt, wird mit einer fantastischen Aussicht über die Bergwelt am Berninapass belohnt.

Auf Plaun da l'Esen (Eselsebene) sind Zweibeiner heute häufiger als Grautiere.

Unterhalb von Muottas Muragl liegen die Gebäude von Tegia Muragl.

Schweiz, wobei die ersten Tiere in Italien entwendet wurden, nachdem man keine offizielle Genehmigung zum Einfangen von Jungtieren erhalten hatte. Heute sind Steinböcke in den Schweizer Bergen keine Seltenheit mehr. Ihr Bestand ist wieder gesichert und gesund, und der Anblick der grossen Böcke mit ihren mächtigen Hörnern oder der in steilstem Gelände herumtollenden Kitze erfreut wohl jeden Wanderer. In Höhenlagen von 2500 bis 3000 Metern fühlen sich Steinböcke am wohlsten, sie bevorzugen steile Gefilde mit Wiesen und Felsbändern, in die sie sich bei Gefahr zurückziehen können. Erwachsene Steinböcke haben kaum natürliche Feinde; dies erklärt auch, weshalb insbesondere die stattlichen männlichen Exemplare des *Ibex capra* dem Menschen gelassen in königlicher Manier begegnen und sich meist ohne grosse Aufregung in die Felsen zurückziehen, wenn man ihnen zu nahe kommt.

Gelegenheiten zum Beobachten von Steinböcken gibt es also in der Schweiz wieder viele, und findige Tourismusbeauftragte haben an mehreren Orten Wanderrouten in «Steinbockweg» umbenannt. Einen solchen Steinbockweg kennt auch das Oberengadin. An den steilen Hängen des Piz Muragl hoch über Pontresina finden Steinböcke ihre bevorzugten Lebensbedingungen. Wer zu der hier vorgeschlagenen Wanderung aufbricht, hat daher mit Vorteil einen Feldstecher im Rucksack.

Die Tour beginnt auf Muottas Muragl, jener prominent über dem Oberengadin gelegenen Aussichtsterrasse, die schon seit gut hundert Jahren bequem mit einer Standseilbahn erreichbar ist. Die fantastische Aussicht, nicht nur auf die Oberengadiner Seenplatte, sondern auch in die eisige Welt des Berninamassivs mit Piz Palü, Piz Morteratsch, Piz Roseg und anderen imposanten Gipfeln, gehört denn auch zu den grossen Attraktionen dieser Wanderung – neben den Steinböcken natürlich. Von Muottas Muragl führt die Wanderung zuerst hinab ins Val Muragl und zur Brücke über die Ova da Muragl, wo sich die Wege trennen: Eine Variante führt in tieferer Lage über den Unteren Schafberg zur Alp Languard, die andere steigt in weiten Zickzackkehren hinauf zur Segantinihütte; sie steht auf dem Munt da la Bês-Cha, dem Schafberg, wo der Maler Giovanni Segantini gearbeitet hat und im Jahr 1899 an einer Bauchfellentzündung starb. Von hier führt der Weg weiter durch steiles, felsiges Gelände mit zahlreichen grossen Stahlrosten, die das in der Tiefe liegende Pontresina vor Lawinen schützen sollen. Auf Plaun da l'Esen, der Eselsebene, treffen sich die bei-

Capra ibex, der Steinbock – die wahren Könige der Alpen.

den Wegvarianten wieder, und wen es nach einem Gipfel gelüstet, hat mit dem nahen Piz Languard (3261 m) einen fantastischen, wenn auch nicht unbeschwerlichen Abstecher vor sich. Unterhalb des Felskragens der Crasa Languard führt die Wanderung hinüber zur Fuorcla Pischa, dem zwischen Val Languard und Val da Fain gelegenen Passübergang. Steil steigt man in letzteres hinab bis in den Talgrund, wo die Bahnstation von Bernina Suot nur noch einen Katzensprung, Verzeihung, natürlich einen Steinbocksprung entfernt liegt. (UH)

CHARAKTER

Die Wanderung von Muottas Muragl über den Unteren Schafberg nach Plaun da l'Esen verläuft auf guten, einfachen Wegen. Bei der Variante via Segantinihütte weist die Querung der steilen Hänge südöstlich der Hütte einige etwas anspruchsvollere Passagen auf, während die Fortsetzung ab Plaun da l'Esen via Fuorcla Pischa ins Val da Faun wiederum problemlos ist; zuletzt wartet jedoch ein recht steiler und langer Abstieg.

DIE WANDERUNG

Anfahrt

Mit Zug oder Bus von Samedan, Pontresina oder St. Moritz nach Punt Muragl, dann mit der Standseilbahn hinauf nach Muottas Muragl.

Von Muottas Muragl zuerst leicht abwärts ins Val Muragl, dann über den Bach und anschliessend nach rechts über den Unteren Schafberg (Restaurant) zur Alp Languard, von wo man auf einem alten Saumweg nach Plaun da l'Esen (2733 m) aufsteigt. Hier mündet die Variante über die Segantinihütte ein. Nun die zunehmend steileren Flanken des Piz Languard hinauf bis zur Abzweigung des Gipfelaufstiegs. Hier nach rechts am Fuss des Felskranzes Crasta Languard entlang zur Fuorcla Pischa (2837 m), dann zuerst recht flach bis zum Rand des Val da Faun, wo der steile Abstieg ins Tal beginnt. Auf dem Talgrund angelangt, entweder auf der Alpstrasse direkt oder auf dem Wanderweg, der auf die andere Seite des Baches quert, nach Bernina Suot. 18 km, 830 m Aufstieg, 1210 m Abstieg, 6¼ Std., T3.

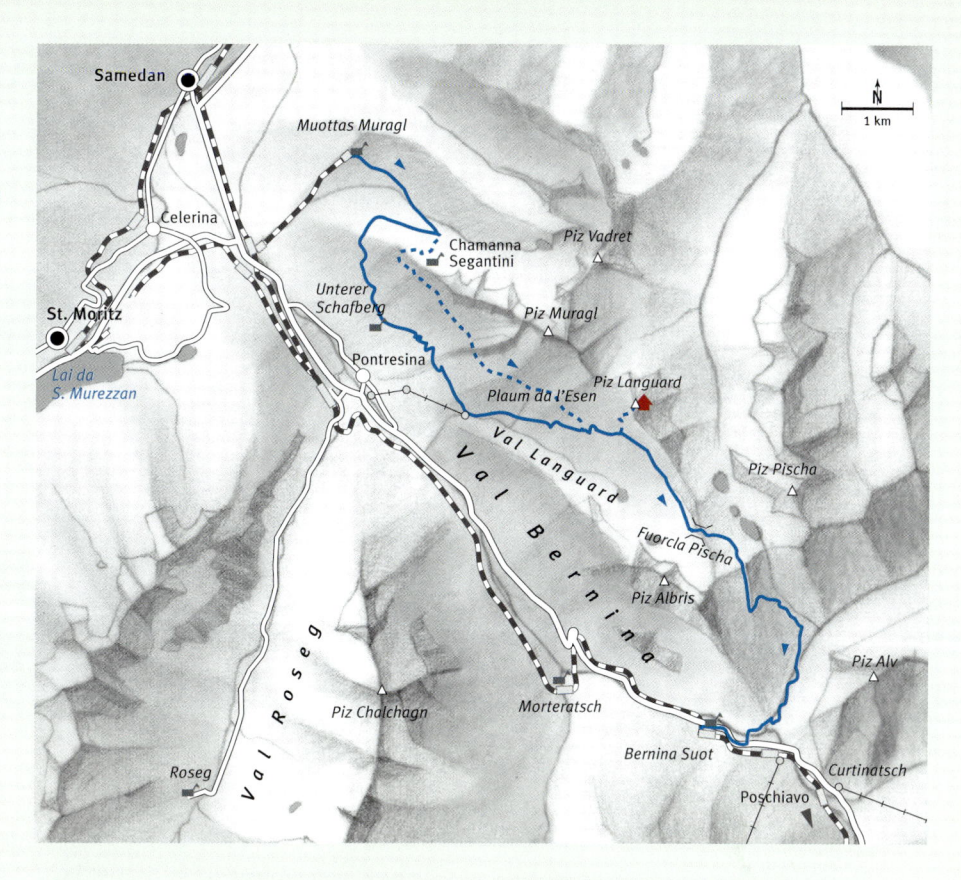

UNTERKUNFT UND VERPFLEGUNG

Restaurant Unterer Schafberg, 7504 Pontresina, Telefon 079 253 83 80, kontakt@schafberg.ch, www.schafberg.ch.
Chamanna Segantini, 7504 Pontresina, Telefon 079 681 35 37, www.segantinihuette.ch.
Georgy's Hütte, Piz Languard, 7504 Pontresina, Telefon 081 833 65 65 oder 078 670 95 79, info@georgy-huette.ch, www.georgy-huette.ch.

VARIANTEN

– Nach dem Bach im Val Muragl nach links und steil bergauf zum Munt de la Bês-cha bzw. zur Segantinihütte. Oberhalb der grossen Lawinenverbauungen vorbei und auf aussichtsreichem Höhenweg nach Plaun da l'Esen. Ganze Wanderung bei dieser Variante 16 km, 750 m Aufstieg, 1150 m Abstieg, 5¾ Std., T3.
– Abstecher zum Gipfel des Piz Languard: Anstrengender, aber gut ausgebauter Aufstiegsweg mit einigen Sicherungen am Gipfelaufschwung. Zusätzlich 1½ km, 330 m Auf- und Abstieg, 1½ Std., T3.
Am Fuss des Gipfels steht die Georgy-Hütte, in der man übernachten und die Tour dadurch auf zwei Tage aufteilen kann. Ein unvergessliches Bergerlebnis in der höchstgelegenen Hütte des Kantons Graubünden.

INFORMATIONEN

Standseilbahn Muottas Muragl, Telefon 081 830 00 00, www.engadin.stmoritz.ch oder www.muottasmuragl.ch.
Pontresina Tourist Information, 7504 Pontresina, Telefon 081 838 83 00, www.pontresina.ch oder www.engadin.stmoritz.ch.

Landeskarte 1:25 000, 1257 St. Moritz, 1258 La Stretta.
Landeskarte 1:50 000, 5013 Oberengadin.

Muottas Muragl hoch über Samedan ist ein vortrefflicher Aussichtspunkt.

Sonniger Panoramaweg im Bergell: STRADA DEL SOLE

Casaccia–Roticcio–Soglio

Sein Zugangstor liegt auf 1815 Metern, sein Ausgang gerade noch auf 333 Metern über Meer, alpin geprägtes Klima am einen, mediterran üppige, wärmeliebende Vegetation am anderen Ende: Das ist das Bergell oder Val Bregaglia. Es ist eines von mehreren Bündner Tälern, die sich, nur über einen Pass erreichbar, gegen Süden öffnen und in eine andere Welt, in ein fremdes Territorium ragen – ein Bündner Zipfel in Italien sozusagen. Natürlich hat das seine Geschichte. Schon im Jahr 960 gelangte das Bergell als Geschenk des damaligen Kaisers Otto I. in den Besitz des Bistums von Chur.

Das attraktiv gelegene Bergdorf Soglio ist Ziel der Wanderung.

Höher hinauf, um den Gipfeln näher zu sein: Die Variante des Panoramawegs führt über die Alp Sdarva mit ihren eindrücklichen Ausblicken.

Der Malojapass am westlichen Ende des Oberengadins ist die Schwelle zum Bergell, im italienischen Chiavenna endet das Tal, wo es in das sich vom Splügenpass herabziehende Val San Giacomo mündet und in die breite Talsohle des Piano di Chiavenna übergeht. Geografisch teilt sich das Bergell in einen oberen, alpiner geprägten Teil, die Sopraporta, und in die schon stärker vom Mittelmeerklima beeinflusste, südlichere Sottoporta. Was das Tal jedoch viel stärker prägt und die Besucherinnen und Besucher unweigerlich in ihren Bann zieht, ist die Bergwelt, insbesondere auf der Südseite des Tales. Hier ragen gigantische Kathedralen, Pyramiden und Obelisken aus Granit jäh in die Höhe, um rund 2500 Meter überragen die Spitzen dieser Berge das stellenweise enge Tal, nehmen ihm von November bis Februar die Sonne und schenken ihm dafür eines der grandiosesten Panoramen der Schweiz.

Das Bergell mag entlegen sein, abgeschieden ist es nicht. Als Transitroute hat es zwar kaum mehr Bedeutung – zum Glück, mag man angesichts der Blechfluten in anderen Tälern sagen. Doch in früheren Zeiten durchzogen bedeutende Handelsrouten das Tal, und schon bei den Römern war der Weg durch das Bergell und weiter über den Septimer oder den Malojapass eine wichtige Verbindung zwischen Nord und Süd. Die Fremden, die während Jahrhunderten auf ihrem Weg nach Norden oder Süden durch das Tal zogen, aber auch die Auswanderer, die oft später wieder nach Hause zurückkehrten, verliehen dem Tal trotz seiner räumlichen Enge auch eine Offenheit, die unter anderem verschiedene bedeutende Künstler hervorbrachte. Dazu zählt nicht zuletzt die Dynastie der Giacometti, der in mehreren Generationen bekannte Maler angehörten und deren Tradition vom Bildhauer Alberto Giacometti bis ins 20. Jahrhundert fortgeführt wurde.

Der hier vorgestellte Sentiero Panoramico ist vermutlich der bekannteste Wanderweg des Bergells: Es ist eine gemütliche Tagestour mit fantastischen Aussichten auf die Bergeller Bergwelt. Der Sentiero beginnt in Casaccia, dem kleinen Dorf zu Füssen des Malojapasses, dessen Existenz eng mit dem Transitverkehr verbunden ist, wohnten und lebten hier doch einst vorwiegend Säumer und Menschen, die vom

Die Nordostwand und die Nordkante des Pizzo Badile haben bei Bergsteigern einen wohlklingenden Namen.

Transport und Warenverkehr über den Maloja und den Septimerpass lebten. Zu Beginn verläuft der Sentiero Panoramico noch über Wiesen auf dem Talgrund. Doch schon bald beginnt sich die Talsohle in die Tiefe zu senken, während der Weg seine Höhe beibehält und sich so zu einem Höhen- und Panoramaweg wandelt, der diese Bezeichnung wirklich verdient. Ziel der Wanderung ist das malerische Soglio, das, fantastisch auf einer Terrasse hoch über dem Tal gelegen, mit einem schönen Dorfbild aufwartet, zu dem auch einige stattliche Palazzi gehören.

Obwohl der Sentiero Panoramico nur eine Tageswanderung ist, lohnt es sich – auch angesichts der langen Anreise aus den meisten Gegenden der Schweiz – kaum, nur für einen Tag ins Bergell zu fahren. Das wunderschöne, an Natur- und Kunstschätzen reiche Tal bietet sich für eine mehrtägige Entdeckungsreise geradezu an, deren Kern und Höhepunkt zweifellos der Sentiero Panoramico sein wird. (UH)

Zu Beginn verläuft der Panoramaweg noch in der Nähe des Talbodens wie hier bei Roticcio.

Viele Blumen lieben die warmen Sonnenhänge des Bergells.

CHARAKTER

Einfache Wanderung auf guten Wegen mit geringen Höhendifferenzen. Die unten beschriebene Variante über Sdarva, Cadrin und Tombal nach Soglio ist mit einem steilen An- und Abstieg verbunden und verlangt deutlich mehr Kondition. Der eindrückliche, die Südflanken des Piz Duan und des Piz dal Märc traversierende Weg führt zudem vor Cadrin durch einen Geländegraben mit sehr losem Material und oft teilweise abgerutschter Wegspur, eine kurze Passage, die Trittsicherheit verlangt.

DIE WANDERUNG

Anfahrt
Bus ab St. Moritz bis Casaccia.

Von Casaccia durch Wiesengelände, dann über die Maira, dem Fuss des Berges entlang am kleinen Stausee Löbbia vorbei und leicht abfallend durch Wald auf die Lichtung von Barga, dann ins kleine Maiensäss von Roticcio. Nach dem Tobel des Wildbachs Aua da Mulina folgt ein kurzer, steiler Anstieg, anschliessend geht es über kleine Wiesen und durch Wald angenehm der Talflanke entlang bis zu P. 1393, wo die höher verlaufende Variante abzweigt. Der Sentiero Panoramico führt jedoch weiter ohne nennenswerte Höhenunterschiede durch bewaldetes Gelände mit immer wieder schönen Ausblicken auf die Bergeller Bergwelt und das Tal nach Durbegia (Halbzeit und ideal für eine Rast). Bei stärker geneigter Talflanke folgt die Überquerung der beiden durch enge Tobel tosenden Wildbäche Valer und Peista. Weiter geht es über Wiesen und im Schatten von Laubbäumen nach Pravis und Parlongh und zuletzt – als vielleicht schönster Abschnitt – durch gewelltes, felsiges Gelände hinab ins Terrassendorf Soglio. 14 km, 400 m Aufstieg, 750 m Abstieg, 5¼ Std., T2.

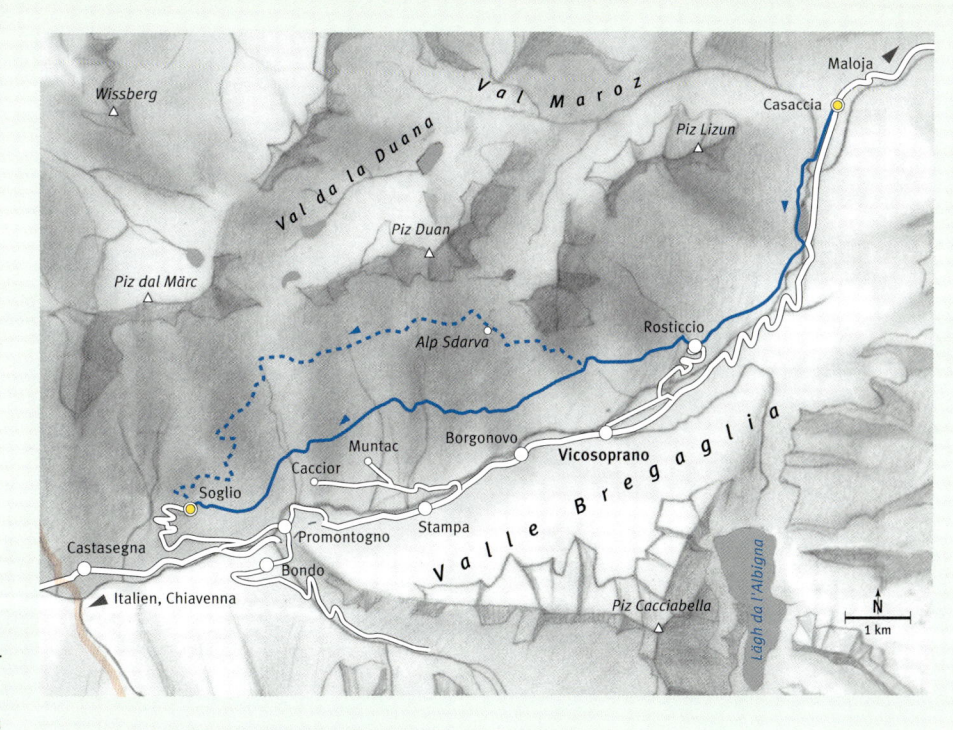

UNTERKUNFT UND VERPFLEGUNG

Ein ausführliches Verzeichnis aller Unterkünfte im Bergell ist erhältlich bei der Ente Turistico Pro Bregaglia (siehe unten).

VARIANTE

Von P. 1393 auf steilem Zickzackweg den Wald hinauf bis zu den Hütten der Alp Sdarva, dann weiter ansteigend auf die Plan Lo, wo man auf den aus dem Val da Cam kommenden Weg trifft. Hier nach links auf den Höhenweg nach Cadrin, wo der Weg zum Pass da la Duana abzweigt. Leicht abwärts, durch bewaldetes Gelände zu einem engen, von Geröll und weichem Grund geprägten Einschnitt, dessen Überwindung etwas mühsam ist und Trittsicherheit verlangt. Anschliessend ohne weitere Schwierigkeiten über Löbbia nach Plän Vest und auf steilem, aber gutem Weg via Tombal hinab nach Soglio. Ab Casaccia bis Soglio 17 km, 1300 m Aufstieg, 1700 m Abstieg, 7 Std., T3.

INFORMATIONEN

Ente Turistico Pro Bregaglia, 7605 Stampa, Telefon 081 822 15 55, info@bregaglia.ch, www.bregaglia.ch.

Landeskarte 1:25 000, 1276 Val Bregaglia.
Landeskarte 1:50 000, 268 Julierpass.

Auch nicht mehr genutzte oder gar verfallene Alphütten zeigen wie hier kurz vor Soglio den für das Bergell typischen Baustil.

Steiles Tal – kühner Weg: SENTIERO ALPINO CALANCA

San-Bernardino-Pass–Rifugio Pian Grand–Buffalorahütte–Santa Maria in Calanca

Das aus dem Ligurischen stammende Wort «calanca» bedeutet «abschüssig» oder «steil», womit der wichtigste Charakterzug dieses Tales bestens umschrieben ist. Zusammen mit dem Misox bildet das Calancatal die Region Moesano, die, obwohl italienischsprachig, zum Kanton Graubünden gehört. Wer also über oder durch den San Bernardino Richtung Süden fährt, überschreitet zwar die Sprachgrenze, bis zur politischen Grenze zum Kanton Tessin bleibt aber noch ein stattlicher Weg, liegt diese doch erst zwischen San Vittore und Lumio, nur wenige Kilometer vor Bellinzona.

Die politische Zugehörigkeit der zwei Nachbartäler hat ihre Wurzeln in weit zurückliegender Vergangenheit. Eine wichtige Rolle spielte dabei das Geschlecht der von Sax, die im 11. Jahrhundert ausgedehnte Ländereien zu beiden Seiten des San-Bernardino-Passes besassen und während dreihundert Jahren die Geschicke der Region bestimmten. Als treue Verbündete der deutschen Kaiser von Hohenstaufen waren sie nach Norden orientiert und pflegten enge Kontakte zum Grauen Bund, dem die Gemeinden des Moesano im 15. Jahrhundert beitraten. Dadurch entgingen sie auch dem Schicksal des Tessins, das bis Anfang des 19. Jahrhunderts unfreies Untertanengebiet der Eidgenossenschaft war.

Der San-Bernardino-Pass ist Ausgangspunkt für den Sentiero Alpino Calanca, einen der spektakulärsten Höhenwege der Schweizer Alpen.

Übergang zwischen Misox und Calancatal: der Buffalorapass.

Geografisch gliedert sich das Calancatal in das Calanca interiore und das Calanca exteriore, eine Zweiteilung, die beim Besuch des Tales augenscheinlich wird. Hoch über Grono im Misox thronen auf sonnigen Terrassen die zum äusseren Tal, dem Exteriore, gehörenden Castaneda und Santa Maria. Dass dieser liebliche Sonnenhang überhaupt Teil des engen Calancatals sein soll, überrascht, ist diese Lage doch völlig verschieden vom inneren Tal, das tief eingeschnitten, wild und schwerer zugänglich ist. Immer wieder gerät das Calancatal in die Schlagzeilen, wenn ein Bergsturz die Strasse blockiert oder zu blockieren droht – für die Bewohnerinnen und Bewohner der Dörfer im inneren Tal ein ernstes Problem, welches das Pendeln zur Arbeit im nahen Bellinzona oder anderswo ausserhalb des Tals erschwert. Aus diesem und vielen anderen Gründen kämpft das Tal um seine Wohnbevölkerung und eine funktionierende Infrastruktur. Umso unberührter und urtümlicher ist hier die Natur. Es ist ein wildes Tal, eingerahmt von mächtigen Bergen, die den Menschen klein werden lassen und immer wieder in Erinnerung rufen, wie stark und unbändig die Naturgewalten sein können.

Der bescheidene Tourismus nährt sich hier ausschliesslich vom Wandern. Und so werden viele der alten Alpwege glücklicherweise weiter unterhalten und markiert, obwohl unvermeidbar ist, dass einige der alten Pfade unter dem Übergriff der Vegetation verschwinden und irgendwann vollständig in Vergessenheit geraten. Dass das Calancatal als Wanderregion zu einem Begriff geworden ist, hat nicht zuletzt mit dem Höhenweg Sentiero Alpino Calanca zu tun. Der Höhenweg ist heute sicherlich die meistbegangene Tour im Tal, und er gehört zu den spektakulärsten Höhenwanderungen der Schweiz. Weil die Tour hoch über den Dörfern des Calancatals bleibt, spürt die Talbevölkerung zwar wenig von dem bescheidenen Touristenstrom. Als mittlerweile sehr bekannte Tour ist der Höhenweg aber ein Aushängeschild, das Besucher und Besucherinnen ins Calancatal zu locken vermag.

Der Höhenweg entstand auf Initiative eines eigens dafür gegründeten Vereins, der Associazione Sentieri Alpini Calanca (ASAC). Mehr als 200 Freiwillige aus acht

Tiefblicke inbegriffen: Auf dem Sentiero Alpino Calanca, im Hintergrund das Zapporthorn, das über das Calancatal wacht.

Kleiner Gipfel, grosser Steinmann: auf dem Piz de Ganan.

Der Pass di Passit mit seinen lieblichen Bergseen ist ein erstes Tor zum Calancatal.

Ländern arbeiteten unter dessen Leitung am Höhenweg und leisteten über 2000 unbezahlte Arbeitstage, bis die Wanderroute schliesslich 1983 von San Bernardino bis Santa Maria durchgehend fertiggestellt war. Finanziert wurde der Wegbau fast vollständig aus den Mitgliederbeiträgen des Vereins. Für die Errichtung der ersten Hütte, die 1981 auf einer flachen Wiese unterhalb des Passes de Buffalora entstand, war der Verein auf fremde finanzielle Hilfe angewiesen. Von der ersten Buffalorahütte ist heute nicht mehr viel übrig. Der Luftdruck einer in der Nähe niedergegangenen Staublawine zerstörte die Unterkunft bereits 1985 vollständig. Dank der Bekanntheit des Vereins ASAC und seines Höhenwegs konnten aber die Mittel für den Bau einer neuen Hütte innerhalb kurzer Zeit wieder zusammengebracht werden, und so entstand die heutige Buffalorahütte, die deutlich grösser und komfortabler ist als ihre Vorgängerin. Auch unterhalb des Piz Pian Grand, auf der Alp Ganan und auf der Alp di Fora oberhalb von Braggio wurden kleine Unterkünfte erstellt, die es erlauben, die lange und anstrengende Etappe von San Bernardino bis zur bewarteten Buffalorahütte auf zwei oder sogar drei Tage aufzuteilen.

Obwohl mittlerweile ziemlich populär, ist der Sentiero Alpino Calanca alles andere als ein einfacher Höhenweg. Die Steigungen und Gefälle addieren sich pro Tag auf eine stattliche Anzahl Höhenmeter. Manche Passagen sind ausgesetzt und bieten wundervolle Tiefblicke, was nicht jedermanns Sache ist. Der schwierigste und wohl gefährlichste Abschnitt in der Südflanke der Cima de Nom Nom wurde mit baulichen Massnahmen entschärft, wodurch die Tour ihren Status als weiss-rot-weisser Wanderweg durchgehend behalten konnte. Behalten hat der Weg auch seinen einmaligen Charakter als Höhentour der Superlative.

Die meisten Wandernden begehen den Weg von Norden nach Süden – selbstverständlich ist auch die umgekehrte Richtung möglich. Der Beginn im Norden hat aber den Vorteil, dass man das Calancatal auf einem steinigen Passübergang zwischen der Cima de la Bedolota und dem Alta Burasca wie durch ein Tor betreten kann und von dort in eine unglaublich wilde und verlassene Welt blickt. So wie man eine Insel beim ersten Besuch am besten mit dem Schiff ansteuert, um ihren wahren Charakter zu erkennen, bereitet einen der Zugang über den Pass auf die Entdeckungen vor, die einen an diesem Ort erwarten – er weckt die Neugierde auf die Überraschungen, die der weitere Weg noch offenbaren wird, aber auch die Neugierde auf das Tal als Ganzes. Wodurch der Weg den zusätzlichen Zweck erfüllen würde, nicht nur Höhenweg zu sein, sondern ein Tor zum ganzen Tal, wie es sich die Initianten des Weges gewünscht hatten. (UH)

CHARAKTER

Diese Höhenwanderung setzt ausreichende Fitness, Trittsicherheit und eine gewisse Toleranz gegenüber Tiefblicken voraus. Obwohl durchgehend weiss-rot-weiss markiert und somit im Bereich T3, sind einzelne Abschnitte eher T4 zuzuordnen. Die Tagesetappen lassen sich dank der vorhandenen Unterkünfte am Weg verkürzen; mit Ausnahme der Buffalorahütte sind aber alle Hütten unbewartet, und die Lebensmittel müssen somit selbst mitgebracht werden. Die Tour ist bei Nässe und insbesondere bei Schnee unbedingt zu meiden!

DIE WANDERUNG

Anfahrt

Mit dem Postauto ab Chur oder ab Bellinzona bis San Bernardino Dorf oder Hinterrhein und von dort auf den San-Bernardino-Pass. Achtung: Die Eilkurse Chur–Bellinzona halten nur in San Bernardino Dorf. Die Postautos über den Pass verkehren von Ende Juni bis Ende September. Aussteigen auf der Passhöhe beim Hospiz.

1. Tag

Vom San-Bernardino-Hospiz auf der Ostseite des Laghetto Moesola entlang (die Strasse verläuft auf dessen Westseite) und nach dem Ende des Sees die Strasse überqueren. Nun durch den weiten Kessel der Alpe Mucia und um die nach Nordost und Ost auslaufenden Grate des Piz de Mucia herum nach Confin Basso (Bergstation der nur im Winter verkehrenden Gondelbahn von San Bernardino). Rund 700 Meter nach der Station beginnt der Anstieg hinauf zum Pass di Passit, einem klassischen Übergang zwischen Misox und Calancatal. Um den Piz d'Arbeola zu umgehen, stehen zwei Varianten offen: Die technisch anspruchsvollere führt über den Pass de la Cruseta, durch die steile Westsüdwestflanke des Piz d'Arbeola und über die Bocca de Rogna ins weite, steinige Becken der Alp d'Arbeola, wo als Tagesziel die dreieckigen Hütten des Rifugio Pian Grand stehen. Die einfachere Variante führt vom Pass di Passit hinab zur Alp d'Ocola und von dort auf dem von San Bernardino heraufkommenden Anstiegsweg (siehe Varianten) zum Rifugio Pian Grand.

San-Bernardino-Pass bis Pass di Passit 10 km, 550 m Aufstieg, 530 m Abstieg, 3½ Std., T2. Pass di Passit bis Rifugio Pian Grand via Pass de la Cruseta 4 km, 550 m Aufstieg, 230 m Abstieg, 2 Std., T3; via Alp d'Ocola 6 km, 280 m Abstieg, 600 m Aufstieg, 2¾ Std., T3.

2. Tag

Über steile Blockfelder hinauf zu P. 2514, dem Sattel auf dem Verbindungsgrat zwischen Cima de la Bedoleta und Alta Burasca (auf der Landeskarte namenlos, laut SAC-Führer Passo Ovest dell'Alta Burasca). Der anschliessende, stellenweise kettengesicherte Abstieg über eine schroffe Flanke ist einer der steilsten der Tour. Vom Hangfuss auf angenehmem Weg zum wundervollen Lagh de Trescolmen und nach kurzem Aufstieg zu einer Schulter oberhalb des Sees, lange Traverse entlang der Basis einer steilen Nordflanke (hoch oben im Gipfel des Piz Large kumulierend) mit vielen kürzeren Aufstiegen und Gefälle, Blockfeldern und Bachrunsen bis zur Bocchetta del Büscenel. Nun von schwindelerregenden Tiefblicken begleitet hinauf zum Steinmann auf 2346 Meter und von dort in den Kessel der Alp Ganan (mit dem winzigen Rifugio Ganan). Das Gelände bleibt sehr steil, die schwierigsten Stellen sind aber gut gesichert. Über Blockfelder und durch zwei markante Bachschluchten verlässt der Weg den Geländekessel und strebt mit dem unscheinbaren Piz Ganan einen weiteren Höhepunkt an. Durch die steile Westabdachung des Fil de Dragiva gelangt man zum lieblichen Lagh de Calvaresc und von dort hinab zu den Gebäuden der Alp Calvaresc. Durch lockeren Baumbestand und vorbei an vielen Alpenrosenbüschen zu der schon seit langem sichtbaren Buffalorahütte. 15 km, 1000 m Aufstieg, 1320 m Abstieg, 7 Std., T3.

3. Tag

Der Weg führt hinauf zum Pass de Buffalora, überquert diesen aber nicht, sondern bleibt auf der Seite des Calancatals, traversiert die Nordwestflanke der Cima de Nom Nom und erklimmt dabei den vom Gipfel herabführenden Grat Fil de Nom Nom beim grossen Steinmann bei P. 2427. Nun folgt der steile Abstieg durch den Südhang des Fil de Nom Nom – die vermutlich schwierigste Passage des ganzen Höhenwegs, die, obwohl gut gesichert, Trittsicherheit und Vorsicht verlangt. Vom Fuss des Hanges geht es hinüber zum Oberlauf des Rià de la Ravisc und um eine Geländerippe herum in den weiten Kessel der Alp Aion mit ihren zerfallenen Hütten. Von P. 1977 zum Grat aufsteigen, dann kurzer, steiler Abstieg, und bei der Verzweigung des Pfads dem Sentiero Alpino nach links zuerst sanft, dann steiler bergaufwärts folgen. Durch Blockfelder erreicht man den tiefen, wilden Graben des Val d'Auriglia, der erst hier oben überquert werden kann. Eine Metallleiter hilft über die steilste Stelle hinweg, danach folgt noch ein kettengesicherter Abstieg durch ein Couloir, bevor man wieder in einfacheres Terrain gelangt: hin zu den Lawinenverbauungen bei P. 2100 (schöne Aussicht) und angenehm weiter zur Alp di Fora. Leicht ansteigend durch Tannenwald zur grossen, flachen Waldlichtung Pian di Renten und ab hier nur noch abwärts, allerdings sehr steil und über manche rutschige Passagen, auf denen Vorsicht angebracht ist. Auf gutem Weg und zuletzt ein kurzes Stück auf Teerstrasse erreicht man schliesslich das herrlich gelegene Santa Maria. 15 km, 850 m Aufstieg, 1970 m Abstieg, 7 Std., T3 (T4).

Über der Alpe Mucia, südlich des San-Bernardino-Passes, erhebt sich der Piz de Mucia.

UNTERKUNFT

Rifugio Pian Grand, immer offene Selbstversorgerhütte mit 18 Plätzen, ohne Telefon. Reservation in der Buffalorahütte, Telefon 091 828 14 67.
Rifugio Ganan, immer offene Selbstversorgerhütte mit 7 Plätzen, ohne Telefon; Voranmeldungen über die Buffalorahütte, Telefon 091 828 14 67.
Capanna Buffalora, 6548 Rossa, Telefon 091 828 14 67, huettenwart@sentiero-calanca.ch, www.sentiero-calanca.ch.
Rifugio Alp di Fora, immer offene Selbstversorgerhütte mit 15 Plätzen ohne Telefon, Voranmeldungen über die Buffalorahütte, Telefon 091 828 14 67.

VARIANTEN

1. Tag

Aufstieg von San Bernardino Dorf zum Rifugio Pian Gran. Zum Einstieg wandert man entweder zuerst der Moesa entlang und dann zwischen Autobahn und dem schmalen Fortsatz des Lago d'Isola zu P. 1617 oberhalb des eigentlichen Stausees im Wald. Oder man passiert die Talstation der Gondelbahn nach Confin Basso und wandert auf einer Forststrasse zu P. 1617 (beide Varianten sind etwa gleich lang). Wenige Schritte nach diesem Punkt zweigt der Aufstiegsweg zum Pass di Passit nach rechts ab und leitet zur Alp d'Ocola. Bei der Abzweigung des Sentiero Alpino diesem nach links folgen und zuerst fast eben, dann aber kurze, spürbar steile 30 Höhenmeter hinab und anschliessend hinauf zur Alp d'Arbeola und zum Rifugio. 7½ km, 870 m Aufstieg, 80 m Abstieg, 4 Std., T3.

3. Tag

Abstieg von der Alp di Fora nach Braggio, einem fantastisch gelegenen, autofreien Terrassendorf mit bekanntem Kirchlein. Von Braggio mit der Seilbahn hinab nach Arvigo und von dort mit dem Postauto nach Grono. Dieser Abstieg verkürzt die Tour auf 12 km, 770 m Aufstieg, 1570 m Abstieg, 6 Std., T3 (T4).

INFORMATIONEN

ASAC Associazione Sentieri Alpini Calanca, 6548 Rossa, www.sentiero-calanca.ch.
Ente Turistico San Bernardino Vacanze, 6565 San Bernardino, Telefon 091 832 12 14, info@visit-moesano.ch, www.visit-moesano.ch.
Weitere Webseiten mit Informationen zum Calancatal und zu den Übernachtungsmöglichkeiten im Tal: www.calancatal.ch, www.calanca.ch, www.landarenca.ch, www.lacascata.ch, www.calanca.org, www.braggiotourismus.ch, www.braggio-ferien.ch.

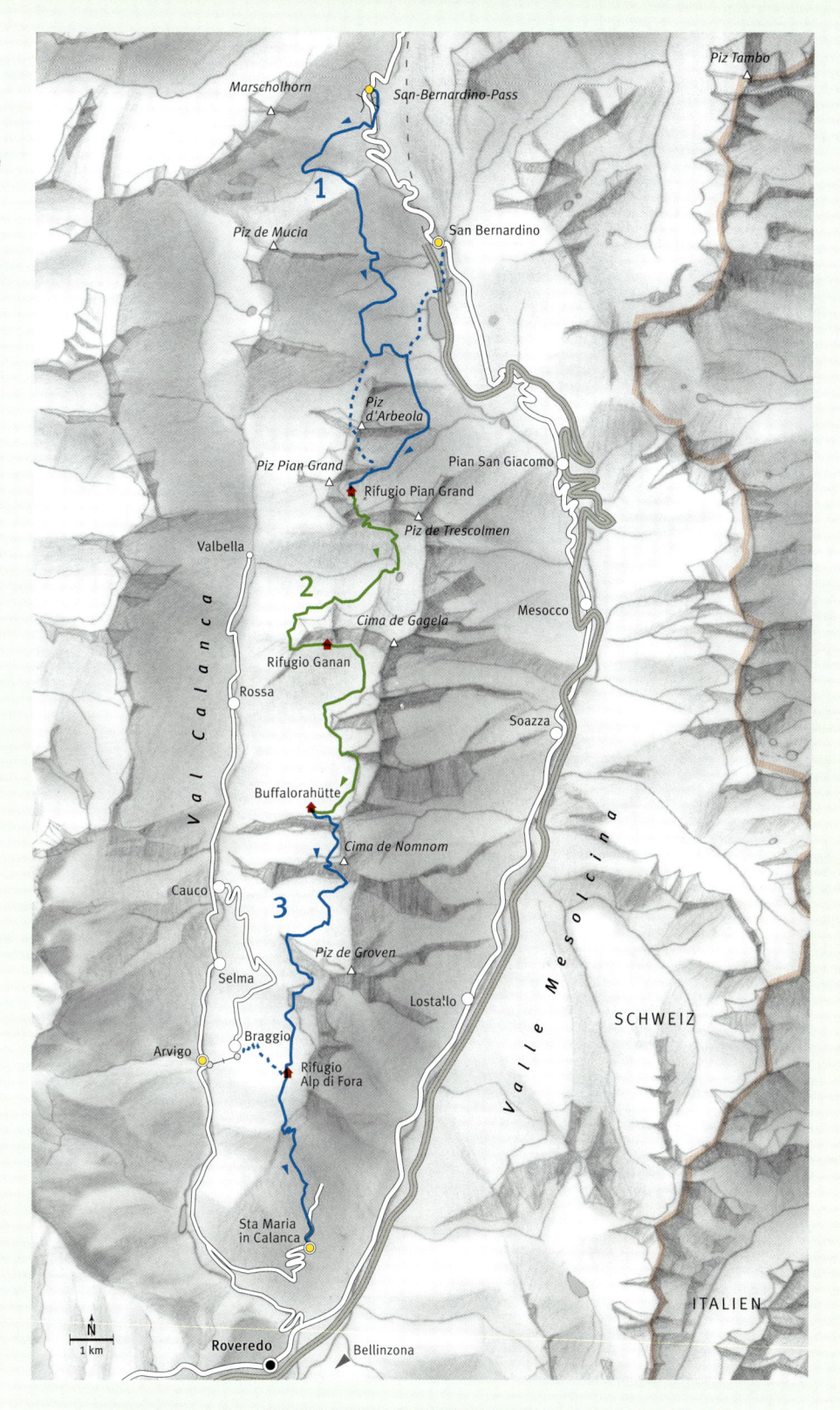

Der Abschnitt zwischen San-Bernardino-Pass und Alpe Confin kann durch Schiessbetrieb beeinträchtigt sein. Auskunft erteilt Telefon 081 660 11 11.

Landeskarte 1:25 000, 1254 Hinterrhein, 1274 Mesocco, 1294 Grono.
Landeskarte 1:50 000, 267 San Bernardino, 277 Roveredo oder 267T San Bernardino.

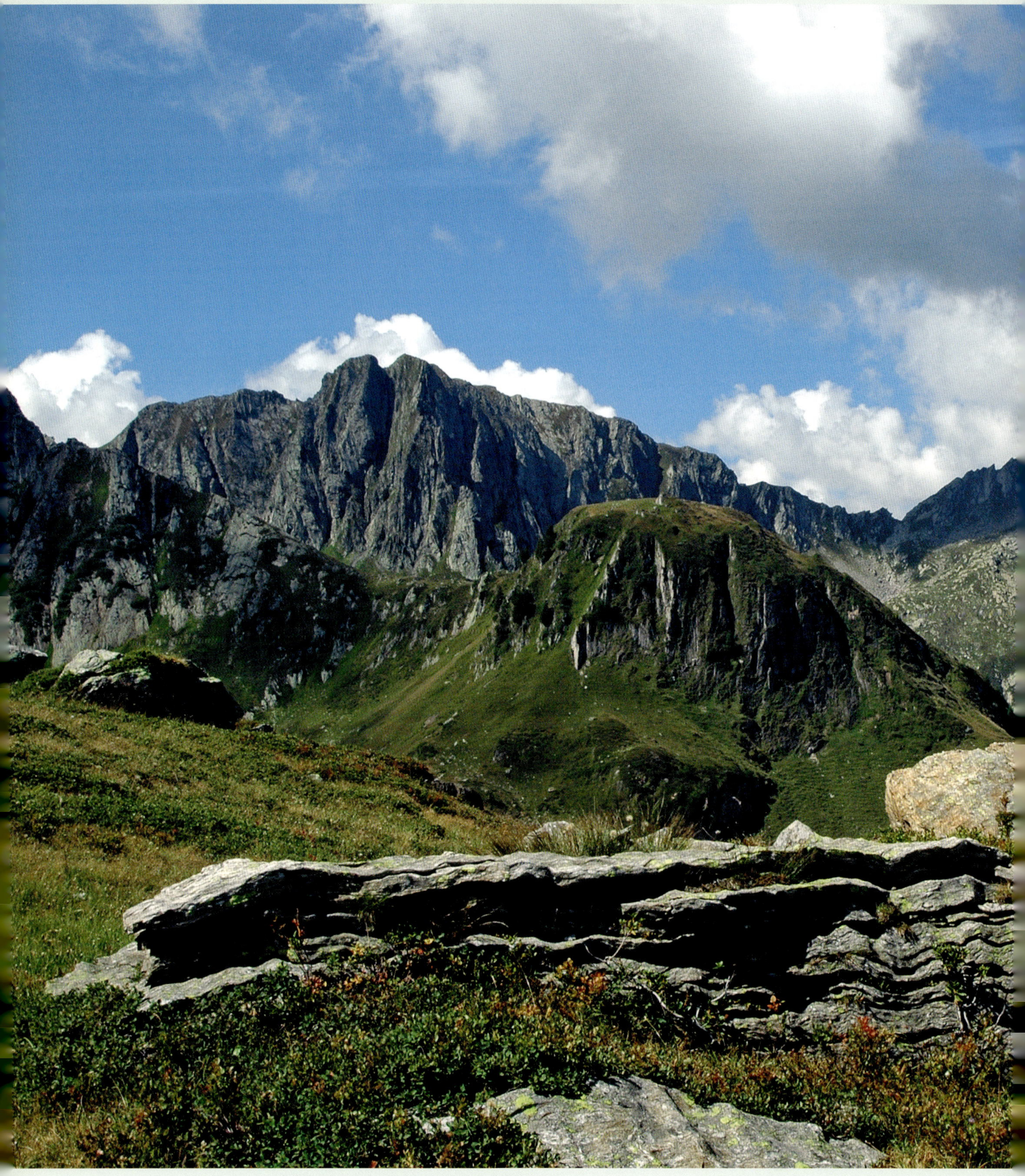

Die Ruhe über dem Transitkorridor: abgeschiedene Berglandschaft auf der Via Alta Tremorgio in der oberen Leventina.

TESSIN

Hoch hinaus: STRADA VERAMENTE ALTA

Ritomsee–Carì–Capanna Pian d'Alpe–Capanna Piandioss–Lukmanierpass

Eine eindrückliche Bahnfahrt mit der Ritom-Standseilbahn über fast 800 Höhenmeter bringt die Tourengänger am ersten Tag zur Bergstation Piora. Die Standseilbahn, ursprünglich als Werkbahn für den Kraftwerksbau erstellt, ist mit 87,8 Prozent Steigung eine der steilsten Standseilbahnen weltweit. Sie wurde 1921 für das SBB-eigene Wasserkraftwerk gebaut und steht somit auch im Zeichen der traditionell wichtigen Verkehrsachse des Gotthards.

Später auf dem Passo Predèlp eröffnet sich einem der eindrückliche Tiefblick in die mehr als 1500 Meter tiefer liegende Leventina, in der sich wie auch auf der Nordseite des Gotthards Kantonsstrasse, Autobahn und Bahnlinie auf engem Raum durch

Die Ritom-Bahn auf steilen Schienen hoch über der Leventina.

Die erste Etappe führt den Wanderer am Stausee Lago Ritom vorbei.

84 TESSIN

Auf den letzten Metern im Aufstieg zum Passo del Sole.

das Tal schlängeln. Und man begreift, dass die Eisenbahnzüge mächtig Energie aus den Kraftwerken brauchen, um die grossen Steigungen zu überwinden. Dort, wo das Tal besonders eng ist, verläuft das Trassee der Bergstrecke in zahlreichen Kehrtunnels. Wenn voraussichtlich im Jahr 2017 der 57 Kilometer lange Gotthard-Basistunnel in Betrieb geht, wird es auf der Bergstrecke erstmals seit der Gotthardtunneleröffnung im Jahr 1882 wieder ruhiger werden. Statt die Höhendifferenz in den zahlreichen Kehrtunnels zu überwinden, werden die Hochgeschwindigkeitszüge in Zukunft mit über 200 Kilometern pro Stunde im Berg durch den längsten Eisenbahntunnel der Welt rasen. Umso mehr Ruhe wird dann diese Tour bieten.

Während dem gleichmässigen Anstieg zum Passo del Sole am ersten Tag können früh im Sommer Startende beim Piano Grande unzählige Frühlingsblumen entdecken: Pelz- und Schwefel-Anemone, Alpen-Soldanelle, Kochscher Enzian, Stängelloser Enzian und viele mehr. An geeigneten Stellen bilden diese Frühlingsboten ganze Wiesen. Und wer mit offenen Augen für Flora und Fauna durch die Natur geht und dazu etwas Glück hat, kann am zweiten Tag im lichten Wald im Gebiet des Matro auch Schlangen entdecken, zum Beispiel die Aspisviper. Diese gehört zusammen mit der Kreuzotter zu den zwei giftigen Schlangenarten, die in der Schweiz vorkommen. Sie greift Menschen nicht an, beisst aber zu, wenn man sie in die Hand nimmt oder auf sie tritt. Fühlt sich ein Tier bedroht, faucht es hörbar. Nur wenn eine Schlange erschrickt oder keinen anderen Ausweg aus einer bedrohlichen Situation sieht, kommt es zu einem Notwehrangriff. Ansonsten dient ihr das Gift nur zur Beutejagd. Die Aspisviper ernährt sich vor allem von Kleinsäugern. Sie wird bis 70 Zentimeter lang und kann bis 20 Jahre alt werden. Sonnige Hanglagen zwischen 1000 und gut 2000 Metern mit steinigem Untergrund und Trockensteinmauern, wie sie das Tessin bietet, sind der bevorzugte Lebensraum von Schlangen, weshalb sie hier relativ häufig anzutreffen sind.

Klein, aber fein: Alpen-Fettblatt.

Die Aspisviper ist eine der zwei giftigen Schlangenarten der Schweiz. Im Unterholz ist sie kaum zu erkennen.

Um bei Flora und Fauna zu bleiben, lässt sich die dritte Etappe nach der Art des Waldes und der Vegetation in drei Abschnitte aufteilen: Der erste Teil führt durch einen Tannenwald bis kurz nach der Alpe Tarch. Im Mittelteil trifft man auf zahlreiche, aber problemlos zu überquerende kleine Bäche, derweil die Hänge dicht mit Erlenstauden bewachsen sind. Dennoch ist der Weg gut zu begehen und dank den rot-weiss-rot markierten Holzstangen auch in den Alpweiden gut zu finden. Der letzte Abschnitt nach den Wintersportanlagen überrascht mit einem traumhaften Lärchenwald, wobei besonders auf der Alp Pian Laghetto (1912 m) besonders grosse und mächtige Exemplare zu bestaunen sind, die gut und gerne mehrere hundert Jahre alt sein dürften. Die Alp hat eine eigene Wasserquelle und eine Käserei. Von der Terrasse der Capanna Piandioss geniesst man schliesslich einen eindrücklichen Blick zurück auf die bereits absolvierte Strecke. Der markante Sendeturm Matro erleichtert dabei den

Die Alpsiedlung Monte Püscett auf 1509 Meter.

Treffender Gipfelname: Croce di Sasso (Steinkreuz).

Überblick über die Gipfel, die man am Vortag überschritten hat. Auch das ganze Bleniotal mit seinem Fluss Brenno und das Adulagebiet sticht dabei ins Auge.

Wie schon auf der dritten Etappe dieser Viertagestour fällt der Blick auch am vierten Tag immer wieder auf das Rheinwaldhorn, mit 3402 Metern der höchste Gipfel des Adulagebiets. Bergsteiger, die das Rheinwaldhorn in Angriff nehmen wollen, starten entweder von einer der Adulahütten oder von der nördlich des Gipfels und von hier nicht sichtbaren Läntahütte aus, die oberhalb des Zervreilasees ob Vals liegt. Etwa 20 Minuten nach dem Start an diesem vierten Tag geht man unter einem kleinen Felsband durch, das unerwartet aus Kalk besteht, während nur wenig später wieder Granitfels vorherrscht. Unter diesem Felsband wächst – um nochmals das Kapitel der Botanik aufzuschlagen – das Alpen-Fettblatt in ungewohnter Häufigkeit; es fällt auf durch seine kleinen weissen Blüten. Auf den drüsig-klebrigen Blättern bleiben Insekten haften, deren Eiweissstoffe dann von der Pflanze aufgenommen werden. Auf diese Weise kann die Pflanze einen Teil ihres Nährstoffbedarfs decken.

Hat man einmal das hügelige Gelände des Piano della Croce hinter sich, bietet der Passo Bareta einen vorzüglichen Überblick über das Bleniotal, die nördlich liegenden Alpen um den Weiler Dötra und den Lukmanierpass. Nach dem Abstieg zum Lukmanierpass erkennt man, wirft man einen Blick zurück, nur unschwer die schroffen Felstürme des Pizzo Colombe und den Passo Predèlp, den wir zu Beginn dieser Tour überquert haben. Wie zu Beginn steht man auch am Ende dieser Tour auf einer wichtigen Alpenpassverkehrsachse, dem Lukmanierpass. Über diesen führt aber einzig eine Passstrasse, die dafür auch im Winter offen gehalten wird. (DV)

Ein Kleinod der Extraklasse abseits des Wegs, das es im hügeligen Gelände aber erst zu finden gilt: Laghetto di Piancabella.

CHARAKTER

Viertägige Tour im mittleren Schwierigkeitsgrad. Dank der moderaten Höhenlage verlaufen einige Wegabschnitte im Wald, was im Hochsommer ein Vorteil sein kann. Während der ersten zwei Tage bewegt man sich auf der einen und während dem dritten und vierten Tag auf der anderen Seite desselben Grats, so dass sich immer wieder neue Geländekammern mit neuen Ausblicken eröffnen.

DIE WANDERUNG

Anfahrt

Von Airolo mit dem Bus bis Piora Posta und zu Fuss in 10 Minuten zur Talstation der Ritom-Bahn auf der gegenüberliegenden Talseite (erste Bergfahrt um 8.30 Uhr). Ausgangspunkt der Wanderung ist die Bergstation Piora der Standseilbahn Piotta–Lago di Ritom auf 1794 Meter.

1. Tag

Von der Bergstation Piora auf der Strasse ostwärts zur Staumauer des Lago Ritom und über diese zum Restaurant auf der Ostseite der Staumauer. Von dort auf dem Bergweg ostwärts durch Lärchenwald zur Alp Pinett. Bei P. 2068 nordwärts über einige Treppenstufen kurz hinauf, um bald wieder leicht absteigend zum Mottone zu gelangen. Ostwärts gleichmässig ansteigend bis kurz vor die Alpe Carorescio und nordwärts über die Brücke. Auf schmaler werdendem Weg via Piano del Sole auf den Passo del Sole (2376 m). Von dort bis P. 2232 absteigen und in südwestlicher Richtung knapp unter dem Paré di Scut vorbei zum Passo Predèlp (2452 m). Im Frühsommer kann es in der Traverse nördlich vom Paré di Scut noch Schneefelder haben. Vom Pass anfangs steil, aber ungefährlich auf der Südseite absteigen zu dem schon von weit oben sichtbaren Predèlp. Durch einen Tannenwald am Dörfchen Tarnolgio vorbei und je nach Übernachtungsort in 20 Minuten hinauf zur Capanna Prodör (1745 m) oder hinab zur Ortsstrasse nach Carì und auf dieser an Ferienhäusern vorbei bis kurz vor P. 1622, wo sich auf der rechten Strassenseite das Ristorante Carì befindet.

18½ km, 1050 m Aufstieg, 1200 m Abstieg, 7 Std. (bis Passo del Sole 3¼ Std., Passo del Sole–Predèlp 3 Std., Predèlp–Capanna Prodör ½ Std. oder in ¾ Std. nach Carì), T3.

2. Tag

Von Carì in südöstlicher Richtung bis Molare. Von der Capanna Prodör in östlicher Richtung bis Carì di Dentro (1742 m) und dann südlich absteigend durch den Wald bis Molare. Auf einem Höhenweg bis Fornace (1565 m), von dort hinauf zur Alpe Nara (1929 m) und, die Alp querend, auf die gegenüberliegende Seite (auf der Karte als «Passetto», 1998 m, bezeichnet). Nun auf nur noch schwachen Wegspuren und über Waldlichtungen den Piano Scuro in südlicher Richtung überqueren, um nach 1 Kilometer wieder auf den Weg südlich von Piano di Mezzo zu treffen. In südwestlicher Richtung bis Grasso Vecchio (1836 m) und auf der Waldstrasse leicht ansteigend über Tre Croci und Cascina dei Piai nach Fopascia. Ab hier ein letztes Mal ansteigend auf den Grat zwischen Croce di Sasso und Pianca

88 TESSIN

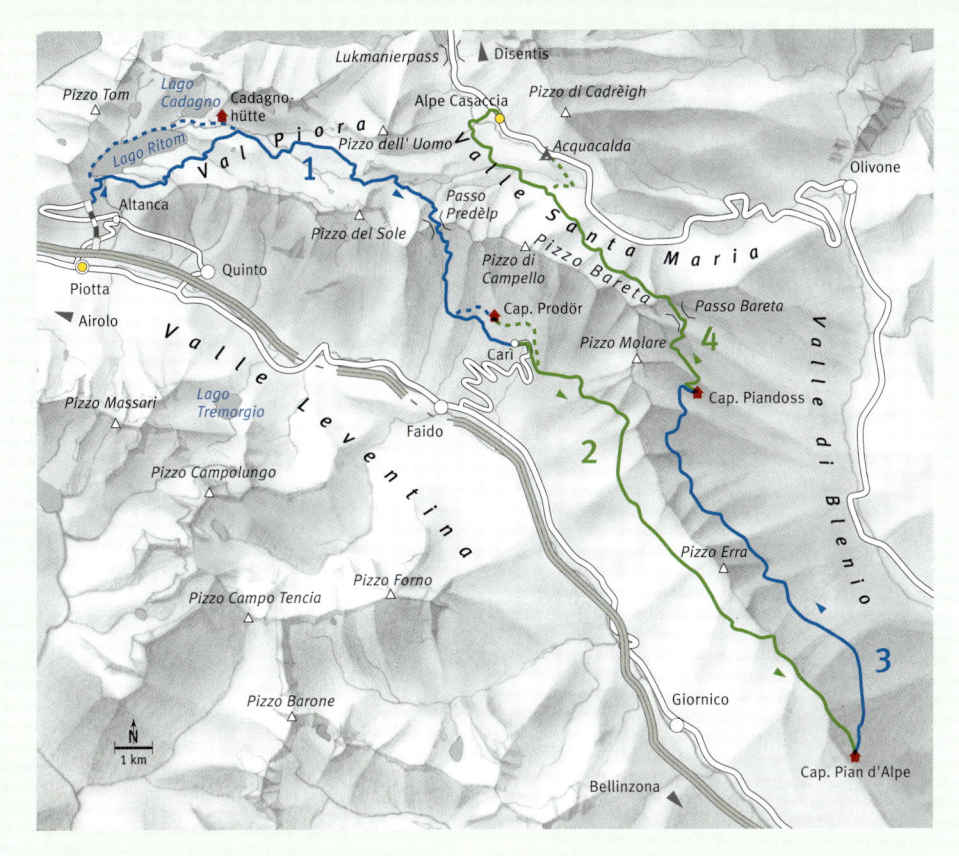

Bella. Dem Grat in südwestlicher Richtung folgend über Cogn bis zum Gipfel des Matro (2172 m) mit Sendemast. Auf angenehm abfallendem Waldweg über Forcarella zur Capanna Pian d'Alpe (1764 m), in einer Lichtung eines Lärchen-Tannen-Walds gelegen. 17 km, 1000 m Aufstieg, 850 m Abstieg, 7 Std., T3.

3. Tag

Auf leicht abfallendem Weg durch den Wald und an der Alpsiedlung Sosto vorbei zur Alp Monte Püscett. Dann auf sanft ansteigendem Fahrweg zu den Alpen Ghissii, Garina und Tarch (bei Letzterer eindrückliche Aussicht ins gegenüberliegende Adulagebiet mit dem Rheinwaldhorn). In offenerem, mit Erlenstauden bewachsenem Gelände auf nurmehr schmalem Fussweg in leichtem Auf und Ab zum Bosco Negro, dann auf der Fahrstrasse zur Sesselbahnbergstation Cambra und wiederum auf einem Wanderweg bis zur Capanna Piandioss (1875 m). 13 km, 600 m Aufstieg, 500 m Abstieg, 3¾ Std., T3.

4. Tag

Von der Hütte auf der Fahrstrasse 200 Meter zurück, bis der Wanderweg rechts ansteigend um den Grasrücken oberhalb der Hütte führt. Aufgrund der nur noch undeutlichen Wegmarkierungen orientiert man sich an der nicht mehr genutzten Alphütte der Alpe di San Martino (2090 m) mit kleinem Kreuz davor. Die Alp in nordwestlicher Richtung verlassen und (schwache Wegzeichen!) nordwärts und später nordwestlich zum Passo Bareta. Von hier guter Überblick über den Weg durch die grosse Nordflanke. In ein paar steilen Spitzkehren und über Steinfelder hinunter ins staudenbewachsene Gelände. Nach der Querung des Ri di Gana Rossa gelangt man als Abkürzung nach rechts zur Lukmanierpassstrasse und zur Postautohaltestelle Pian Segno bei Acquacalda. Andernfalls durch lichten Lärchenwald südlich der Selva Secca und an mehreren Alpen vorbei (mehrere Varianten möglich) zur Postautohaltestelle Alpe Casaccia bei P. 1809. 13 km, 750 m Aufstieg, 700 m Abstieg, bis Alpe Casaccia inklusive Gegenanstieg von 200 m: 4 Std., T3.

UNTERKUNFT

Capanna Prodör, UTOE Pizzo Molare, Faido, Telefon 091 866 18 33.
Ristorante Carì, 6760 Carì, Telefon 091 866 20 97, www.cari.ch, www.leventinaturismo.ch.
Capanna Pian d'Alpe, UTOE Torrone d'Orza Fraktion, 6710 Biasca, Telefon 091 864 25 25, www.capanneti.ch.
Capanna Piandioss, Sci Club Crap, 6724 Ponto Valentino, Telefon 076 400 03 01, www.capanneti.ch, www.valleblenio.ch. Die Hütte ist auch von Gariva in ½ Std. zu erreichen.

VARIANTEN

1. Tag

Von der Bergstation der Ritom-Bahn einfacher, aber monotoner auf der Alpstrasse auf der Nordseite des Stausees zur Capanna Cadagno und dann ostwärts auf die Strasse zur Alpe Carorescio. Streckenmässig ist diese Variante gleich lang, erfordert aber 100 m weniger Aufstieg und ist dadurch 20 Minuten kürzer, bis Capanna Cadagno T1.

4. Tag

– Kleiner, aber sehr lohnenswerter Abstecher zum traumhaften Laghetto di Piancabella, kurz vor dem Passo Bareta (gute Orientierung vorausgesetzt, da in unübersichtlichem Felsgelände und oberhalb des Wegs gelegen, ½ km vor dem Pass und 200 m westlich des Wegs, in 5–10 Minuten zu erreichen).
– Aufstieg bis zur Lukmanierpasshöhe mit Blick auf den nahen Stausee. ¾ Std. ab Alpe Casaccia, T1.

INFORMATIONEN

Zu Schlangen: Internetseite der Koordinationsstelle für Amphibien- und Reptilienschutz in der Schweiz (karch). Beobachtungsmeldungen werden gerne entgegengenommen unter: www.karch.ch, Telefon 032 725 72 07.

Landeskarte 1:25 000, 1252 Ambri-Piotta, 1273 Biasca, 1253 Olivone.
Landeskarte 1:50 000, 266 Valle Leventina.

Unterwegs auf der Wasserscheide zwischen Valle Leventina und Valle di Blenio.

Im Land der Bergseen: SENTIERO PANORAMICO

Airolo–Alpe di Lago–Capanna Cadlimo–Passo Bornengo–Oberalppass

Nicht weniger als sechzehn Bergseen findet man auf der Karte in den drei Nordtessiner Tälern Piora, Canaria und Cadlimo, und dabei sind nur die grösseren gezählt. Besonders das Val Cadlimo wartet mit einer Vielzahl von kleinen und kleinsten, in der Mehrzahl namenlosen Seelein auf, die trotz ihrer Grösse beziehungsweise ihrer mangelnden Grösse die Landschaft zieren wie Perlen ein elegantes Kleid. Wer seine Füsse in einem der vielen Gewässer abkühlt, ist dabei direkt mit dem Meer verbunden – und die meisten werden dabei an das Mittelmeer denken. Für die Seen im Val Piora und im Val Canaria ist das auch zutreffend, das landschaftlich besonders faszinierende Val Calimo macht da aber eine Ausnahme. Politisch gehört das Tal zum Kanton Tessin, doch um Politik hat sich die Natur noch nie gekümmert, und so fliesst das Wasser des Reno di Medel und seiner Seitenbäche unbeirrt nach Norden, in den Rhein und damit – irgendwann – in die Nordsee.

Allerdings hat der Mensch die natürliche Wasserscheide zwar nicht mit den politischen Grenzen, dafür mit der Technik etwas durcheinander gebracht. Der grösste See des Gebiets, der Lago di Ritom, erhält über einen langen Stollen eine Einspeisung aus dem urnerischen Unteralptal, dessen Wasser normalerweise nach Norden fliessen würde. Dieser Lago ist also ein Stausee, der manchmal nur halbvoll oder eben halbleer und dann nur halb so schön ist. Allerdings gab es hier vor dem Bau der Talsperre bereits einen natürlichen See, der 1920 aufgestaut und die Mauer dann später, 1953, nochmals erhöht wurde. Das Wasser aus dem Lago di Ritom treibt Turbinen an, die

Nachdem der Aufstieg von Airolo erst einmal geschafft ist, verläuft der Sentiero Panoramico als herrlicher Höhenweg durch das Val Canaria.

90 TESSIN

Auf der Punta Negra, dem Hausberg der Cadlimohütte.

Einer von zahlreichen Bergseen: der Lago Camoghè auf der Alpe di Lago.

Elektrizität für die Gotthardbahn produzieren. So sorgt es dafür, dass die Züge auf ihrem Weg vom Mittelmeer an die Nordsee die Alpenbarriere überqueren können – eine weitere Verbindung dieser Wanderregion zu den Weltmeeren.

Da der Ritomsee auf einer Strasse erreichbar ist, bevölkern an schönen Wochenenden Scharen von Ausflüglern das Val Piora. Wesentlich ruhiger geht es dafür im benachbarten Val Canaria zu, das bei Airolo seinen Anfang nimmt und beim Passo Bornengo an den Alpenhauptkamm grenzt. In den 1970er Jahren existierten Pläne, im Val Canaria eine Deponie für radioaktiven Abfall zu errichten, doch davon spricht heute niemand mehr. Dafür gibt es einen Höhenweg durch dieses Tal, der aus den Bruchstücken alter Alpwege zu einem durchgehenden Weg zusammengefügt und markiert wurde: der Sentiero Panoramico. Wer in Airolo zur Wanderung über den Panoramaweg mit Ziel Capanna Cadlimo aufbricht, hat eine Höhendifferenz von stattlichen 1400 Metern vor sich. Hat man den Hauptteil der Aufstiegsarbeit hinter sich – und das ist am Rand der weiten, erstaunlich flachen Alpe di Lago der Fall –, erwartet einen eine herrliche, beinahe mühelose Wanderung durch ein abgeschiedenes Tal mit wundervollen Ausblicken auf die Bergwelt des Gotthardmassivs, über das ganze Val Bedretto bis hin zum Griesgletscher mit dem Blinnenhorn weit im Westen. Übrigens lässt sich der Aufstieg auch spürbar verkürzen, indem man die Standseilbahn zum Ritomsee in Anspruch nimmt und die Tour so auf knapp 1800 Metern Höhe beginnt. Mit einer Neigung von über 87 Prozent gehört die Standseilbahn zu den steilsten ihrer Art, was bei vielen ihrer Passagiere Nervenkitzel auslöst. Und wer davon nicht genug bekommen kann, wählt als Alternative zum Panoramaweg die Tour vom Lago di Stabbiello auf den Pizzo Stabbiello und weiter über den Grat der Poncioni Negri auf die Punta Negra, den Hausberg der Cadlimohütte. Mit der Schwierigkeit T5 ist diese Variante allerdings absolut trittsicheren und schwindelfreien Tourengängerinnen und -gängern vorbehalten.

Die Capanna Cadlimo empfiehlt sich für die Übernachtung nach der Panoramatour. Für die Routenwahl am nächsten Tag hat man die Qual der Wahl, denn die Hütte steht im Zentrum eines Wegnetzes, das Wanderungen in fast jede beliebige Richtung ermöglicht. Eine attraktive Variante führt von der Capanna zuerst ein Stück zurück ins Val Canaria, dann auf steilem Weg hinauf zum Passo Bornengo (2613 m), dem Übergang vom Val Canaria ins Val Maighels, das sich nach Norden zur Surselva hin öffnet. Auch im Val Maighels fehlt es nicht an unzähligen kleinen Seelein, zumindest nicht im oberen Teil. Mit Ausnahme des kurzen Abstiegs vom Passo Bornengo verläuft die Wanderung in Richtung Oberalppass meist recht flach. Hat man den südlichsten, von kleinen Seen gezierten Talabschnitt hinter sich, folgt ein inoffiziell als

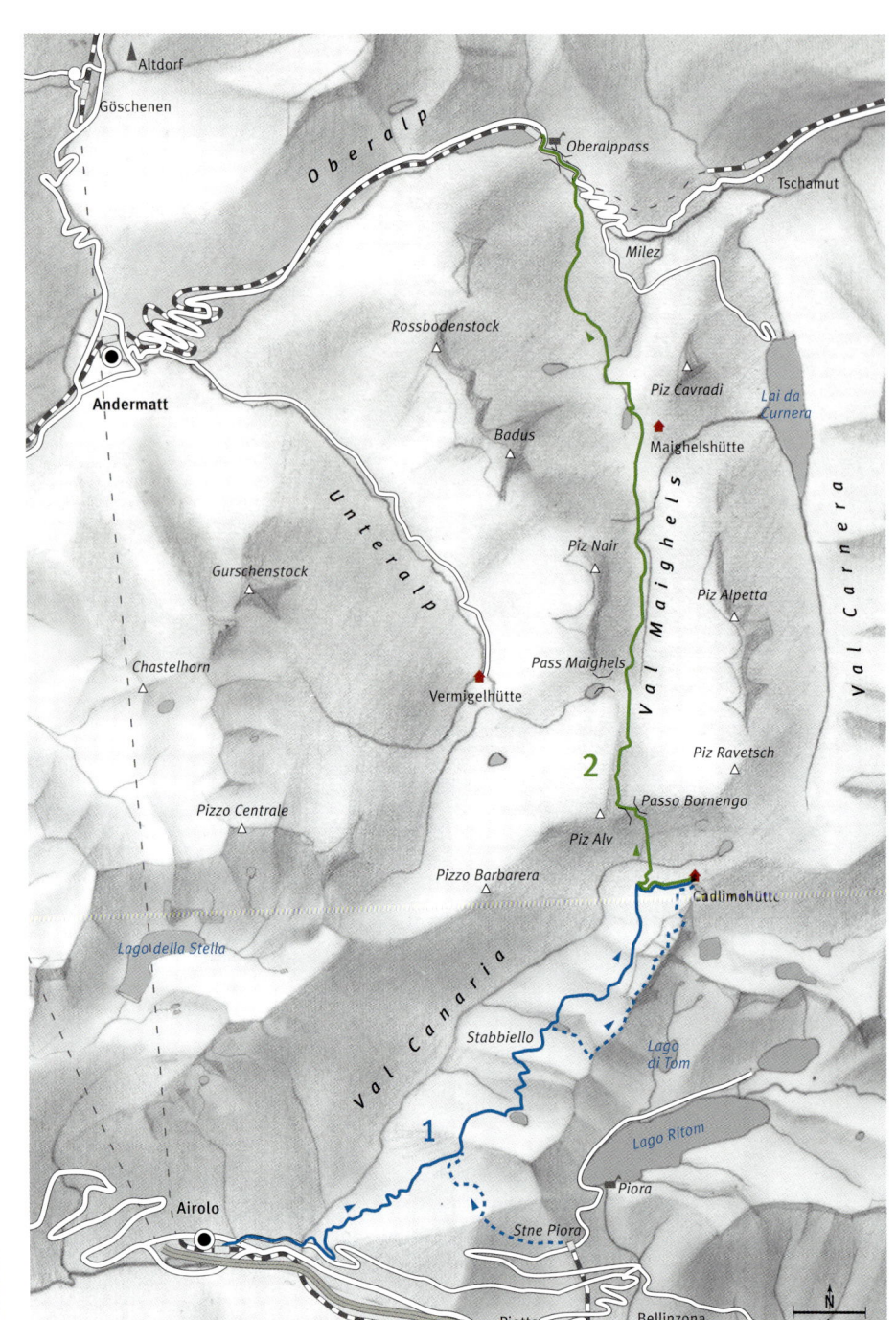

Am lauschigen Lago di Tom.

Steinmännergrab bekannter Platz, auf dem in unzähligen Arbeitsstunden ebenso unzählige Steinmännchen aufgeschichtet wurden. Dahinter durchfliesst der Rein da Maighels mäandrierend eine Ebene, die der bekannten Greinaebene nicht unähnlich ist, wobei das als Plaunea da Ravetsch bezeichnete Gebiet allerdings deutlich kleiner ist als die grosse Schwester. Anschliessend verschwindet der Rein da Maighels völlig unerwartet in der Schlucht Piogn Crap mit ihren herrlichen, tief in den grauen Fels geschliffenen Kanälen und Rinnen. Den kurzen Abstecher zum Rand der Kluft sollte man sich keinesfalls entgehen lassen.

In der Maighelshütte bietet sich ein Mittagshalt an, bevor das letzte Teilstück ansteht, die Wanderung durch den von Bergseen und Moorwiesen durchsetzten Talkessel, in dem Vater Rhein sein Quellgebiet hat. Hier stehen wir an jenen murmelnden Bächlein, die der Schweiz zumindest ab der Grenze in Basel einen schiffbaren Wasserweg und damit einen echten Zugang zu den Weltmeeren offenbaren. (UH)

CHARAKTER

Die Wanderung auf dem Sentiero Panoramico und über den Passo Bornengo ist einfach und verläuft auf durchwegs guten Wegen. Einzig der Aufstieg zum Passo Bornengo ist im oberen Bereich in einem kurzen Abschnitt (steile, von kleinen Rutschen geprägte Flanke) etwas anspruchsvoller. Die Variante der Tour über den Poncioni-Negri-Grat zur Punta Negra führt zum Teil über sehr steile Grasschrofen mit und ohne Wegspuren und Tritte sowie einige kurze, aber einfache Kletterpartien. Diese Alternative setzt Trittsicherheit und entsprechende Erfahrung voraus.

DIE WANDERUNG

Anfahrt

Mit dem Zug bis Airolo. Zur Talstation der Ritom-Standseilbahn gibt es direkte, allerdings nicht allzu häufig verkehrende Busse ab Airolo. Alternativ fährt man mit einem der Postautos Richtung Faido und Biasca bis Piotta und wandert rund 500 Meter über die Talebene zur Station der Standseilbahn.

1. Tag

Vom Bahnhof Airolo den Wegweisern der Strada Alta folgend in den Ortsteil Valle, dann hinab zum Bach Canaria Garegna und wieder hinauf nach Madrano. Auf einem Strässchen zum Waldrand, dort bei der Wegverzweigung nach rechts und durch Tannenwald hinauf zur Alp Buco di Ce. Weiter durch bewaldetes Gebiet aufsteigend zum Graben des Runia di Ce, wo die vom Ritomsee herkommende Wegvariante einmündet. Durch eine steile Grasflanke, dann durch herrlichen, von Heidelbeerbüschen durchsetzten Lärchenwald auf die Alpe di Lago mit dem grossen Lago di Camoghè. Auf gut bezeichnetem Wanderweg zuerst zum Lago di Stabbiello und dann weiter taleinwärts bis zur Capanna Cadlimo. 12 km, 1450 m Aufstieg, 50 m Abstieg, 5½ Std., T2.

2. Tag

Auf demselben Weg wie am Vortag ein Stück zurück wandern, hinab bis zur Verzweigung, wo der Weg zum Passo Bornengo beginnt. Über den Pass gelangt man ins Val Maighels und wandert talauswärts bis zur Maighelshütte. Von hier knapp 2½ km auf einer ungeteerten Strasse, dann auf dem Höhenweg, der dem Fuss des Pazolastocks folgt, zur Oberalppassstrasse. Das letzte, jedoch kurze Stück parallel zur Strasse bis auf die Passhöhe. 13 km, 400 m Aufstieg, 900 m Abstieg, 4½ Std., T3.

Die einzige Hütte im Tessin, die einem Deutschschweizer Bergverein gehört: die Cadlimohütte des SAC Uto.

UNTERKUNFT

Capanna Cadlimo, 6780 Airolo, Telefon 091 869 18 33, www.cadlimohuette.ch.
Maighelshütte, 7189 Rueras, Telefon 081 949 15 51, www.maighelshuette.ch.
Weitere Unterkünfte in der Region Ritomsee: siehe www.ritom.ch.

VARIANTEN

1. Tag

– Mit der Standseilbahn zum Ritomsee. Bei der Bergstation die Strasse queren und das Weglein hoch steigen, das bald in einen nächsten Weg mündet, wo man nach links abzweigt. Bis zur Wegkreuzung bei P. 1891, dort geradeaus über Piano di Sciüch bis zum Graben des Ruina di Ce, wo der von Airolo her kommende Weg einmündet. Weiter auf dem Sentiero Panoramico bis zur Cadlimohütte. 10 km, 920 m Aufstieg, 150 m Abstieg, 4 Std., T2.
– Beim Lago di Stabbiello auf der linken Seeseite auf Wegspuren ins Tal, dann weglos, aber einfach auf die Bassa della Fontana del Bò (2298 m). Nun entweder den Grat hinauf zum Pizzo Stabbiello (2442 m) und weiter über den sanften Rücken zum namenlosen Sattel auf P. 2381. Dieser Übergang ist auch von der Bassa della Fontana erreichbar, indem man auf einer deutlichen Wegspur den Pizzo Stabbiello auf dessen Westseite umgeht. Von P. 2381 sehr steil den grasigen Kamm hinauf auf einen Rücken und dann am besten in kurzer, einfacher Kletterei zu P. 2532 (die Kletterstelle kann ostseitig allerdings sehr ausgesetzt und deutlich gefährlicher umgangen werden). Auf dem Grat bis zur Punta Negra mehrere steile Aufstiege durch Grasschrofen mit meist guten Tritten, dazwischen immer wieder einfaches Gratwandern. Die Aufstiege zu P. 2688 und zur Punta Negra (2714 m) führen durch Blockfelder, sind aber einfach. Der Abstieg von der Punta Negra zur Cadlimohütte ist auf beinahe beliebiger Route möglich. Vom Lago di Stabbiello zur Hütte 4 km, 740 m Aufstieg, 350 m Abstieg, 3½ Stunden, T5.

INFORMATIONEN

Funicolare Ritom, 6775 Ambrì, Telefon 091 868 31 51, www.ritom.ch.
Leventina Turismo, 6780 Airolo, Telefon 091 869 15 33, info@leventinaturismo.ch, www.leventinaturismo.ch.

Landeskarte 1:25 000, 1232 Oberalppass, 1252 Ambri Piotta.
Landeskarte 1:50 000, 256 Disentis/Mustèr, 266 Valle Leventina.

Verweilen, wo andere vorbeieilen:
VAL BEDRETTO–LAGO TREMORGIO

Capanna Corno Gries–Alpe di Cristallina–Alpe di Pesciüm–Lago Tremorgio

Seit Jahrhunderten ist die Leventina ein Transitkorridor, durch den Personen und Güter die Alpen queren. Für die meisten Reisenden beginnt oder endet der Weg durch dieses lange Tessiner Tal bei einer der Röhren durch den Gotthard, sei es dem Strassenstollen oder dem altehrwürdigen Bahntunnel, einem technischen Meisterwerk aus dem 19. Jahrhundert, das mit der Neat-Röhre in absehbarer Zeit viel von seiner Bedeutung verlieren dürfte. Die wenigsten nehmen bei der Fahrt durch die Leventina zur Kenntnis, dass dieses Tal gar nicht am Gotthard endet, sondern an dessen Fuss eine Biegung beschreibt und noch ein gutes Stück in Richtung Westen weiterführt. Ab dem Dorf Airolo, das genau im Talknie liegt, ändert die Leventina allerdings nicht nur die Richtung, sondern auch den Namen und heisst von da an Val Bedretto. Der Namenswechsel ist sinnig und stimmig. Wer von der Leventina mit dem durch sie hindurchbrausenden Transitverkehr ins Bedrettotal fährt, wähnt sich bald in einer anderen Welt. Ruhig und verlassen wirkt dieser Talabschnitt. Im Sommer ist das Val Bedretto über die Nufenenpassstrasse – den höchsten, ganz in der Schweiz gelegenen Strassenpass und letzten für den Autoverkehr ausgebauten Alpenübergang – mit dem benachbarten Goms verbunden. Im Winter jedoch wird das Val Bedretto zur Sackgasse; eine tiefe Stille liegt dann über dem Tal mit seinen gerade noch siebzig ständigen Bewohnerinnen und Bewohnern. Da die Region zu den schneereichsten der Schweiz gehört, kommt es vor, dass Lawinenniedergänge die Strasse blockieren oder gefährden und die zur einzigen Talgemeinde Bedretto gehörenden Fraktionen Bedretto, Villa, Ossasco, Ronco und All'Acqua (der im Taleingang gelegene Weiler Fontana gehört politisch zu Airolo) von der Umwelt abgeschnitten sind. Dies ist mit ein Grund dafür, dass immer weniger Menschen das ganze Jahr über im Tal leben.

Dabei gab es durchaus Pläne, das Val Bedretto verkehrstechnisch besser zu erschliessen. Ein Initiativkomitee wollte 1955 eine Bahn von Oberhasli über Oberwald

Ein ruhiges Seitental der Leventina: das Val Bedretto.

Das unbewartete, aber sehr gemütliche Rifugio Garzonera des SAT Ritom.

Die Variante durch das Valle dei Cani führt durch eine bezaubernde Landschaft.

ins Tessin bauen, mit Tunnels durch den Grimsel und den Nufenen. Wenige Jahre später wurde diese Idee durch das Projekt eines Eisenbahn-Basistunnels durch den Furkapass abgelöst, das zu Beginn das Bedrettotal in Form einer Y-Verbindung mit einer Abzweigung in Richtung Süden mit einschloss. Was nur wenige wissen: Dieser Seitenstollen wurde tatsächlich gebaut; in der Nähe von Ronco gibt es ein vergittertes Loch im Berg, das als Bedrottofenster bekannt ist. Der Stollen diente aber nicht als Vorbereitung für eine neue Verkehrsverbindung; vielmehr versprach man sich dadurch einen schnelleren Bau des Furkatunnels, ein Irrtum, wie sich herausstellen sollte. Was mit dem Loch im Berg passieren soll, weiss niemand, doch sorgt der Stollen dafür, dass einige Leute weiterhin von einer neuen Bahnverbindung durch das Val Bedretto träumen.

Doch hier soll es nicht um Bahn- und Strassenverbindungen gehen, sondern um Fusswege in der Höhe, und dazu hat das Val Bedretto viel zu bieten. Zum Beispiel eine Strada alta, einen Höhenweg, der die Alpen auf der Südseite des Tals miteinander verbindet. Mit dem Postauto von Airolo in Richtung Nufenenpass gelangt man zur Haltestelle Cruina, wo der Hüttenweg zu der 2008 umgebauten, etwas futuristisch anmutenden Corno-Gries-Hütte, dem ersten Zwischenziel der Tour, beginnt. Von dort an verläuft der Höhenweg abwärts, wobei die zahlreichen kleineren und mittleren Gegenanstiege nicht verschwiegen sein sollen. Auf Fusswegen und ungeteerten Alpstrassen wandert man talauswärts. «Alpi senza confine», Alpen ohne Grenzen, sind die Informationstafeln beschriftet, die man auf fast jeder Alp unterwegs findet; sie erläutern interessierten Wanderern die Eigenschaften und Besonderheiten jeder der besuchten Alpen. Stetige Begleiter auf der langen, aber einfachen Tour sind dabei nicht nur die zahlreichen Rinder, Kühe und Kälber, sondern auch die imposanten Gipfel des Gotthardgebiets, die sich im Norden über dem Tal erheben.

Die Via Alta Bedretto endet auf der Alpe di Pesciüm, die durch eine für den Sommertourismus stark überdimensionierte Seilbahn mit Airolo verbunden ist. Die Bahn fährt zwar nur einmal pro Stunde, hilft dafür aber mühelos hinab ins Tal. Das Restaurant bei der Bergstation bietet Unterkunft nur für Gruppen an. Wer den zweiten Teil der Höhenwanderung gleich anhängen will, ist daher gezwungen, in Airolo zu übernachten.

Die Fortsetzung der Höhenwanderung ab der Alpe di Pesciüm nennt sich Via Alta Tremorgio. Diese weniger bekannte Route führt durch lichte Bergwälder mit wunderbarer Aussicht auf die obere Leventina, zuerst zur Alpe di Ravina und weiter über die Alpe di Prato zum Lago Tremorgio, einem tiefblauen, fast kreisrunden Bergsee, der hoch über dem Talgrund der Leventina versteckt in einem grossen Krater

Weisser Dolomit tritt auf der Alpe Campolungo zutage.

liegt. Der See dient als natürlicher Stausee, dessen Wasser für die Gewinnung von Elektrizität verwendet wird; die auffallende Streifenbildung am Ufer zeugt von den Schwankungen des Pegels. Seine Lage macht den See aber dennoch zu einem attraktiven und dank der Seilbahn von Rodi leicht erreichbaren Ausflugsziel.

Ausdauernden Wanderern und Berggängerinnen bietet sich eine etwas anstrengende, aber sehr lohnende Variante: Wer höher hinaus will, verlässt auf der Alpe di Prato beim Punkt 1798 die Via Alta Tremorgio und steigt auf zum wundervoll gelegenen Rifugio Garzonera, einer unbewarteten Hütte der Società Alpinista Ticinesi, SAT Ritom. Beim grossen Alpwirtschaftsgebäude in der Nähe des Rifugio beginnt eine weiss-blau-weiss markierte Route durch die Nordflanken des Poncione Sambuco und des Pizzo Massari, beides eindrückliche Gipfel, welche die Region dominieren. Die Route weist keine ausgesetzten oder besonders schwierigen Passagen auf, verläuft aber durch ausgedehnte Felder von Gesteinsblöcken und ist daher recht anstrengend. Erst steigt man bequem auf einem alten Militärweg den Nordgrat des Poncione Sambuco hinauf, verlässt diesen dann und quert weglos durch eine faszinierende Landschaft aus flach geschliffenem Fels und Mulden feuchter Wiesen mit kleinen Seen und Wasserläufen, wo im Spätsommer die weissen Pinsel der Wollgrasblüten winken. Am Pizzo Massari breitet sich dann die karge Welt der Geröll- und Blockfelder aus, in die wie ein blauer Diamant der kleine Lago di Cara eingebettet ist (das Gebiet wird teilweise für den Schiessbetrieb der Armee genutzt). Der Schlussaufstieg durch das Valle dei Cani leitet schliesslich zu einem namenlosen Passübergang und entlässt den Wanderer in eine wieder von Gras dominierte Alplandschaft. Tiefblicke hinab zum Lago Tremorgio prägen den weiteren Wegverlauf, der schliesslich auf guten Pfaden hinab zur Alpe Campolungo führt; von dort ist der Lago Tremorgio nur noch eine halbe Stunde entfernt.

Wer im Sommer auf der Alpe Campolungo schneebedeckte Hänge zu sehen glaubt, darf seinen Augen ruhig trauen, täuscht sich aber dennoch. Was wie Schnee aussieht, ist weisser Dolomit, der hier zutage tritt. Weisser Dolomit füllt auch die sogenannte Piora-Mulde aus, die den Erbauern der Neuen Eisenbahn Alpentransversale Neat Bauchweh und Kopfzerbrechen bereitete, da der Dolomit sehr weich ist und damit im Tunnelbau grosse Probleme schafft. Doch nur noch wenige Jahre dauert es, bis Hochgeschwindigkeitszüge von Erstfeld nach Biasca brausen und die Alpenquerung auf ein unvorstellbar kurzes Zeitmass reduzieren werden. Trotzdem bleibt uns die Wahl, die Berge weiterhin auf beschauliche Art zu durchstreifen, auf Fusswegen wie der Via Alta Bedretto oder der Via Alta Tremorgio, und dabei zwar keine Zeit, aber dafür viel innere Ruhe zu gewinnen. (UH)

Und immer wieder faszinieren die Details am Wegrand.

CHARAKTER

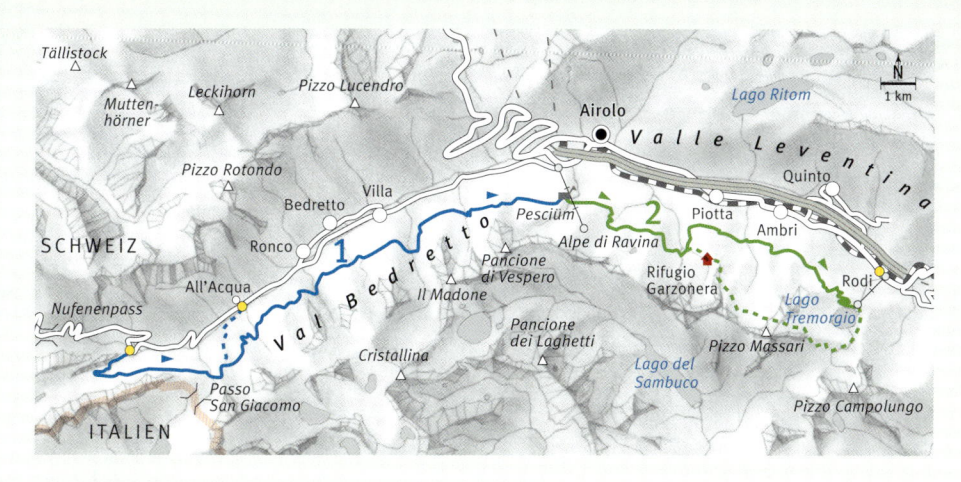

Einfache Wanderung auf guten Wegen oder meist ungeteerten Erschliessungsstrassen. Die Variante durch das Valle dei Cani verlangt etwas mehr Kondition; die Passagen durch die grossen Geröll- und Blockfelder zu Füssen von Poncione Sambuco und Pizzo Massari sind anstrengend, jedoch nirgends ausgesetzt. Die Markierung dieses Abschnitts ist zu Beginn etwas verblasst, dann aber sehr gut (Stand 2008). Dennoch ist gute Sicht erforderlich.

DIE WANDERUNG

Anfahrt

Mit dem Postauto ab Airolo bis zur Haltestelle Cruina am Nufenenpass (verkehrt nur von Ende Juni bis Anfang Oktober). Oder mit dem (ganzjährig verkehrenden) Postauto bis All'Acqua und von dort in Richtung Passo San Giacomo aufsteigen; bei All'Uomo trifft man auf den Höhenweg.

1. Tag

Ab Haltestelle Cruina auf dem Hüttenweg zur Capanna Corno Gries (2338 m). Von dort auf dem Höhenweg, leicht abfallend nach San Giacomo (2254 m), dann abwärts über All'Uomo und weiter zur Alpe di Valleggia (1751 m). Nun steigt der Weg wieder an und leitet zur Alpe di Cristallina (1800 m) und wieder etwas abfallend nach Piano di Pescia. Mit kurzen Abstiegen und Gegenanstiegen schliesslich über die Alpe di Ruino zur Alpe di Pesciüm. 22 km, 880 m Aufstieg, 1110 m Abstieg, 7½ Std., T2.

2. Tag

Von der Seilbahnstation ein kurzes Stück abwärts in ein kleines Tal, an einer Skiliftstation vorbei, dann auf schmalem Weg durch eine steile, von Erlen durchsetzte Bergflanke. Weiter durch ein liebliches Tal mit kleinem See und durch Wald zur Alpe di Ravina. Weiter auf einfachem Weg durch bewaldetes Gebiet mit schönen Ausblicken. Unterhalb der Alpe di Prato auf ein Fahrsträsschen, und bald danach ist die Abzweigung zum Rifugio Garzonera erreicht (siehe Varianten). Der Höhenweg fällt weiter ab nach Cassin, wo der lange Anstieg zum Rand des Gebirgskessels mit dem Lago Tremorgio beginnt. Nun in Kehren abwärts zum See und zur Capanna Tremorgio bei der Seilbahnstation. 14 km, 720 m Aufstieg, 630 m Abstieg, 5¼ Std., T2.

UNTERKUNFT UND VERPFLEGUNG

Diverse Hotels in Airolo. Siehe Leventina Turismo unten.
Rifugio Garzonera des SAT Ritom, unbewartete Berghütte mit 20 Schlafplätzen für Selbstversorger. Reservation obligatorisch, Telefon 091 868 11 77.
Capanna Tremorgio, 6772 Rodi-Fiesso, Telefon 091 867 12 52, www.capannatremorgio.ch.
Ristorante Alpe Pesciüm, 6780 Airolo, Telefon 091 880 52 10.

VARIANTEN

1. Tag

Aufstieg ab All'Acqua in Richtung Passo San Giacomo. Bei All'Uomo auf den Höhenweg. Ganze Strecke 20 km, 1080 m Aufstieg, 910 m Abstieg, 7 Std., T2.

2. Tag

Bei der erwähnten Abzweigung unterhalb der Alpe di Prato hinauf zum Rifugio Garzonera, dann auf weiss-blau-weiss markierter Route zum Lago di Cara und durch das Valle dei Cani hinab zur Alpe Campolungo. Nun auf gutem Wanderweg durch die steile Flanke der Cima di Filo zum Lago Tremorgio. Ganze Strecke 15½ km, 1030 m Aufstieg, 800 m Abstieg, 6½ Std., T3. Abstieg vom Lago Tremorgio auf schönem Bergweg durch Fichtenwald hinab nach Rodi. 4½ km, 890 m Abstieg, 1¾ Std., T2.

INFORMATIONEN

Leventina Turismo, 6780 Airolo, Telefon 091 869 15 33, info@leventinaturismo.ch, www.leventinaturismo.ch.
Für Auskunft über *Schiessbetrieb* im Gebiet des Lago di Cara: www.he.admin.ch/internet/heer/de/home/verbaende/terreg3/information/schiessanzeigen/garzonera.html, telefonische Auskunft unter 041 874 42 96.

Landeskarte 1:25000, 1251 Val Bedretto, 1252 Ambri Piotta.
Landeskarte 1:50000, 265 Nufenenpass, 266 Valle Leventina.

Das flache Becken der Alpe Campolungo oberhalb des Lago Tremorgio.

Königstour der exponierten Grate und steilen Grashalden:
VIA ALTA VERZASCA

Gordola–Capanna Borgna–Alpe Fümegna–Capanna d'Efra–Capanna Cognora–Rifugio Barone–Sonogno

Schwierigkeitsmässig am oberen Ende der Trekkingskala eingestuft, bleibt die Via Alta Verzasca (VAV) den konditionsstarken und vor allem schwindelfreien und trittsicheren Berggängerinnen und Berggängern vorbehalten. Die Route ist wohl gut markiert, aber von einem Weg zu reden, ist häufig schon zu viel gesagt. Vielmehr handelt es sich meist nur um einen Pfad oder um Wegspuren, die durch gras- und felsdurchsetztes Gelände führen. Die grosse Abgeschiedenheit entschädigt aber mehr als genug für die Anstrengungen. Die Route verläuft nämlich grundsätzlich auf der Wasserscheide zwischen Val Verzasca und Valle Leventina, fernab von irgendwelchen touristisch erschlossenen Gebieten. Die Tour kann auch von Norden her angegangen werden, beliebter ist aber die Süd-Nord-Richtung. Dank der zahlreichen weiss-blauen Markierungen ist die ganze Route der Via Alta Verzasca grundsätzlich gut zu finden. Sieht man einmal keine Wegzeichen mehr, geht man besser ein paar Meter zurück, bis man wieder Wegzeichen entdeckt.

Wenn man von der Via Alta Verzasca oder VAV spricht, kommt man an einer weiteren Abkürzung nicht vorbei: SEV, Società Escursionistica Verzaschese. Die engagierten Mitglieder dieses Vereins aus der Region Locarno unterhalten mit viel Enthusiasmus vier Hütten der VAV. Es waren verlassene, nicht mehr genutzte Alphütten, die von der SEV über mehrere Jahre aus-, um- und neu gebaut wurden. Alle sind sehr stilvoll und mit viel Liebe eingerichtet.

Die polnische Mauer führt vom Sassariente (im Hintergrund rechts, mit Kreuz) auf die Cima di Sassello.

So sieht typisches VAV-Gelände aus: am vierten Tag zwischen Madom Gröss und Pizzo di Mezzodi.

In den einsamen und verlassenen Tälern erblickt man während der ganzen Tour immer wieder Alphütten, die teilweise so nah beieinander gebaut sind, dass sie wie ein kleines Dorf wirken. Die meisten sind längst nicht mehr genutzt. Anders die Alpe Borgna, der erste Übernachtungsort. Diese Alp mit nur wenigen Gebäuden wird nach wie vor von zwei Älplern bewirtschaftet. Die Milch wird zur Käseherstellung in die 300 Meter tiefer liegende Alp Corte di fondo transportiert. Dazu braucht es, um die zwei Kilometer zu überwinden, weder Fahrzeuge noch Menschenkraft oder Maultiere. Ein kleiner Kunststoffschlauch, normalerweise als Wasserleitung dienend, wird einmal im Tag zur Milch-Pipeline umfunktioniert. Immerhin dreissig Minuten dauert es, bis der erste Tropfen Milch unten ankommt. Das ist Physik, elegant ausgenützt.

Die Hauptschwierigkeiten der zweiten Etappe sind der Abstieg vom Poncione di Piotta, der folgende Verbindungsgrat zur Cima della Cengia und die Traverse durch Felsbänder und Grashalden östlich der Cima della Cengia. Diese Stellen erfordern eine solide Trittsicherheit. Nach dem wieder etwas einfacheren dritten Tag würde man am liebsten gleich noch einmal eine Nacht in der Capanna d'Efra übernachten

TESSIN 99

Gipfelrast auf der Cima Lunga, mit dem nebelumhüllten Poncione Rosso (links) und Poncione di Piotta, Poncione dei Laghetti und Poncione del Vènn.

und auf dem Holzherd einen feinen Risotto kochen. Denn die Hütte ist traumhaft gelegen und wie alle anderen Hütten der SEV sehr liebevoll eingerichtet. Bei der Einweihung im August 1990 hatte die letzte Älplerin dieser Alp die Ehre, das Eröffnungsband zu durchschneiden, eine sympathische Geste.

Der vierte Tag ist technisch wieder anspruchsvoller, so dass man einige Male die Hände zu Hilfe nehmen muss. Auch in Bezug auf die Ausgesetztheit ist dies die eindrücklichste Etappe der Tour. Besonders die Tiefblicke in die Seitentäler und in die

Beiderseitige Überraschung: Begegnung mit einem Steinbock im Nebel.

2400 Meter tiefer gelegene Leventina sind beeindruckend. Zudem erreicht man auf dem Madom Gröss mit 2741 Metern den höchsten Gipfel der fünftägigen Tour.

Ebenso zahlreich wie die Anfangsvarianten der Via Alta Verzasca sind ab der Capanna Cognora auch die Möglichkeiten heimzukehren. Während der ersten drei Tage zwischen Borgna und Cognora gibt es dagegen praktisch keine Alternativen, ausser in das Val Verzasca oder in die Leventina abzusteigen, falls einem zum Beispiel das Wetter nicht gut gesinnt ist.

Als krönenden Abschluss am letzten Tag kann man von der Capanna Barone aus den Pizzo Barone besteigen, der mit 2864 Metern den auf der Tour bereits bestiegenen Madom Gröss noch überragt. In der Gegend und besonders an diesem Berg kann man zahlreiche Steinböcke und Gämsen beobachten. Wer in der ersten Septemberhälfte unterwegs ist, wird bestimmt auf die eine oder andere Gruppe von Jägern treffen, und es werden schon am ersten Jagdtag einige Schüsse fallen. Die 2000 Jäger des Tessins sprechen sich ganz genau ab, welche Gruppe in welchem Teil eines Tals auf die Pirsch gehen darf. Jedes Jahr werden so bis 1400 Gämsen, 1000 Hirsche und Hunderte Wildschweine erlegt. Wer was jagen darf, wird von Jahr zu Jahr festgelegt, um so die Bestände zu regeln. Zudem kann die Dauer der Jagd variiert werden, um die Anzahl der Abschüsse und damit die Grösse der Wildpopulationen zu beeinflussen.

Nach der Besteigung des Pizzo Barone gelangt man am Lago Barone vorbei zur Bassa del Barone (Übergang bei P. 2582) und kann via Rifugio Sponda ins Val Chironico absteigen, oder aber man kehrt zur Capanna Barone zurück und steigt wie beschrieben nach Sonogno ab. (DV)

Der Abstieg von der Capanna Barone nach Sonogno führt am Weiler Cabiói vorbei, kurz bevor einen nach fünf Tagen Abgeschiedenheit die Zivilisation wieder in Beschlag nimmt.

Der Tiefblick von der Cima di Rierna ins Val d'Ambra ist überwältigend.

CHARAKTER
Sehr anspruchsvolle Tour bezüglich Gelände und Ausgesetztheit mit zum Teil langen Tagesetappen. Der erste und der letzte Tag sind einfacher als die mittleren drei Tage. Orientierung und Wegfindung sind dank der vorbildlichen Markierung recht einfach für ein technisch so anspruchsvolles Unternehmen.

DIE WANDERUNG
Anfahrt
Es gibt zahlreiche mögliche Ausgangspunkte für diese Tour (siehe Varianten). Bei Start in einem der Talorte ergibt sich zusätzlich ein beträchtlicher Aufstieg. Der wohl eleganteste Zugang ist ab Monti di Motti (1062 m) oberhalb Gordola, ab Cugnasco oder Medoscio (Postautohaltestelle) am besten mit dem Taxi erreichbar.

1. Tag
Von Monti di Motti (1062 m) in östlicher, später nordöstlicher Richtung via Monti della Scesa auf die Alpe di Foppiana und weiter ostwärts in steilem Zickzack auf den Waldrücken westlich des Sassariente, wo man auf die sogenannte polnische Mauer stösst. Dieser folgend bis zur Cima di Sassello (1890 m). Dann dem Waldrücken folgend bis Forcola (1709 m) absteigen, auf dem gegenüberliegenden Geländerücken kurz aufsteigen und in leichtem Auf und Ab nordwärts zur Capanna Borgna (1912 m). 9 km, 1200 m Aufstieg, 350 m Abstieg, 4½ Std. T3.

2. Tag

Von der Capanna Borgna nordwärts den weiss-blau-weissen Wegmarkierungen folgend zur Bocchetta Cazzane, leicht ansteigend durch die Mulde namens Cazzane östlich des Madone und nordwärts durch fels- und grasdurchsetztes Gelände zur Bocchetta di Leis aufsteigen. Auf dem Grat weiter bis zum riesigen Steinmann auf dem Poncione di Piotta (2439 m). Heikler Abstieg über den Westgrat (mit Tritten, Griffen und Fixseilen gesichert). Dann wieder nordwärts über schmalen Felsgrat bis vor die Cima della Cengia bzw. Cima delle Pecore. Bei P. 2243 in die Ostflanke ausweichen und die Cima della Cengia umgehen, um bei P. 2290 wieder auf den Grat zurückzukehren. Die Cima del Picoll auf der Westseite und die Gipfel Poncione dei Laghetti und Poncione del Venn südlich umgehen, auf den Westgrat des Poncione del Venn zurück und auf der Nordseite in einfachem Gelände zur Alpe Cornavosa (1991 m) absteigen. Die Alpe Cornavosa wurde nach komplettem Wiederaufbau im Jahre 2010 wieder eröffnet und bietet eine deutlich charmantere Übernachtungsmöglichkeit als auf Alpe Fümegna. Letztere kann auch als Etappenort nach dem 2. Tag dienen. 8 km, 750 m Aufstieg, 750 m Abstieg, 7–9 Std, T6.

3. Tag

Auf einem Höhenweg unschwierig nordwärts zur Alpe Fümegna auf (1810 m). Von der Alpe Fümegna nordöstlich dem Bach entlang in die Mulde Fornaa aufsteigen. Auf etwa 2140 Metern erreicht man ein Felsband, auf diesem ansteigend über abwärts geneigte Platten nach links zum Pass (bei Nässe heikel). Dann auf dem grasigen Rücken auf die Cima Lunga (2487 m) und auf dem Westgrat weiter. Bei P. 2446 steile, grasige Südhänge queren. Bei der Bocchetta di Fümegna auf die Nordostseite der Cima di Bri wechseln und durch die Mulde ansteigend bis P. 2431 auf dem Nordgrat der Cima di Bri. Absteigen bis Bocchetta di Rierna (2295 m) und den folgenden schmalen, steilen Felsaufschwung unschwer auf der linken Seite erklettern. Auf dem breiten Rücken zur Cima di Rierna (2461 m). Auf dem Westgrat weiter, den kurzen Felsgrat vor P. 2334 sowie kurz vor P. 2443 jeweils in die Südflanke ausweichend und nordwestwärts ohne Schwierigkeiten auf die Cima di Gagnone (2518 m). Auf dem Nordwestgrat absteigen und das letzte Stück zur Bocchetta della Scaiee über einen Felsgrat hinabklettern. Ab hier auf weiss-rot-weiss markiertem Bergweg zum Passo di Gagnone (2217 m) und zur Capanna d'Efra (2039 m). 12,5 km, 1200 m Aufstieg, 1050 m Abstieg, 8–9 Std., T5.

4. Tag

Von der Capanna d'Efra 2 Kilometer auf dem von der Hütte sichtbaren Höhenweg nordwärts bis zur Ruine bei Furna. An einer Hütte vorbei und links haltend durch die grosse Mulde aufsteigen bis auf 2420 Meter, wenig östlich von P. 2503. Nördlich davon in eine felsige Scharte, kurz dem Grat nördlich der Scharte entlang über lose Felspartien, rechts haltend wieder zurück in die flachere Südflanke des Pizzo Cramosino (2717 m) und einfach auf den markanten Gipfel. Über den schmalen West-Verbindungsgrat absteigen (stellenweise Trittbügel und Fixseile) und wieder einfacher zum Madom Gröss (2741 m) aufsteigen. Hier beginnt der heikelste Teil der ganzen Tour: Wenige Meter nach dem Gipfel 120 Höhenmeter nach Osten durch ein Couloir absteigen (gut markiert, aber Steinschlaggefahr, besonders wenn noch andere Personen im Couloir sind, daher ist grosse Vorsicht nötig). Das Couloir nach links verlassend auf den Nordgrat zurück, einige Felstürme seitlich umgehend oder überkletternd (Trittbügel), und ab P. 2536 wieder auf breiterem und einfacherem Gratweg. Auf der Westseite über grosse Felsblöcke in die Bocchetta di Cramosino und über dessen Südgrat auf den Pizzo di Mezzodi. Auf dem Südgrat zurück, kurz auf dem Südwestgrat weiter und nach rechts in die steinige Westflanke des Pizzo di Mezzodi, dann anfangs steinig, später über Alpgelände zur Capanna Cognora (1938 m). 7 km, 1050 m Aufstieg, 1150 m Abstieg, 8–10 Std., T6.

5. Tag

Von der Capanna Cognora auf weiss-rot-weiss markiertem Weg in nordwestlicher Richtung, ein paar Bachrinnen querend (Fixseil), zum Passo di Piatto (2108 m). Nun westwärts, weiss-blau-weiss markiert, in stetem Auf und Ab durch die Südhänge des Pizzo Campale und Pizzo della Bedéia auf den Grat bei P. 2346. Eine letzte Mulde querend und an den Südwänden des Pizzo di Piancoi vorbei zur Capanna Barone (2172 m). Einfacher, aber dennoch kurzweiliger Abstieg

Wasserfall oberhalb der Alpe Fümegna.

durch das Val Vegornèss (unterhalb P. 1309 Wasserfälle, Wasserbecken) nach Sonogno. 16½ km, 600 m Aufstieg, 1600 m Abstieg, 7½ Std., T4. (Bis Capanna Barone 7 km, 600 m Aufstieg, 350 m Abstieg, 4 Std.)

UNTERKUNFT

Mit Ausnahme jener auf der Alpe Fümegna gehören alle hier erwähnten Hütten der Società Escursionistica Verzaschese SEV. Die Hütten sind alle unbewartet, aber ganzjährig offen; eine Auswahl an Getränken und Lebensmitteln steht aber zur Verfügung (Mitnahme einer Notreserve empfehlenswert; grössere Gruppen melden sich vorgängig bei den Hüttenverantwortlichen, damit genug Lebensmittel bereitgestellt werden können). Es gibt kein Telefon in den Hütten, die Hüttenverantwortlichen sind unter den angegebenen Telefonnummern zu erreichen.

Capanna Borgna, Telefon 091 743 59 27 oder 079 682 00 12.

Alpe Cornavosa, Telefon 091 730 97 43 oder 079 892 72 99

Alpe Fümegna, Telefon 091 859 11 30 oder 079 223 96 09. Einzige nicht von der SEV, sondern von den Besitzern der Alpe Fümegna betreute, einfachere Unterkunft (warme Dusche gegen Entgelt).

Capanna d'Efra, Telefon 077 446 84 50, efra2039@bluewin.ch (nur kalte Dusche).

Capanna Cognora, Telefon 076 679 54 85 (nur kalte Dusche).

Capanna Barone, Telefon 091 745 28 87 (Solar-Dusche).

VERPFLEGUNG UNTERWEGS

Auf der ganzen Via Alta Verzasca gibt es zwischen den Hütten keine Verpflegungsmöglichkeiten, und da man grundsätzlich dem Grat folgt, ist auch kaum Wasser zu finden. Einzige Ausnahmen: etwa ½ Std. unterhalb der Capanna Borgna bei P. 1729, wenige Meter nach der Wegverzweigung Quelle unterhalb des Hüttenwegs sowie am Bach oberhalb der Alpe Fümegna bis zur kleinen Melkhütte auf 1979 Metern.

VARIANTEN

1. Tag

Als Startort sind ebenfalls möglich:
– Von Vogorno (492 m) eingangs Verzascatal auf der Ostseite des Stausees durch das Val della Porta über Colletta, Mosciöi, Rienza, Corte di fondo (1592 m) zur Capanna Borgna. 8 km, 1450 m Aufstieg, 4½ Std., T2.

Oben Capanna d'Efra, unten Capanna Barone.

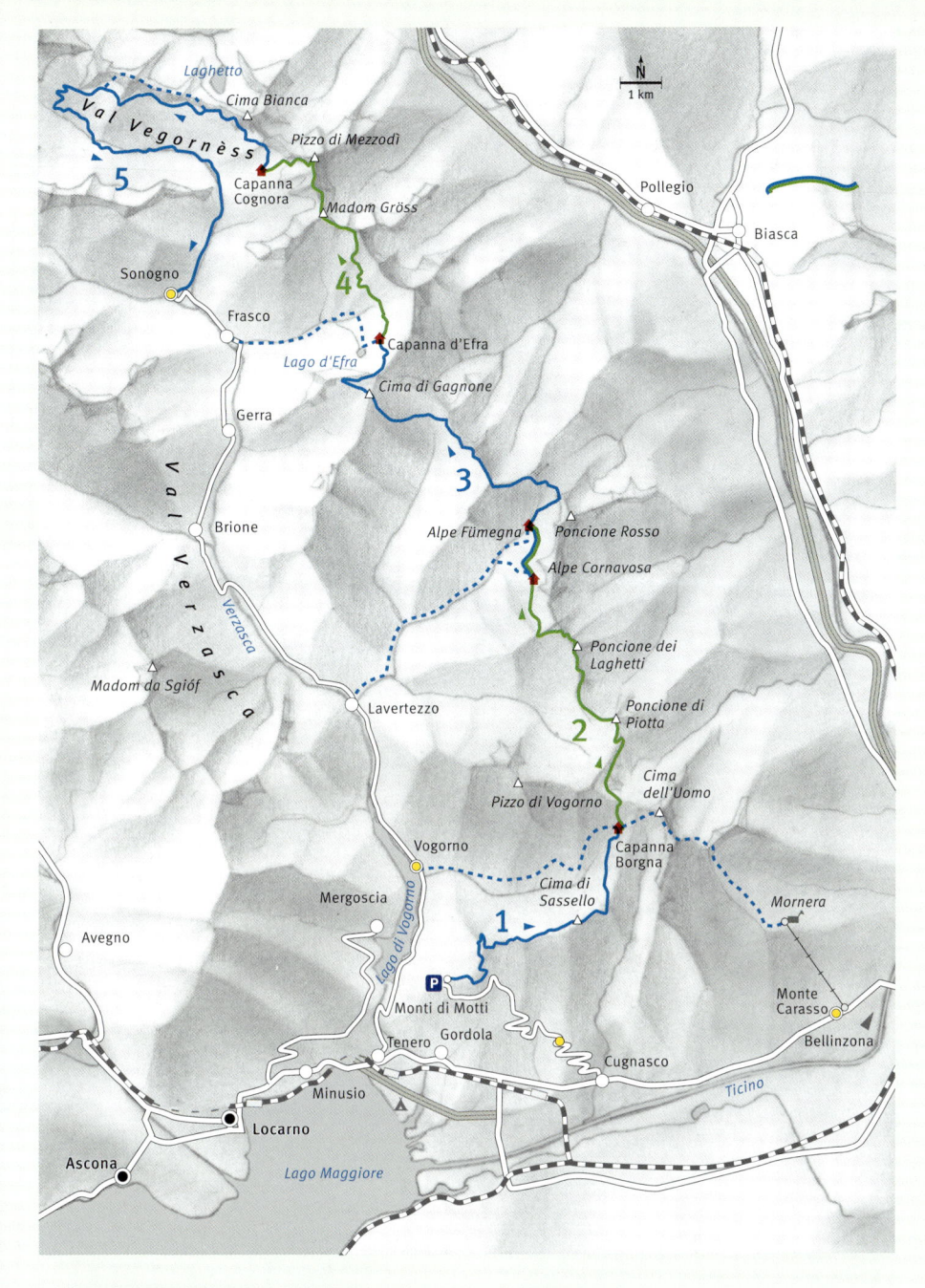

freiheit erforderlich, T5). Für den Abstecher zusätzlich ½ km, 100 m Aufstieg, ½ Std., T4 (durch Ostflanke).

2. Tag
Die Alpe Cornavosa kann von Lavertezzo (536 m) im Verzascatal erreicht werden. Ganze Strecke 8,5 km, 1450 m Aufstieg, 5 Std., T3.

3. Tag
Die Capanna d'Efra ist auch von Frasco im Verzascatal erreichbar. Ganze Strecke dann 5 km, 1150 m Aufstieg, 3¾ Std., T3.

4. Tag
– Fortsetzung bis zur Capanna Barone, was dann aber eine extrem lange Tagesetappe ergibt und die sympathische Capanna Cognora als Übernachtungsort auslässt. Ganze Strecke ab Capanna d'Efra 14 km, 1650 m Aufstieg, 1500 m Abstieg, 12–13 Std., T5–T6.
– Von der Capanna Cognora kurze, aber steile Abstiegsmöglichkeit nach Sonogno. 5 km, 1050 m Abstieg, 2 Std., T3. (Aufstieg von Sonogno zur Hütte 3½ Std.)

5. Tag
Anspruchsvollere Variante vom Passo di Piatto über die Gratschneide der Gipfel Pizzo dei Laghetti, Pizzo Campale und Pizzo della Bedéia. Den Grat bei Cima dell'Uomo (2571 m) verlassen und nach Südwesten auf den beschriebenen Weg absteigen. Von der Capanna Cognora bis Capanna Barone 7 km, 850 m Aufstieg, 600 m Abstieg, 6 Std., T6.

INFORMATIONEN
Informationen über die Via Alta Verzasca unter www.verzasca.com/sev.
Informative Faltbroschüre der VAV erhältlich bei Ente Turistico Tenero e Valle Verzasca, Via ai Gardini, 6598 Tenero, Telefon 091 745 16 61.
Spezialkarte Valle Verzasca 1:25000, auf der auf einer einzigen Karte alle Wanderwege inklusive Via Alta Verzasca markiert sind (einzig Etappe von der Capanna d'Efra bis zum Pizzo di Mezzodì ist nicht eingetragen). Bezugsquelle: Salvioni arti grafiche, Via Ghiringhelli 9, 6500 Bellinzona, Telefon 091 821 11 11, info@salvioni.ch, www.salvioni.ch.

Landeskarte 1:25 000, 1313 Bellinzona, 1272 P. Campo Tencia, 1273 Biasca, 1293 Osogna.
Landeskarte 1:50 000, 266 Valle Leventina, 276 Val Verzasca.

– Von Monti della Gana (1286 m, mit Auto erreichbar, Parkplatz; mit öffentlichem Verkehr Postauto bis Medoscio nordwestlich von Cugnasco) via Monti di Golla und Alpe di Sassello bis Forcola (1709 m) und von hier zur Hütte. 5 km, 750 m Aufstieg, 100 m Abstieg, 4½ Std., T2.
– Von Monte Carasso (229 m, 2 km südwestlich von Bellinzona und von dort mit Postauto erreichbar) mit der Luftseilbahn nach Mornera (1347 m). In nordwestlicher Richtung via Cima della Pianca zur Capanna Albagno (1867 m). Weiter zur Bocchetta d'Erbea (2251 m) und nördlich 50 bis 80 Höhenmeter steil durch ein Couloir absteigen. Erst nordwestseitig, später südwestlich unter der Cima dell'Uomo (2390 m) querend zur Boccetta di Medee und zu der Capanna Borgna (1912 m). Der viertelstündige Aufstieg bleibt Kletterern vorbehalten (ca. dritter Grad). 7 km, 1050 m Aufstieg, 500 m Abstieg, 4½ Std., T3.
– Besteigung des Sassariente (1767 m): Beim Anfang der polnischen Mauer auf deren südlicher Seite bis zu einem kleinen, bewaldeten Sattel (Stein mit blauem Pfeil und Schriftzug «Piz»). Kurz südwärts absteigen und in der Ostflanke des Sassariente über ein paar Eisentritte und kurze Fixseile auf den Gipfel. Für Kletterer alternativ über den kurzen Nordgrat klettern, der vom beschriebenen Sattel aus sichtbar ist (Bohrhaken vorhanden, aber auch ohne Seilsicherung machbar, Schwindel-

Auf den Spuren der «Transumanza»:
HOCH ÜBER DEM MAGGIATAL

Gordevio–Cima della Trosa–Cardada–Madone–Alpe di Nimi–Maggia

In keinem Schweizer Kalender darf das Bild einer Alp fehlen, nichts verkörpert die idealisierte Vorstellung von unseren Bergen besser als weidende Kühe auf grünem Gras vor der Kulisse schneebedeckter Berge. Was heute romantische Stimmung aufkommen lässt, war früher der höchste Punkt einer unablässigen Migration – oder «Transumanza», wie dies im italienischsprachigen Raum genannt wird. Die meisten Bewohner der Alpentäler zogen im Frühling vom Talgrund auf die «Monti» oder Maiensässe. Auf Weiden, die dem Wald abgerungen worden waren, standen kleine Siedlungen, die im Grunde nichts anderes waren als eine einfachere Version der Dörfer

Ein wundervoller Höhenweg verbindet die Alpe Cardada mit der Alpe di Bietri.

Der Abstieg von der Bocchetta di Orgnana nach Lavertezzo ist lang, führt aber durch ein herrliches, abgelegenes Tal.

unten im Tal. Selbst das Gotteshaus in Form einer kleinen Kapelle gehört zu zahlreichen «Monti» der Tessiner Berge. Zusammen mit ihren Tieren verbrachten die Menschen den späten Frühling auf den sonnigen Maiensässen und, wenn man alten Berichten glauben darf, war dies in aller Regel eine glückliche Zeit für Jung und Alt.

Auf den Monti liess man alle Ziegen zusammen auf einer der Allgemeinheit gehörenden Wiese grasen. Ein Hirt sorgte dafür, dass sich die Tiere nicht auf den Privatweiden verköstigten. Ende Mai oder Anfang Juni kamen die Kühe auf die Maiensässe, während die Ziegen auf die höher gelegenen «Monti alti» weiterzogen. Die Tiere wurden täglich gemolken und, damit die Milch nicht verdarb, wurde daraus Käse oder Butter hergestellt. Die einzelnen Familien besassen oft zu wenig Vieh, und die Milch reichte nicht, um täglich zu käsen. So schlossen sich jeweils zwei bis drei Familien zusammen, und jeden Abend erhielt eine andere den gesamten Milchertrag, um so alle paar Tage einen Laib Käse herstellen zu können.

Im Juni oder Anfang Juli folgte schliesslich die nächste Etappe, der Aufzug auf die Alpen, wo man auf rund 2000 Metern den kurzen Sommer verbrachte. Im Herbst erfolgte die Migration in der umgekehrten Richtung. An einem Ort im Maggiatal kannte man sogar noch eine zusätzliche Etappe. Die Bewohner von Aurigeno, das am schattigen Westhang des Maggiatals liegt, verliessen ihre Häuser sogar schon im Verlauf des Winters, um noch einige Wochen auf der gegenüberliegenden Talseite zu wohnen, wo die Sonne die Häuser schon für ein paar Stunden zu wärmen vermochte.

Auf unserer Höhenwanderung lässt sich diese Migration wunderbar nachvollziehen – sofern man sich die Mühe macht, vom Talgrund des Maggiatals auf die Höhen von Cardada aufzusteigen und nicht der Versuchung erliegt, diese Etappe in der schicken, von keinem Geringeren als Mario Botta entworfenen Seilbahn abzukürzen,

Der Hausberg von Locarno, die Cimetta mit ihrem fantastischen Ausblick auf den Lago Maggiore.

die von Locarno-Orselina nach Cardada hinauffährt. Wer den Weg bereits in Grodevio unter die Füsse nimmt, durchstreift auf dem einsamen Aufstieg gleich mehrere solcher Monti oder Maiensässe und kann dabei beobachten, wie viele der ursprünglich in harter Arbeit dem Wald abgerungenen Weiden heute wieder vom Wald zurückerobert wurden. So stehen etwa die zerfallenden Gebäude von Al Noce zwischen stattlichen Bäumen, während die Häuser anderer Monti liebevoll gepflegt und die Wiesen der Umgebung regelmässig gemäht oder beweidet werden.

Ihren physischen Höhepunkt findet die Tour auf dem 2039 Meter hohen Madone, dem weitherum sichtbaren Eckpfeiler zwischen den Tälern Valle di Corippo, Valle di Mergoscia und Val Grande. Doch auch die Alpe Nimi zählt zu den Höhepunkten der Wanderung, eine Alp, die noch immer bewirtschaftet wird. Hier endet nicht nur die traditionelle «Transumanza», bevor es im Herbst wieder talwärts geht, ab hier fällt auch unsere Höhenwanderung wieder ab, unerbittlich und steil, zurück auf den Grund des Maggiatals in der Tiefe. Doch vor der Rückkehr ins Tal sollte man die aussichtsreiche Höhenwanderung noch um einen Abend verlängern und die Nacht auf der Alpe Nimi verbringen. Die einfache, aber gemütliche Unterkunft erlaubt es Touristinnen und Wanderern, ein Stück lebendiger «Transumanza» hautnah mitzuerleben und dabei mit etwas Glück die Höhenwanderung mit einem prächtigen Sonnenuntergang und dem Genuss eines fantastischen, von keinem Licht gestörten Sternenhimmels abzuschliessen. (UH)

CHARAKTER

In ihrer vollen Länge ist die Tour konditionell anspruchsvoll, doch mit der Luftseilbahn lässt sich der Aufstieg nach Cardada ohne jegliche Anstrengung bewältigen, wodurch man sich die erste Etappe erspart.

Die begangenen Wege sind gut markiert. Die Besteigung des Madone über dessen Südgrat ist steil (weiss-blau-weiss markiert, T3). Der weitere Verlauf vom Gipfel des Madone bis zur Wegverzweigung unterhalb der Bocchetta di Orgnana ist stellenweise leicht ausgesetzt und verlangt eine gewisse Trittsicherheit. Alle genannten Abstiegsvarianten sind sehr lang und verlangen Kondition.

DIE WANDERUNG

Anfahrt

Mit dem Zug nach Locarno und von dort mit dem stündlich verkehrenden Bus ins Maggiatal bis zur Haltestelle Gordevio.

1. Tag

Von der Haltestelle an der Hauptstrasse ins Dorf Gordevio in den Ortsteil Villa. Von dort auf der Römerbrücke über den Bach (wundervolles, in den Fels geschliffenes Bachbett). Über die Monti von Pii und Piano nach Al Noce, weiter nach Pianosto und zur Alpe Vegnasca. Von dort steil hinauf zur Bassa di Cardada, zwischen Cimetta und Cima della Trosa. Eventuell Abstecher zum Gipfel der Cima della Trosa. Ansonsten über die Cimetta auf breitem Weg hinab zur Alpe Cardarda und nach Cardada. Von der Alpe Vegnasca kann man auch direkt, allerdings weitgehend auf teilweise geteerten Forststrassen nach Cardada gelangen. 12 km, 1570 m Aufstieg (ohne Cima della Trosa), 570 m Abstieg, 6½ Std., T2.

2. Tag

Von Cardada auf die Cimetta und weiter via Bassa di Cardada auf die Cima della Trosa. Der Weg fällt vom Gipfel in mehreren Kehren hinab zum namenlosen Sattel zwischen Cima della Trosa und Madone. Zu diesem Übergang kann man auch direkt – auf einem einsamen, sehr reizvollen eigentlichen Höhenweg – von der Alpe Cardada via Alpe di Bietri gelangen. Vom Sattel nun steil hinauf zum Gipfel des Madone. Weiter in Richtung Norden zur Wegverzweigung unterhalb der Bocchetta di Orgnana und dann auf dem Höhenweg zur Alpe Nimi. 13 km, 1165 m Aufstieg, 780 m Abstieg, 6 Std., T3.

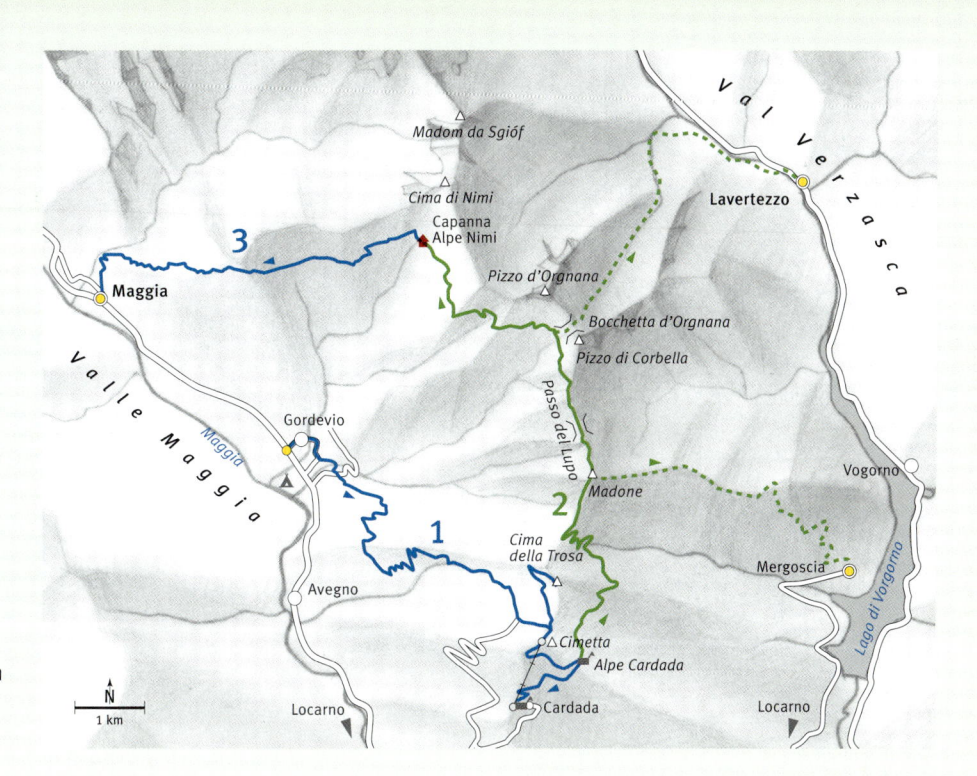

3. Tag

Abstieg von der Alp Nimi über Aiarlo di Dentro nach Maggia. 7 km, 90 m Aufstieg, 1480 m Abstieg, 3 Std., T2.

UNTERKUNFT

1. Tag

Hotel-Restaurant Cardada, Telefon 091 751 35 95.
Albergo Colmanicchio, bei der Talstation des Sessellifts zur Cimetta. Telefon 091 751 18 25, www.colmanicchio.ch.
Capanna Cimetta, bei der Bergstation des Sessellifts zur Cimetta, 50 Plätze in Mehrbettzimmern. Telefon/Fax 091 743 04 33, www.capanna-cimetta.ch.
Capanna Lo Stallone, sehr schön und ruhig auf der Alpe Cardada gelegen, 60 Plätze in Mehrbettzimmern. Telefon 091 743 61 46, capanna@stallone.ch., www.stallone.ch

2. Tag

Capanna Nimi, immer geöffnete Alpunterkunft mit Schlafplätzen, bewartet von Mitte Juni bis Mitte September. Pietro Zanoli, 6672 Gordevio, Telefon 079 230 48 79.

VARIANTEN

1. Tag

Start auf Cardada: Ab Locarno mit der Standseilbahn nach Madonna del Sasso, von dort Luftseilbahn nach Cardada. Eine weitere Abkürzungsmöglichkeit bietet die Sesselbahn von Cardada auf den Gipfel der Cimetta.

2. Tag

– Abstieg nach Mergoscia: Vom Gipfel des Madone über dessen Ostgrat zum Maiensäss Porchesio und von dort hinab nach Mergoscia. Ab Cardada oder Cimetta gut in einem Tag zu bewältigende Variante. 14 km, 950 m Aufstieg, 1560 m Abstieg, 6 Std., T3.
– Abstieg nach Lavertezzo: Von der Wegverzweigung unterhalb der Bocchetta di Orgnana über den Sattel ins Valegg d'Orgnana. Herrliche Wanderung durch ein abgelegenes, wildes Seitental des Valle Verzasca, jedoch langer und beschwerlicher Abstieg. 16 km, 1150 m Aufstieg, 1950 m Abstieg, 7 Std., T3.

INFORMATIONEN

Cardada Impianti Turistici SA, 6644 Orselina, Telefon 091 735 30 30, info@cardada.ch, www.cardada.ch.
Ente Turistico Lago Maggiore, Telefon 848 091 091, www.ascona-locarno.com
Vallemaggia Turismo, 6673 Maggia, Telefon 091 753 18 85, www.vallemaggia.ch.

Landeskarte 1:25 000, 1292 Maggia, 1312 Locarno und 1313 Bellinzona.
Landeskarte 1:50 000, 276 Val Verzasca.

Bei den Wallisern im Tessin:
VON BOSCO/GURIN NACH CAMPO VALLEMAGGIA

Bosco/Gurin–Üssera See–Grossalp–Passo Quadrella–Alp Pian Crosc–Campo

Wenn man sich in Locarno oder Ascona umhört, könnte man fast meinen, dass mancherorts im Tessin die italienische Sprache durch das Deutsche in all seinen Variationen verdrängt wird. Glücklicherweise ist das nicht wirklich der Fall, doch es gibt tatsächlich ein Dorf im Tessin, wo die eine Sprache die andere langsam ablöst – wenn auch mit umgekehrten Vorzeichen: Bosco/Gurin, zuhinterst im Valle di Bosco Gurin gelegen, ist die einzige deutschsprachige Gemeinde im Kanton Tessin. Es waren die Walser, eine ursprünglich aus dem Wallis kommende Volksgruppe, die Gurin bereits im 13. Jahrhundert gegründet hat. Die Siedler kamen aus dem benachbarten Val Formazza, von den Walsern Pomatt genannt, über die Bergkämme und liessen sich zuhinterst im Tal nieder. Nicht untypisch für die Walser, die oft über die Bergkämme und nicht etwa talaufwärts zu ihren neuen Siedlungsplätzen gelangten. So entstand inmitten einer vom Italienischen dominierten Region eine deutschsprachige Siedlung, die zeitweise mehrere hundert Bewohnerinnen und Bewohner zählte.

Bis zum Beginn des 20. Jahrhunderts war das Dorf sehr isoliert, Kontakte bestanden vorwiegend mit dem Wallis oder den Walsern des benachbarten Val Formazza, so dass sich das Deutsche oder besser gesagt das «Ggurijnartitsch» über Jahrhunderte halten konnte. Bei den deutschsprachigen Bewohnerinnen und Bewohnern hiess das Dorf immer Gurin, Bosco ist der italienische Name, woraus nach einem Sprachenstreit im Jahr 1934 schliesslich die seither gebräuchliche Bezeichnung Bosco/Gurin entstand. Heute sind die meisten hier lebenden Menschen zweisprachig, und die Volkszählung im Jahr 2000 enthüllte, dass eine Mehrheit der Bewohner tatsächlich italienischer Muttersprache ist. Das abgelegen in einem tief eingeschnittenen Tal lie-

Fast zuhinterst im Valle di Campo liegt das kleine Dorf Campo mit seinen verstreuten Häusern.

Auf Pian Crosc endet der Höhenweg und der Abstieg nach Campo beginnt.

gende Dorf – mit 1506 Höhenmetern übrigens die höchstgelegene Gemeinde des Kantons – bleibt aber mit seinem unverwechselbaren Walsercharakter eine Besonderheit im Tessin. Das schmucke Dorf lohnt unbedingt einen Rundgang, bevor man zu der hier vorgestellten Tour aufbricht.

Das Valle del Bosco ist ein Seitental des bei Cevio ins Vallemaggia mündenden Valle di Campo. Über den Passo Quadrella und über Pian Crosc führen Wanderwege von einem Tal ins andere und wieder zurück, so dass die Tour rund um den Gebirgskessel, in dem Bosco/Gurin liegt, nach einem aussichtsreichen Abstecher ins Valle di Campo auch als Rundtour ausgestaltet werden könnte. Man sollte die Gelegenheit jedoch nicht auslassen, auch die Dörfer Campo und Cimalmotto zu besuchen. Es besteht ein augenfälliger Kontrast zwischen dem Valle di Bosco und dem benachbarten Valle di Campo, ist letzteres doch deutlich breiter, mit einem für Tessiner Verhältnisse fast schon gemächlich von der Alpe Quadrella herabfallenden Berghang, der talwärts eine ausgedehnte Geländeterrasse bildet. Der sanfte Charakter dieses rund fünf Quadratkilometer grossen, sonnigen Balkons verbirgt allerdings die Tatsache, dass der Untergrund aus lockerem, unstabilem Moränenschutt besteht, der von der Natur auf einer schräg abfallenden Felsrampe abgelagert wurde. Das Widerlager der Terrasse wird vom manchmal wilden Gebirgsfluss Rovena laufend unterspült, weshalb das Gelände seit rund 150 Jahren unaufhaltsam talwärts rutscht. So richtig in Fahrt kam dieser Prozess, als im 19. Jahrhundert das Tal abgeholzt und die Stämme auf der Rovena geflösst wurden. Zu diesem Zweck staute man den Bach, um die gefällten Bäume in die dadurch entstandenen, temporären Stauseen zu befördern. Waren genügend Stämme beisammen, öffneten die Arbeiter die Staudämme, und das Holz wurde mit den Wassermassen ein gutes Stück talwärts transportiert. Es gab mehrere solcher Dämme in der Rovena; 1857 wurden zum ersten Mal drei Dämme gleichzeitig gesprengt. Die Wassermassen und das Holz donnerten mit unvorstellbarer Kraft durch das Bachbett und beschädigten den Hangfuss zum ersten Mal beträchtlich. Seither

Über den Passo Quadrella wechselt der Weg vom Valle di Bosco Gurin ins Valle di Campo.

rutscht der Hang, zusätzlich begünstigt durch das Fehlen der gerodeten Bäume, deren Wurzeln vorher noch halfen, das Gelände zu stabilisieren. Wenige Jahre später wurde die Flösserei verboten, doch der Schaden war angerichtet; die Kirche von Campo liegt heute rund dreissig Meter von ihrer ursprünglichen Position entfernt, und auch vielen anderen Häusern des Dorfes ist die Schieflage von blossem Auge anzusehen. Um die Situation zu entschärfen, wird die Rovena heute durch einen Stollen geführt, der südlich von Cimalmotto beginnt und das Wasser bei Pian di Campo wieder in ihr natürliches Bett entlässt.

Heute wirken die zwei Dörfer Campo und Cimalmotto, die zusammen mit Pian di Campo und Niva eine politische Gemeinde bilden, ausserhalb der Sommerferien leer und verlassen. Tatsächlich hat das Valle di Campo einen der dramatischsten Bevölkerungsrückgänge des ganzen Kantons zu verzeichnen. Von einst über tausend Menschen lebt heute kaum mehr eine Handvoll das ganze Jahr in der Gemeinde. Das war nicht immer so: Die stattlichen Häuser zeugen davon, dass es einige Auswanderer in der Fremde zu Wohlstand gebracht hatten, den sie nach ihrer Rückkehr ins Tal mit dem Bau solcher Häuser gerne zur Schau trugen. Die ums Dorf weidenden Pferde verleihen dem Ort einen Hauch von wildem Westen – eine Erinnerung an den einen oder anderen Rückkehrer, der in den damals noch jungen Vereinigten Staaten die Eroberung des Westens selbst miterlebt hatte. (UH)

CHARAKTER

Ausgedehnte Höhenwanderung am Rand zweier wenig bekannter Täler der Südschweiz. Wie im Tessin nicht selten, müssen längere Anstiege in Kauf genommen werden, um die eigentlichen Höhenwege zu erreichen. Die Wege sind dafür durchwegs gut und ohne nennenswerte Probleme zu bewältigen.

DIE WANDERUNG

Anfahrt

Ab Locarno mit dem Bus nach Cevio, dort umsteigen ins Postauto nach Bosco/Gurin.

1. Tag

Von der Haltestelle zum Dorfplatz, dort nach rechts das Strässchen hinauf, das an der ehemaligen Pension Edelweiss vorbei in den Dorfteil Ferder führt. Wieder nach rechts eine schmucke Häuserzeile entlang, dann links und schliesslich das Strässchen verlassen; hier beginnt der Aufstieg durch anfänglich bewaldetes Gebiet zur Alp Wolfstaffel und dem Alphüttchen von Endra Staful. Ein steiler Weg führt nach links direkt zum Schwarzsee; wer die ganze Höhentour gehen will, wandert aber von Endra hinüber zum bereits sichtbaren Üssera Staful. Wenige Meter nach dem Alpgebäude folgt eine Verzweigung, an der die von Corino heraufführende Wegvariante einmündet. Nun stetig aufwärts bis zum Rand des Grabens, in dem der Üssera See (Lago Pero) und, verborgen weiter westlich, der Schwarzsee (Lago Melo) liegt. Vom Üssera See lohnt sich der kurze Aufstieg zur Bocchetta d'Orsalia, um einen Blick ins wilde, steinreiche Val Calnegia mit dem Lago d'Orsalia zu werfen.

Mit vielen kurzen Auf- und Abstiegen führt der Höhenweg an den erwähnten Seen vorbei bis zum höchsten Punkt auf 2430 Metern und steigt dann ab ins Herli und von dort weiter zur Grossalp. In diesem ums Überleben kämpfenden Skigebiet steht die Capanna Grossalp des UTOE, die eine Übernachtung in der Höhe erlaubt. 10 km, 1220 m Aufstieg, 790 m Abstieg, 5 Std., T3.

2. Tag

Sanft ansteigend geht es durch den weiten Kessel der Grossalp auf den Passo Quadrella und im benachbarten Valle di Campo in steilem Zickzack hinab zu den Alpgebäuden von Quadrella di Fuori. Statt weiter abzusteigen, wendet man sich nun nach links und auf angenehm verlaufendem Höhenweg, ohne grösseres Gefälle oder Steigungen, durch bewaldetes Gebiet zu P. 1804. In der scharfen Kehre nach links, wo rechts ein gut erkennbarer, aber nicht mehr ausgeschilderter Weg abzweigt, nach links halten und den Markierungen folgend kurz steil ansteigen, über eine drahtseilgesicherte, einfache Steilstufe und anschliessend eine leicht ausgesetzte Partie. Bei P. 1994 hat man die Wahl, direkt nach Campo abzusteigen oder weiter auf dem Höhenweg bis zu einer Geländerippe zu gehen, um von dort den Pizzo Bombögn (2331 m) mit seiner berühmten, langen Steinmauer zu besteigen. Auf dem Höhenweg geht es weiter durch lichten Lärchenwald und stellenweise über Blockfelder zur Alp Pian Crosc und von dort mal sanft, mal steiler hinab nach Campo. 12 km, 700 m Aufstieg, 1300 m Abstieg, 5 Std., T3.

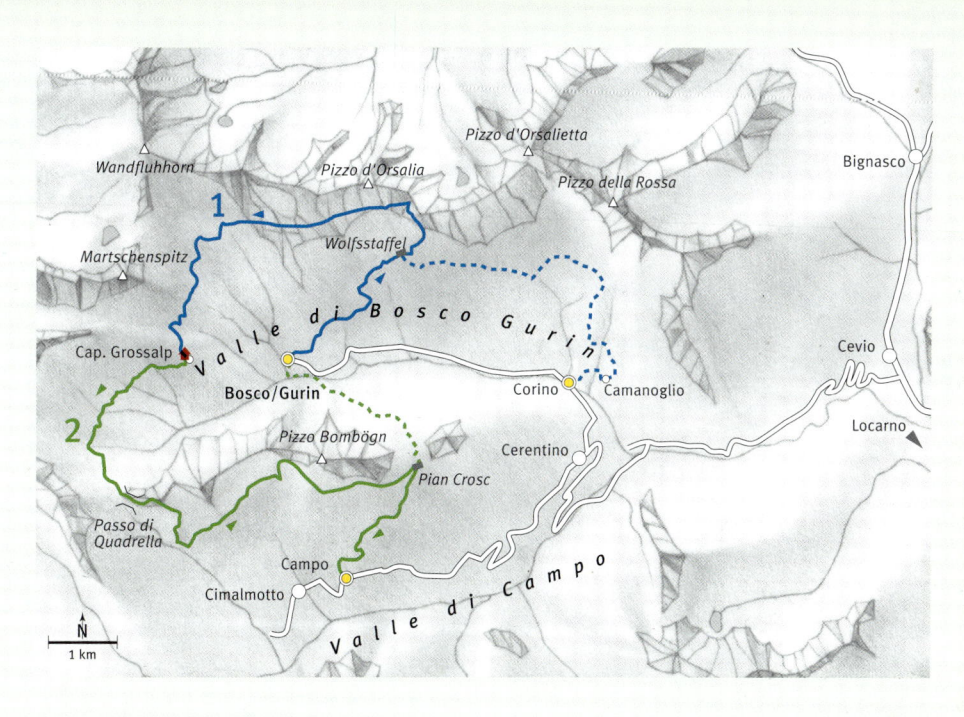

UNTERKUNFT

Capanna Grossalp, 6685 Bosco/Gurin, Telefon 091 754 16 80, info@capannagrossalp.ch, www.capannagrossalp.ch.
Munt La Reita, Familie Verena und Markus Senn, 6684 Cimalmotto, Telefon 091 754 19 36, info@muntlareita.ch, www.muntlareita.ch.

VARIANTEN

1. Tag

Mit dem nach Bosco/Gurin fahrenden Postauto bis zur Haltestelle Ponte per Corino. Auf dem Strässchen nach Corino und weiter zum benachbarten Camanoi. An der Kirche vorbei, über die Monti von Campioi nach Corte Antico, weiter zur Alpe Mater und schliesslich auf die Alp Wolfstaffel bzw. deren Üssera Staful. Hier trifft man auf den Aufstiegsweg von Bosco/Gurin. Diese Variante ist konditionell anspruchsvoller, ergibt aber auch eine bedeutend längere Höhenwanderung. Ab Corino bis Grossalp 13½ km, 1720 m Aufstieg, 880 m Abstieg, 7 Std., T3.

2. Tag

Von den Alpgebäuden auf Pian Crosc kurz zum gleichnamigen Passübergang aufsteigen, von wo ein Weg zurück nach Bosco/Gurin führt. Ganze Wanderung dann 12 km, 880 m Aufstieg, 1330 m Abstieg, 5½ Std., T3.

INFORMATIONEN

Infopoint Bosco-Gurin, 6685 Bosco/Gurin, Telefon 0848 66 85 85, info@bosco-gurin.ch, www.bosco-gurin.ch.
Vallemaggia Turismo, 6673 Maggia, Telefon 091 753 18 85, info@vallemaggia.ch, www.vallemaggia.ch.

Landeskarte 1:25 000, 1291 Bosco Gurin.
Landeskarte 1:50 000, 275 Valle Antigorio.

Gegensätze:
VOM ENTLEGENEN ONSERNONETAL INS MONDÄNE ASCONA

Comologno–Pizzo Ruscada–Alpe Comino–Rasa–Pizzo Leone–Corona dei Pinci–Arcegno

53 Minuten für 20 Kilometer – so lange dauert die Postautofahrt von Cavigliano am Taleingang bis nach Spruga, dem hintersten noch mit dem Bus erreichbaren Dorf im Valle Onsernone. Und man kann den Fahrern dabei keinesfalls vorwerfen, sie würden trödeln. Die Kurven haben sie im Blut, der Einschlag des Lenkrads ist Meter für Meter eingeübt und unzählige Male wiederholt worden – tatsächlich verläuft die Busfahrt so rasant wie nur irgend möglich und verlangt dabei empfindlichen Mägen alles ab. Wobei nicht klar ist, was schlimmer ist: die unzähligen Kurven oder der Schwindel erregende Blick aus dem Fenster hinab in die Isornoschlucht, die gleich neben der Strasse weit unten in der Tiefe klafft. Wer in Comologno, dem zweithintersten Dorf des Onsernonetals, aus dem gelben Fahrzeug steigt, hat jedenfalls bereits ein unvergessliches Erlebnis hinter sich. Und dürfte sich so richtig darauf freuen, endlich wieder auf eigenen Füssen zu stehen.

Das Valle Onsernone ist ein von Ost nach West ausgerichtetes, tief ins Gelände eingeschnittenes Tal, dessen Dörfer hoch über dem Fluss Isorno an sonnigen Hängen kleben. Eine abgeschiedene Welt, die nur auf einer engen, kurvenreichen Strasse zu erreichen ist. In den 1970er Jahren teilte das Onsernonetal das Schicksal vieler Südalpentäler: Es litt unter Abwanderung und Überalterung. Die jungen Menschen suchten anderswo Arbeit und Auskommen, zurück blieben die Alten – ein Landstrich ohne

Bei regnerischem Wetter ist die Tessiner Bergwelt von beinahe exotischem Reiz.

Vom Pizzo Leone erkennt man das kleine Dorf Calezzo im Centovalli und den Eingang des Val Onsernone.

Die Kirche von Rasa.

Zukunft. Doch dies war auch die Zeit des Aufbruchs, in den Städten diesseits und jenseits der Alpen herrschte Unruhe, viele, vorwiegend junge Leute stellten alles Bestehende in Frage, wollten Veränderung, träumten von einer besseren Welt – Flower Power. Einige Vertreterinnen und Vertreter dieser Generation brachen auf und zogen auf der Suche nach einem anderen Leben ins Onsernonetal. Von den Einheimischen wenig geliebt, abschätzig «cappelloni» (langhaarige Freaks) oder «neorurali» (Aussteiger-Bauern) genannt, begannen sie sich hier eine neue Existenz aufzubauen. Viele sind gescheitert, längst nicht alle geblieben, und doch haben sie mit dazu beigetragen, dass es zu einer Trendwende kam, dass das Tal am Leben blieb und heute sogar wieder mehr Bewohnerinnen und Bewohner zählt als noch vor dreissig Jahren.

Die Aussteiger der 1970er Jahre waren seit langem die ersten Einwanderer im Onsernonetal, das zuvor – ein unausweichliches Schicksal vieler dieser Täler – von der Emigration geprägt war. Da die engen, steilen Südtäler zu karg waren, um alle Menschen und das Vieh zu ernähren, suchten viele, vorwiegend der männliche Teil der Bevölkerung, ein Auskommen als Handwerker in den Städten Italiens, Frankreichs, der deutschen Schweiz oder anderswo. Nicht wenige kehrten mit einem Vermögen in der Tasche zurück ins Tal und bauten sich in der Heimat ein schönes Haus nach dem Vorbild der Bürgerhäuser, die sie in der Fremde gesehen hatten. Dies erklärt, weshalb selbst in dieser früher bitterarmen Gegend viele stattliche Palazzi stehen, deren Innenausstattung vom gewonnenen Wohlstand zeugen. Einer davon, der Palazzo Gamboni in Comologno, ist seit einiger Zeit ein Hotelbetrieb. Hier kann man in eine andere

Der Gipfel des Pizzo Leone bietet eine eindrückliche Rundsicht auf die Walliser Viertausender und den zu Füssen liegenden Lago Maggiore.

Welt, eine andere Zeit eintauchen, sich verwöhnen lassen, die Stille und Schönheit des Tals in sich aufsaugen. Um dann, am nächsten Morgen, ausgeruht und fern des Alltags auf eine Höhenwanderung aufzubrechen, die einen zwei Tage später und doch viel zu früh wieder in den Rummel und die Hektik des modernen Lebens zurückbringt.

Die Tour über den Pizzo Ruscada und den Pizzo Leone ist keine typische Höhenwanderung. Vielmehr werden hier zwei Tagesetappen miteinander verbunden, die über aussichtsreiche Bergrücken in einer eher unbekannten Ecke der Schweiz führen, dabei allerdings auch mit zwei saftigen Anstiegen aufwarten. Das Verbindungsglied zwischen den beiden Gipfeln ist die hoch über dem Centovalli gelegene Alpe Comino, ein herrlicher, saftig grüner, ruhiger und aussichtsreicher Ort, der sich für eine Übernachtung geradezu aufdrängt, bevor man, den Abstieg ins und den Aufstieg aus dem Centovalli mit Hilfe zweier Seilbahnen verkürzend, auf den Pizzo Leone wandert. Dieser Berg (nicht zu verwechseln mit dem Monte Leone im Simplongebiet) thront als felsige Nase über dem Lago Maggiore und entlässt einen nach dem Gipfelbesuch auf eine lange Wanderung mit ungehindertem Blick über den fjordähnlichen See, auf dem weisse Schiffchen wie ferngesteuerte Spielzeugboote auf einem Teich hin und her schwimmen. Ziel der Wanderung ist das kleine Arcegno oder das mondäne Ascona, wo man zurückkehrt in eine Geschäftigkeit, die den denkbar grössten Kontrast bildet zu dem ruhigen, beschaulichen Leben im Valle Onsernone, in das man noch kurz zuvor eingetaucht war. (UH)

CHARAKTER

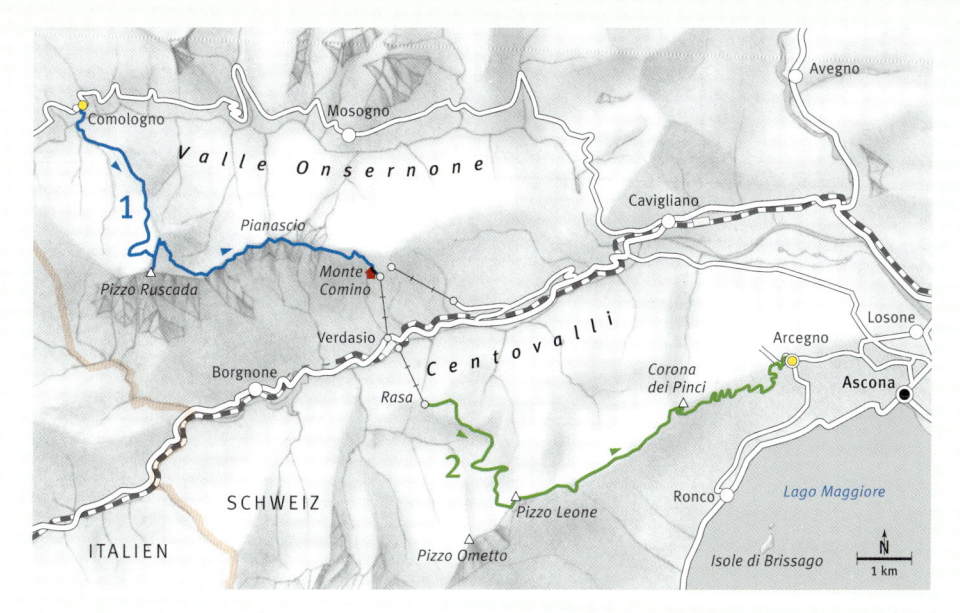

Ein neuer Wanderwegweiser prangt beim Einstieg zur Tour an einer Hausmauer in Comologno. Tatsächlich wurde der Aufstiegsweg weitgehend instandgestellt und ist heute gut auffindbar, allerdings fehlen bislang (Stand 2008) die Markierungen, was die Orientierung etwas erschwert. Ansonsten sind die Wege meist gut und ausreichend beschildert und gekennzeichnet. Der Aufstieg vom Isorno auf den Gipfel des Pizzo Ruscada ist mit einer Höhendifferenz von rund 1300 Metern konditionell recht anspruchsvoll.

DIE WANDERUNG

Anfahrt

Mit dem Postauto ab Locarno bis Comologno Paese.

1. Tag

An der Kirche vorbei zuerst auf betoniertem Weg, dann auf manchmal nicht ganz eindeutigen Wegspuren über Weiden und durch Wald steil hinab zum Isorno, den man auf einer Holzbrücke überquert. Anschliessend in die malerische Schlucht des Seitentals Valle del Guald, nochmals über eine Brücke und auf langem, stetigem Anstieg durch das Waldreservat Onsernone zu den zerfallenen Hütten der Alpe Lombardone. Etwas weniger steil weiter aufwärts bis zu einer weiteren, namenlosen Alp (P. 1705, Hütte mit Flachdach). Auf etwas unklarem Weg die Alp in Richtung Südwest verlassen (nicht dem Grat aufwärts folgen) und ohne nennenswerte Steigungen bis zu einer dritten, von Büschen und Bäumen weitgehend überwachsenen Alpweide. Dem Wegweiser folgend in nordöstlicher Richtung auf die Geländerippe des Cappellone (1879 m), eigentlich der Nordgrat des Pizzo Ruscada. Dort angelangt, den Nordgrat hinauf bis zum Gipfel auf 2004 Metern.

Vom Gipfel den steilen, gerölligen Westgrat hinabsteigen, bis der Kamm flach wird. Vom Wegweiser des Cappellone (siehe oben) kann man auch die Nordostflanke des Ruscada direkt bis hierher queren. Auf angenehmem Weg über den Westkamm oder entlang dessen nördlicher Seite, an den Ställen von Corte Nuovo vorbei bis zur Hütte auf Pescia Lunga (1511 m). Ab hier steigt der Weg wieder an, führt über einen Buckel und dann ein kurzes Stück etwas ausgesetzt zum Gipfelaufschwung des Pianascio (1643 m). Der eigentliche Gipfel ist in einem kurzen Abstecher zu erreichen. Abstieg durch den Wald zur Kirche Madonna della Segna und zur Seilbahnstation. 10 km, 1400 m Aufstieg, 1250 m Abstieg, 6 Std., T3.

2. Tag

Mit der Seilbahn hinab zur Haltestelle von Verdasio und mit der auf der gegenüberliegenden Talseite gelegenen Seilbahn hinauf nach Rasa (nur zu Fuss oder mit Seilbahn erreichbar). Durch das Dorf, dann leicht aufwärts, um den Hügelkopf des Pian Baree nach Monti und weiter nach Termine. Hier beginnt der Aufstieg in Richtung Pizzo Leone. Beim nächsten Wegweiser, wo die Schilder nach links und nach rechts zum Pizzo Leone weisen, rechts gehen und über einen namenlosen Sattel (P. 1570) auf den Pizzo Leone (1659 m).

Nach der Traversierung des Südhangs des Berges beginnt die angenehme Gratwanderung via Alpe di Naccio zur Corona dei Pinci (1293 m). Von dort ein kurzes Stück zurück bis zum letzten Wegweiser, dann aussichtsreich unterhalb der Corona hindurch in Richtung Monti di Ronco. Beim nächsten Wegweiser abwärts Richtung Monti di Ronco (der Pfad zu den Monti di Losone ist stellenweise abgerutscht!) und weiter unten, bei P. 901, Abstieg nach Arcegno und Ascona. Die Variante nach Arcegno ist kürzer, allerdings ist der Weg etwas vernachlässigt und stellenweise mühsam, jene nach Ascona länger, dafür problemloser. 12 km, 910 m Aufstieg, 1370 m Abstieg, 5½ Std., T2.

UNTERKUNFT

Alla Capanna Monte Comino, Edy und Brigitte Salmina, 6655 Intragna, Telefon 091 798 18 04, info@montecomino.ch, www.montecomino.ch.

Landeskarte 1:25 000, 1311 Comologno, 1312 Locarno.
Landeskarte 1:50 000, 275 Valle Antigorio, 276 Val Verzasca.

Auf vielen Tessiner Alpen trifft man heute auf Esel – so auch auf dem Monte di Comino.

Bekannte Tour auf unbekannten Wegen:
MONTE TAMARO–MONTE LEMA

Vira Gambarogno–Poncione della Croce–Monte Tamaro–
Alpe di Neggia–Monte Gradiccioli–Monte Lema–Miglieglia

«Der Monte Tamaro ist ein Berg im Schweizer Kanton Tessin oberhalb des Ortes Rivera. Die vom bekannten Tessiner Architekten Mario Botta 1990 entworfene und zwischen 1992 und 1994 erbaute ‹Cappella di Santa Maria degli Angeli› auf der Alpe Foppa (1567 m) macht den Ort zu einer überregionalen Berühmtheit. Die am 1. September 1996 eingeweihte und mit Malereien von Enzo Cucchi ausgeschmückte Kapelle ist über eine Luftseilbahn zu erreichen. An den Hängen des Monte Tamaro fand die Mountainbike-Weltmeisterschaft 2003 statt.» So wird der Monte Tamaro im Online-Lexikon Wikipedia vorgestellt, kurz und nüchtern, wobei dem Berg, um den es im Eintrag eigentlich geht, eine reine Statistenrolle zugewiesen wird. Auch über den Monte Lema weiss dieselbe Quelle Ähnliches zu berichten. So steht da unter anderem: «Die Gipfelregion ist nicht nur bei Wanderern beliebt, sondern auch für Mountainbike-Touren gut geeignet. Für Gleitschirmflieger stehen ein Grasstartplatz und zwei Landeplätze zur Verfügung. Modellflieger sind auch willkommen auf dem Lema.»

Die Homepage der Monte Tamaro S.A. verrät ebenfalls, dass das Gebirgsduo Tamaro–Lema nicht nur Wanderer anlockt: Hier wird geworben für eine Seil-Gleit-Flugbahn mit der längsten Tyrolienne der Schweiz. Ein Adventurepark wartet auf Abenteuerlustige, für Mountainbiker sind Bikeparcours eingerichtet, und selbstverständlich dürfen der Kinderspielplatz und eine Rodelbahn nicht fehlen. Berge, zumindest einige, erfüllen also mittlerweile ganz neue Funktionen, sind zum Vermarktungsob

Über den Verbindungsgrat zwischen Monte Tamaro und Monte Lema verläuft einer der bekanntesten Tessiner Höhenwege.

Der Höhenweg von den Monti di Idacca zur Alpe di Montoia quert die eindrückliche Südwestflanke des Monte Tamaro.

jekt und Erlebnistummelplatz geworden. Doch Wanderer sind ebenso eine interessante Zielgruppe: Unter den vielen Angeboten lockt auch der Höhenweg Monte Tamaro–Monte Lema, und die Bergbahnunternehmen, welche die Seilbahnen auf die beiden Berge betreiben, bieten deshalb im Sommer einen Shuttlebusservice an, der Wandernde von der Talstation in Rivera zurück nach Miglieglia bringt und umgekehrt.

Ohne Zweifel ist der Höhenweg zwischen Monte Lema und Monte Tamaro die beliebteste Aussichtswanderung im Tessin, und so darf man nicht erwarten, auf dieser Strecke allein unterwegs zu sein, jedenfalls nicht an schönen Tagen. Die Anzahl Menschen nimmt jedoch schnell und deutlich ab, sobald man sich von den Bergstationen mit ihrer Angebotsfülle entfernt hat. Und nur wenige Meter vom belebten Hauptweg entfernt, wartet bereits wieder die Einsamkeit, welche die Tessiner Bergwelt in der Regel auszeichnet. So hat auch das an der Ostflanke des Tamaro gelegene Val Cusella Eingang in den ausgezeichneten Bildband «Valli dimenticate» von Ely Riva gefunden, was uns verrät, dass der sommerliche Erlebnisrummel sich zumindest auf ein kleines Gebiet beschränkt.

Mit Hilfe der Seilbahnen lässt sich der Höhenweg zwischen Monte Tamaro und Monte Lema problemlos als Tagestour bewältigen, selbst wenn man zuvor noch aus der fernen Deutschschweiz anreisen muss. Es gibt jedoch interessante Varianten, mit denen die Tour auf gute zwei Tage verteilt werden kann und die erst noch über Wege führen, auf die sich selten eine Menschenseele verirrt.

Kaum jemand beginnt eine Tour auf den Tamaro am Ufer des Lago Maggiore, doch genau hier, im Dörfchen Vira, befindet sich der Einstieg zu einer wenig bekannten Höhenwanderung mit dem Monte Tamaro als Ziel. Durch Kastanienwälder steigen wir zuerst zu den Monti von Vira auf, wo sich schon bald ein unscheinbarer Gratvorsprung über den Horizont schiebt, der kaum besondere Aufmerksamkeit auf sich ziehen würde, stünde dort nicht ein grosses Kreuz, das diesen Buckel als Poncione della Croce identifiziert. Ein schmaler, meist steiler, stellenweise abschüssiger Weg führt durch bewaldetes Gebiet hinauf auf den Gipfel, und es braucht etwas Geduld, bis der lange Aufstieg zwischen Monti di Vira und dem Gipfelkreuz bewältigt ist. Nach dem Genuss einer fantastischen Rundsicht über den langgestreckten See und die Magadino-ebene beginnt dort ein wilder, da und dort fast unter der Vegetation verschwundener Höhenweg über den langen Grat, der den Poncione della Croce mit dem Monte Tamaro verbindet. Nach dem unscheinbaren Poncione del Macello (1719 m) verlässt der Weg den Grat und verläuft westlich davon bis zu einer Scharte bei Punkt 1688. Von hier

Felsprimeln sind intensive Farbtupfer in der Landschaft.

gab es einmal eine direkte Verbindung hinauf zum Aufstiegsweg auf den Tamaro; dieser Pfad ist jedoch an einigen Stellen abgerutscht und daher nicht mehr zu empfehlen. Man hält sich besser an die markierten Routen und gelangt mit einem kleinen Umweg auf die Nordwestschulter des Tamaro, um von dort den Gipfel zu besteigen.

Zwischen dem Tamaro und dem Monte Gambarogno im Westen gibt es einen Pass, den eine kurvenreiche Strasse von Vira her kommend überquert, um anschliessend ebenso kurvenreich nach Indemini weiterzuführen. Hier liegt die Alpe di Neggia, wo man bestens um- und versorgt die Nacht verbringen kann.

Natürlich lockt am nächsten Tag der erneute Aufstieg zum Monte Tamaro, um von dort auf dem eigentlichen Höhenweg in Richtung Monte Lema zu wandern. Wer dieser Wanderautobahn aber noch etwas länger ausweichen will, steigt von der Alpe di Neggia zu den Monti Idacca ab. Dort beginnt ein wunderschöner Höhenweg durch die steile, eindrückliche Südostflanke des Tamaro, die ins enge Val Giona abfällt. Letzteres öffnet sich nach Italien, wobei der innerste Teil des Tales sowie das zuoberst gelegene, letzte Dorf Indemini noch zur Schweiz gehören. Die Grenze sieht man nicht, und den abgelegenen, an den Hang geklebten Dörfern ist ihre Staatszugehörigkeit ebenfalls nicht anzusehen. Dass es die Menschen hier schwer hatten und noch immer haben, lässt sich dagegen leicht erraten. Noch immer leidet Indemini an Bevölkerungsschwund, und viele Häuser stehen leer oder sind nur während weniger Wochen im Jahr bewohnt. Ein Schicksal, das in dieser Ecke des Tessins noch ausgeprägter ist als in anderen Gebirgstälern der Südschweiz.

Der Höhenweg durch die Tamaroflanke führt auf die Alpe di Montoia. Hier steht die Wahl offen zwischen dem Aufstieg zur Bassa di Montoia mit anschliessendem Erklimmen des Monte Gradiccioli (1935 m). Oder man wandert von der Alp weiter durch die Gebirgsflanke und trifft an den Westhängen des Gradiccioli schliesslich auf den vom Tamaro kommenden Höhenweg, auf dem der zweite Teil der Tagesetappe nunmehr verläuft. Aussichts- und abwechslungsreich zieht sich der Pfad auf dem Grat oder unterhalb davon über die Alpe Agario und am Monte Magino vorbei zur Poncione di Breno (1654 m), wo die Seilbahnstation, das Restaurant und die Sternwarte auf dem benachbarten Monte Lema schon zum Greifen nah sind. Die Seilbahn hilft bequem hinunter nach Miglieglia – sofern man sich nicht noch einmal dem «Mainstream» entziehen will und den Abstieg zu Fuss macht: entweder direkt hinab nach Miglieglia oder weiter über den steil nach Süden abfallenden Rücken des Monte Lema bis nach Astano, ein kleines, hübsches Tessiner Bergdorf kurz vor der Grenze zu Italien. Bei einem Boccalino Merlot oder einem Glas Gazosa fällt es dann leicht, den Wikipedia-Eintrag zu den Gebrüdern Lema und Tamaro zumindest in Gedanken um viele weitere Eindrücke zu ergänzen. (UH)

In der Ferne liegt Lugano: der Abstieg vom Monte Lema nach Miglieglia.

CHARAKTER

Der Aufstieg verläuft zwischen Monti di Vira und Poncione della Croce auf steilem, aber gutem Weg mit einigen kurzen, abschüssigen Passagen. Der Gratweg Richtung Tamaro ist stellenweise kaum mehr erkennbar, der Routenverlauf jedoch klar. Nach dem Poncione del Macello ist der Weg wieder gut, weist aber kurze, leicht ausgesetzte Stellen auf. Ansonsten verläuft die Tour auf guten bis sehr guten Wegen ohne Schwierigkeiten. Der Aufstieg vom Ufer des Lago Maggiore zum Monte Tamaro ist konditionell recht anspruchsvoll.

DIE WANDERUNG

Anfahrt
Mit dem Regionalzug ab Bellinzona nach Vira-Gambarogno.

1. Tag
Vom Bahnhof ins Dorf, dann Aufstieg durch Kastanienwälder zu den Monti di Vira und zum Wegweiser am Waldrand oberhalb der grossen Lichtung. Nach rechts führt der Weg direkt zur Alpe di Neggia, nach links hinauf zur Poncione della Croce. Den Verbindungsgrat Poncione della Croce–Monte Tamaro erreicht man auf einem Sattel südlich der Poncione. Von hier (mit oder ohne Abstecher zum Gipfelkreuz) nach rechts, dem Grat entlang zum Poncione del Macello und dann die Westseite des Kamms entlang zu P. 1678, wo man auf einen markierten Wanderweg stösst. Auf diesem nach rechts und stetig bergan zum Nordwestgrat des Monte Tamaro, auf dem der Aufstiegsweg zwischen Alpe di Neggia und Monte Tamaro verläuft. 13 km, 1860 m Aufstieg, 660 m Abstieg, 7 Std., T3.

2. Tag
Ein kurzes Stück die Strasse Richtung Indemini entlang, dann nach rechts über die Wiese auf einen am Waldrand beginnenden Weg, der parallel zur Strasse hinab zu den Monti Idacca führt. Oberhalb der Häuser auf die Strasse und auf dieser um die Haarnadelkurve bis zu einem Wegweiser; hier nach links und bei der nächsten Wegverzweigung wieder links. Auf diesem Weg nun auf die Alpe di Montoia. Von hier entweder auf Wegspuren zur Bassa di Montoia aufsteigen oder dem Weg weiter folgen, der in der Westflanke des Monte Gradiccioli auf den Höhenweg Monte Tamaro–Monte Lema stösst (verläuft auch über Bassa di Montoia). Auf diesem zum Monte Lema. Ohne Bassa di Montoia und Monte Gradiccioli 12 km, 800 m Aufstieg, 700 m Abstieg, 4¾ Std., T2, mit dem Gipfel 170 m im Auf- und Abstieg sowie ¾ Std. zusätzlich.

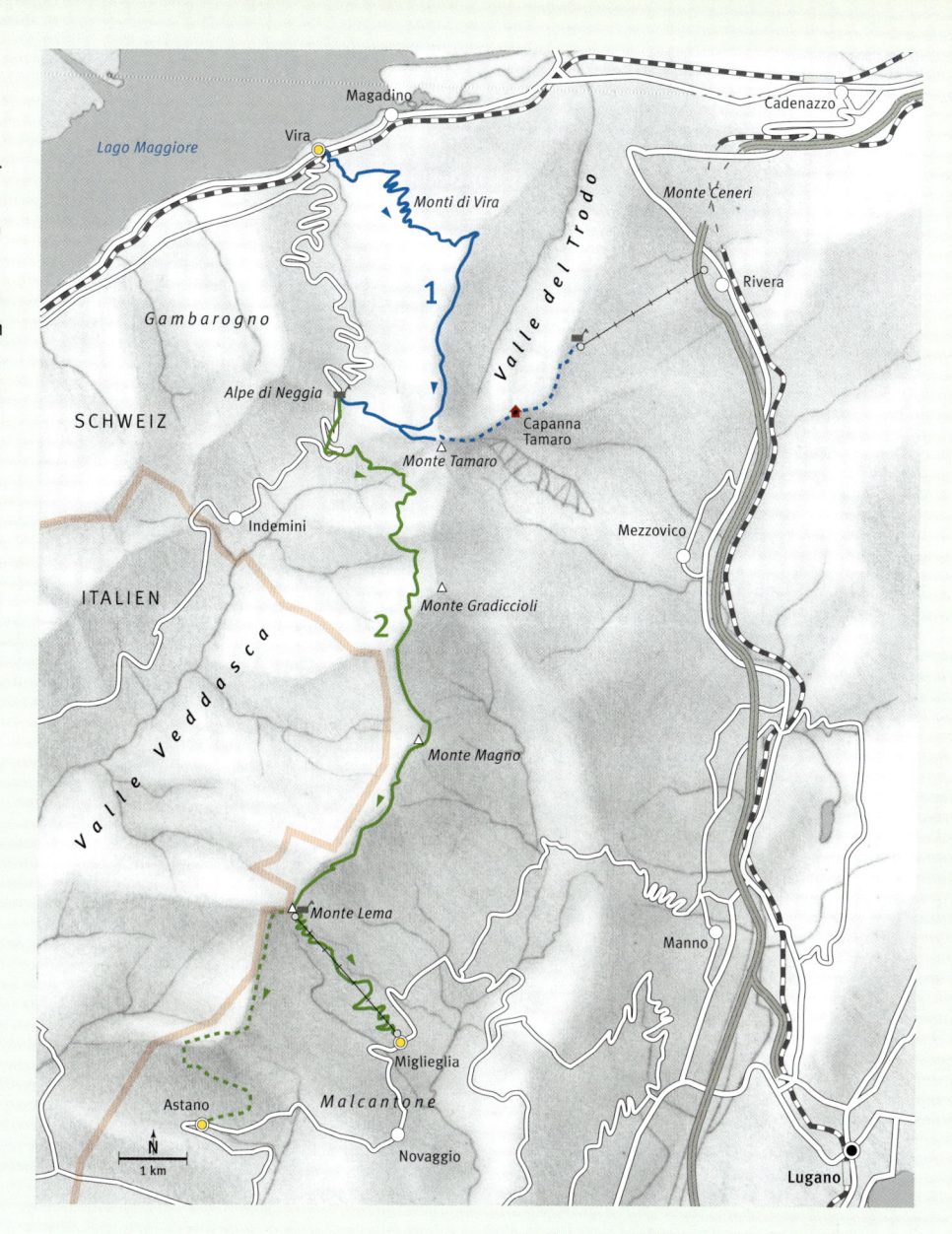

UNTERKUNFT

Ritrovo di Neggia, Alpe di Neggia, 6547 Vira-Gambarogno, Telefon 091 795 19 97.
Capanna Monte Tamaro, 6802 Rivera, Telefon 091 946 10 08.

VARIANTEN

1. Tag
Mit der Seilbahn von Riva auf die Alpe Foppa unterhalb des Monte Tamaro. Von hier über den Grat auf den Gipfel und anschliessend Abstieg zur Alpe di Neggia. 6 km, 500 m Aufstieg, 560 m Abstieg, 3½ Std., T3.

2. Tag
Abstieg vom Monte Lema nach Miglieglia. 5 km, 800 m Abstieg, 1¾ Std., T2.
Oder Abstieg vom Monte Lema über den nach Süden abfallenden Bergrücken zum Passo di Monte Faëta, dann um die Ost- oder Westseite des Motto Croce zu P. 926 und weiter abwärts nach Astano. 6 km, 970 m Abstieg, 2 Std., T2.

INFORMATIONEN

Funivia Monte Lema, 6986 Miglieglia, Telefon 091 609 11 68, info@montelema.ch, www.montelema.ch.
Monte Tamaro, 6802 Riviera, Telefon 091 946 23 03, www.montetamaro.ch.
Ente Turistico del Luganese, Riva Albertolli, 6900 Lugano, Telefon 058 866 66 00, www.malcantone.ch.

Landeskarte 1:25 000, 1313 Bellinzona, 1333 Tesserete.
Landeskarte 1:50 000, 5007 Locarno-Lugano.

Das Hufeisen von Lugano: VAL COLLA

Tesserete–Bigorio–Gola di Lago–Monte Bar–Passo San Lucio–Cima di Fojorina–
Capanna Pairolo–Denti della Vecchia–Brè

Lugano ist eine geschäftige, mondäne Stadt, die dank warmem Klima, üppiger Vegetation und dem See vor der Haustür eine sehr mediterrane Atmosphäre mit viel italienischem Flair ausstrahlt. Das florierende Zentrum mit seinem Landhunger ist längst die umgebenden Berghänge hinauf gewachsen und in die angrenzenden Täler vorgedrungen. Vorbei sind die Zeiten, als es im Hinterland von Lugano noch kleine, abgeschiedene Dörfer gab, deren Bewohnerinnen und Bewohner sich mehr schlecht als recht von dem Wenigen ernähren mussten, was das Land ihnen zu bieten hatte. Die Gemeinde Capriasca, welche die Orte Cagiallo, Lopagno, Roveredo, Sala Capriasca, Tesserete, Vaglio, Bidogno, Corticiasca und Lugaggia umfasst, wächst immer mehr in Richtung Lugano und umgekehrt. Wer aber nur wenig weiter fährt, hinein in das sich von Tesserete nach Osten in die Berge erstreckende Val Colla, lässt Hektik und überbordende Bautätigkeit schnell hinter sich. Die Distanz zwischen Tesserete und Bogno

Der Ausblick von der Capanna Monte Bar gilt als eines der schönsten Hüttenpanoramen des Tessins.

Die Dolomiten im Kleinformat: die Felstürme der Denti della Vecchia.

im innersten Val Colla ist eigentlich kurz, viele Kurven und schmale Strassenabschnitte erschweren aber die Zufahrt, so dass die Dörfer des Tals mit dem für die Südtäler typischen Problem der Abwanderung kämpfen, dafür aber, in den letzten Jahrzehnten kaum gewachsen, ihren Charme bewahren konnten.

Das «Luganer Trekking» führt über den Kranz der Berge, die das Val Colla wie ein Hufeisen umschliessen. Zwar kann man den Höhenweg mit dem direkten Aufstieg von Bidogno oder Roveredo zur Monte-Bar-Hütte beginnen, doch nicht immer ist die kürzeste Variante die schönste. Empfehlenswert ist die Verlängerung des ersten Tages durch den Aufstieg von Bigorio, einem kleinen, zur Gemeinde Capriasca gehörenden Ort, nur wenige Höhenmeter oberhalb Tesserete. Am besten verbringt man die erste Nacht gleich in der Region, zum Beispiel in der einzigen Osteria von Bigorio. In der Gaststube des herrlichen alten Hauses fühlt man sich zurückversetzt in vergangene Tage: Am Abend wird ein Hauswein aus Americanotrauben kredenzt, und am Morgen serviert der Hausherr, stilvoll gekleidet, auf dem Balkon die selbergemachten Konfitüren, während die Gäste beim Morgenkaffee die Aussicht geniessen.

Oberhalb Bigorio steht das Kloster Santa Maria Assunta, zu dem ein viel begangener Kreuzweg hinaufführt. Dort beginnt der Anstieg zum Maiensäss Condra, von dem man, begleitet von uralten, mächtigen Buchen, durch eine herrliche, parkähnliche Landschaft nach Gola di Lago wandert.

Die Berge rund um das Val Colla haben einen sehr unterschiedlichen Charakter. Auf der nördlichen Seite des Tals erhebt sich ein von weiten Grasflächen und sanften Formen geprägter Hügelzug. Hoch über Tesserete und Roveredo, mit dem aus der Froschperspektive markanten Gipfel des Motto della Croce, der sich nach der Besteigung als harmloser Buckel erweist, beginnt der Gebirgszug und setzt sich über Caval Drossa zum Monte Bar fort. Vom Übergang der Gola di Lago folgt der zweite Teil des Aufstiegs, der über ebendiese Gipfel auf den Monte Bar führt. Nach einem kurzen Abstieg ist dann das Tagesziel erreicht: die Capanna Monte Bar, für manche die am schönsten gelegene Berghütte des Tessins.

Die zweite Etappe folgt dem Rücken des Monte Bar weiter in Richtung Osten, wo er auf dem Gazzirola seinen Kumulationspunkt auf 2116 Metern findet. Dieser Berg ist in mehrerer Hinsicht ein Grenzgipfel: Nicht nur verläuft die schweizerisch-italienische Grenze über seinen Grat, er markiert auch wie der Eckzahn eines Raubtiers die Grenze zwischen dem Val Colla, dem Val Serdena und dem italienischen Val Cavargna. Letzteres ist mit dem Val Colla durch den Passo San Lucio verbunden, ein ausladender, flacher Grassattel mit zwei Hütten und einer grossen Kapelle; diese ist jeweils am 16. August das Ziel einer Wallfahrt der Bewohner aus den Tälern zu beiden Seiten des Passes.

Anders als der Gebirgszug auf der Nordseite des Tals muten die Berge im Süden fast etwas südtirolerisch an, denn die Cima di Fojorina und die sich daran anschliessenden Denti della Vecchia erinnern an die Dolomiten, wenn auch in deutlich kleinerem Massstab. Die Ähnlichkeit hat mit dem Baustoff zu tun, ist doch auch hier der Kalk das Gestein, aus dem die Berge sind. Schroffe Türme, steile Wände und messerscharfe Kanten gehören zum Charakter dieser Erhebungen, doch wo Humus den Kalk überzieht, wächst auch eine äusserst interessante und vielfältige Flora, zu der als auffälligstes Gewächs die Christrose gehört, die in dieser Region ihren einzigen natürlichen Standort in der Schweiz hat. Eine wilde Landschaft mit verschlungenen Wegen erwartet hier die Wanderer, wobei die Fusswege und Trampelpfade zu beiden Seiten der Grenze verlaufen und ihre Existenz Schmugglern wie Grenzwächtern verdanken.

Klassisch dann der dritte Teil der Tour über den «Kragen» der Denti della Vecchia zum Monte Boglia und zum Abschluss steil hinab ins hübsche Dorf Brè. Ihren Namen verdanken die Denti della Vecchia den Türmen und den bizarren versteinerten Formen, die wie die Zahnstümpfe im Gebiss einer Alten aus dem Wald ragen. Es ist ein schmaler Grat, über den man hier in dieser eigentümlichen und faszinierenden Welt wandelt, mit wundervollen Aus- und Tiefblicken und mit unendlich vielen Figuren, Fratzen und Gesichtern, die mit etwas Fantasie in den Felsen zu erkennen sind. Der Grenzweg über die Denti della Vecchia ist eine populäre Wanderung, auf der man an schönen Tagen kaum allein ist. Etwas Ruhe findet jedoch, wer in der Capanna Pairolo übernachtet und zeitig losmarschiert. Dann sind die Ausflügler aus Lugano

Vom Gipfel des Monte Boglia überblickt man den ganzen Höhenweg, der rund um das Val Colla führt.

Bizarre Felsformationen prägen das Gesicht der Denti della Vecchia.

noch nicht da, und auch die vielen Kletterinnen und Kletterer – die Denti della Vecchia sind nämlich auch eines der beliebtesten Klettergebiete der Südschweiz – sind meist keine Frühaufsteher, da der Fels am Morgen noch unangenehm kalt ist.

Den letzten Höhepunkt des Rundgangs um das Val Colla bildet der Monte Boglia, nochmals eine grasbewachsene, spitze Pyramide, die einen unendlich weiten Ausblick über den Luganersee und die Stadt bis weit hinüber zu den Walliser Alpen erlaubt. Von hier ist es ein steiler Abstieg ins hübsche Dorf Brè, das vom nahen Monte Brè über eine Standseilbahn mit Lugano verbunden ist. Nach drei Tagen Wanderung taucht man wieder ein in Lärm, Hektik und die Wogen flanierender, konsumierender Menschen, und umso mehr wird einem bewusst, wie sehr das Val Colla zu einer Oase am Rand dieser Stadt geworden ist. (UH)

CHARAKTER

Dreitägiges Höhentrekking mit zum Teil langen Etappen, die aber abgekürzt werden können. Die Wege sind gut und gut bezeichnet, beim weglosen Abschnitt zwischen Motto della Croce und Monte Bar ist der Routenverlauf problemlos ersichtlich. Die Variante über die Cima di Fojorina verlangt Trittsicherheit, kann aber umgangen werden.

DIE WANDERUNG
Anfahrt
Bus ab Bahnhof Lugano bis Tesserete Stazione.

1. Tag
Von der Busstation «Tesserete Stazione» durch das Dorf, an Kirche und Friedhof vorbei, dann die grosse Strasse «Alle Pezze» queren und auf dem hier beginnenden Fussweg über Treppen aufwärts nach Bigorio und auf dem ausgeschilderten Weg hinauf zum Kloster Santa Maria Assunta; der Wanderweg hinauf nach Condra beginnt auf der Bergseite der Klosteranlage. Von Condra geht es dann angenehm, mit nur geringen Auf- und Abstiegen Richtung Gola di Lago. Von der Alpe Santa Maria di Lago auf einer Teerstrasse nach rechts und rund 400 Meter bis zu einer Abzweigung nach links. Hier besteht die Wahl, auf der Strasse nach links bis zu den Alpgebäuden von Davrosio zu wandern, oder attraktiver auf dem Wanderweg, der bei der Abzweigung geradeaus die Strasse verlässt und über Piccetta und Pian Passamonte nach Davrosio hinaufführt. Ab Davrosio leitet der Höhenweg hinauf zum gut sichtbaren Kreuz des Motto della Croce. Von dort über den Grat hinauf zum Caval Drossa und weiter zum Monte Bar (gut erkennbar an seiner grossen Antenne). Vom Monte Bar in kurzem Abstieg hinab zur Capanna Monte Bar. 15 km, 1500 m Aufstieg, 400 m Abstieg, 6¼ Std., T2.

2. Tag
Für die Fortsetzung der Tour besteht die Wahl zwischen einer Höhen- und einer Gratwanderung. Für Letzteres kehrt man zurück auf den Monte Bar und wandert vom Gipfel weiter auf dem Gebirgskamm Richtung Osten mit einigen kurzen, aber steilen Abstiegen über die Cima Moncucco zum Passo di Pozzaiolo, wo der Anstieg zum Gipfel der Gazzirola (2116 m) beginnt. Von dort über den Südgrat hinab nach San Lucio. Bis hierher 10 km, 800 m Aufstieg, 860 m Abstieg, 4¼ Std. T3.

Der Höhenweg ist nicht minder spektakulär: Von der Monte-Bar-Hütte geht es ohne grosse Steigung auf dem Fahrweg über Piandanazzo zur Alpe Pietrarossa, dann durch die zerfurchte, steile Westflanke der Gazzirola hinüber nach San Lucio. Der Abschnitt zwischen Alpe Pietrarossa und San Lucio ist deutlich länger, als es scheint, da der Weg sich durch viele kleine Taleinschnitte schlängelt. Ab Piandanazzo und vor der Alpe Pietrarossa besteht die Möglichkeit, auf den Grat zu steigen bzw. vom Grat wieder abzusteigen. Bis San Lucio 9½ km, 390 m Aufstieg, 450 m Abstieg, 3 Std., T3.

Ab San Lucio auf dem graswachsenen Grat Richtung Süden, dann durch die Ostflanke des Monte Cucco zur Bocchetta di San Bernardo. Aufstieg auf die zerklüftete Cima di Fojorina (1809 m) und vom Gipfel auf teilweise leicht ausgesetztem Weg den Grat entlang abwärts zu P. 1721. Die gelben Wegweiser leiten von dieser Lücke auf die Schweizer Seite hinab und auf den

Vom Monte Boglia fällt der Weg steil hinab ins Dorf Brè oberhalb von Lugano.

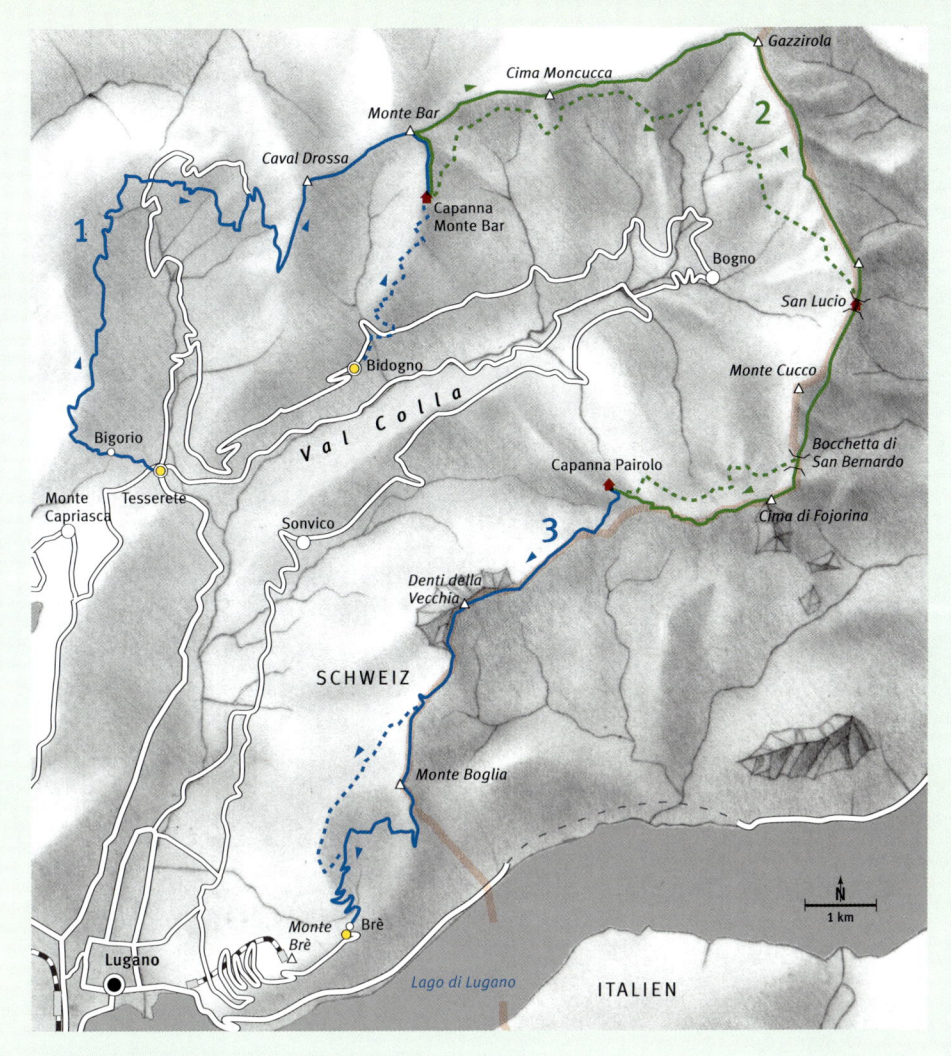

direkten Verbindungsweg zwischen Bocchetta di San Bernardo und Pairolohütte (siehe Varianten). Weitaus interessanter ist der schmale, bis zum Passo di Pianca Bella nicht immer gute Weg auf der italienischen Seite. Ab hier wieder auf gutem Weg durch steiles Gelände und eine fantastische Landschaft bis zum Abstieg zur Pairolohütte. Der Weg durch den Wald ist nicht immer gut erkennbar und verlangt Aufmerksamkeit. Ab San Lucio 7 km, 400 m Aufstieg, 600 m Abstieg, 3 Std., T3.

3. Tag
Von der Hütte auf bezeichnetem Weg hinauf zu einer Lücke im Grat (Grenze Italien–Schweiz), auf der Schweizer Seite durch steiles, bewaldetes Gelände und dann wieder auf den Grat hinauf. Beim Sasso Palazzo, einem Felsentor, wechselt man auf italienisches Gebiet und wandert auf zuerst schmalem, steilem, dann aber deutlich angenehmerem Weg bis zum flachen Sattel von Pian di Scagn. In vielen Zickzackkehren steigt man nun steil hinauf zum Aussichtsberg Monte Boglia. Vom Gipfel über den Südostgrat abwärts, mit immer wieder spektakulären Tiefblicken, jedoch nirgends ausgesetzt. Nach dem Sasso Rosso entweder auf dem markierten Wanderweg abwärts. Oder bei der scharfen Rechtskurve mit Wegweiser auf dem nicht mehr ausgeschilderten Weg geradeaus und steil abwärts. Beide Varianten führen ins Dorf von Brè. 11 km, 720 m Aufstieg, 1290 m Abstieg, 4¾ Std., T3.

Busverbindungen von Brè nach Lugano nur werktags; ansonsten benutzt man die Standseilbahn: Bergstation auf dem Monte Brè, vom Dorf 120 m Aufstieg. Oder etwas länger, aber den Aufstieg zum Monte Brè vermeidend, von Brè auf einem Strässchen zu einer Zwischenstation der Standseilbahn bei P. 636.

UNTERKUNFT UND VERPFLEGUNG
Trattoria Menghetti, 6954 Bigorio, Telefon 091 943 24 01.
Capanna Monte Bar, 6958 Corticiasca, Telefon 091 966 33 22, www.capannamontebar.ch.
Capanna Pairolo, 6968 Sonvico, Telefon 091 944 11 56, www.capanneti.ch.
Capanna San Lucio, 6951 San Lucio, Telefon 079 404 26 58, www.capannasanlucio.ch.
Weitere Unterkünfte in der Region unter www.lugano-tourism.ch.

VARIANTEN
1. Tag
Aufstieg zur Monte-Bar-Hütte von Bidogno aus. Von der Postautohaltestelle Bidogno Posta durch den alten Dorfkern und auf schönem Kreuzweg hinauf zum Oratorio della Maestra, dann durch das enge Valle del Fiume Bello und wieder hinauf zur Strasse (evtl. auch mit dem Postauto bis hierher, Haltestelle Puffino). Rund 200 Meter der Strasse entlang bergaufwärts bis zum Einstieg zum Wanderweg, der über die Alpe Musgatina zur Capanna Monte Bar führt. 4½ km, 820 m Aufstieg, 20 m Abstieg, 2½ Std., T2.

2. Tag
Von der Bocchetta di San Bernardo auf direktem Weg zur Pairolohütte. Ab San Lucio 6½ km, 260 m Aufstieg, 460 m Abstieg, 2 Std., T2.

3. Tag
Vom Sattel Pian di Scagn, den Aufstieg zum Monte Boglia umgehend, sanft abwärts zur Alpe Bolla wandern. Von dort weiter durch die Nordwestflanke des Monte Boglia bis zu einer Wegkreuzung bei einem Reservoir (P. 1033). Von hier auf dem Abstiegsweg vom Monte Boglia hinab nach Brè. Ab Pairolohütte 11 km, 380 m Aufstieg, 950 m Abstieg, 4 Std., T3.

INFORMATIONEN
Ente Turistico del Luganese, Riva Albertolli, 6900 Lugano, Telefon 058 866 66 00, info@luganotourism.ch, www.luganotourism.ch.

Landeskarte 1:25 000, 1333 Tesserete, 1334 Porlezza, 1353 Lugano.
Landeskarte 1:50 000, 5007 Locarno-Lugano.

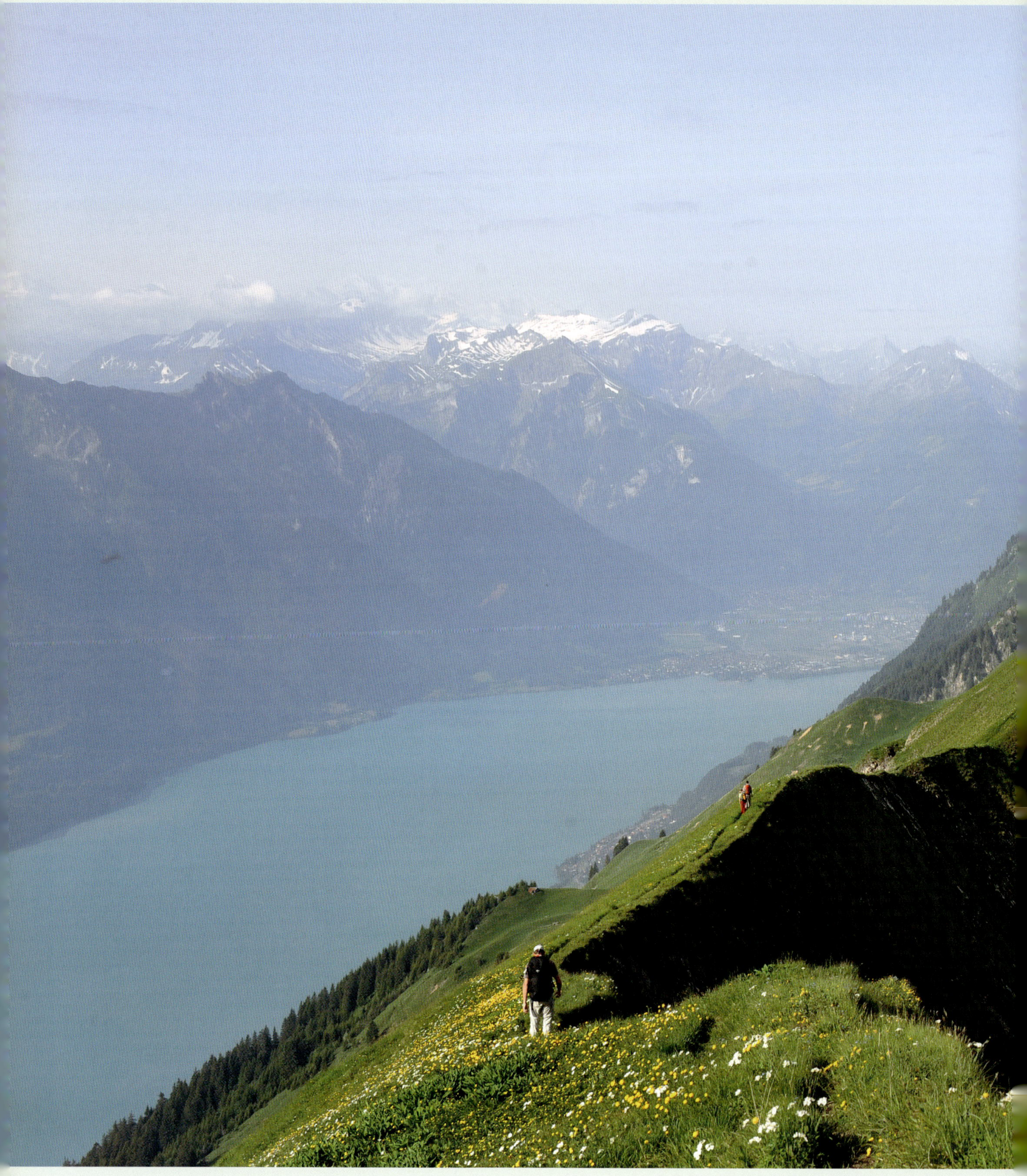

Auf dem Brienzergrat hoch über dem
Brienzersee: Unterwegs auf schmalem Pfad
vom Tannhorn zum Allgäuhorn (Gipfel rechts).

BERNER OBERLAND

Auf schmalem Grat hoch über dem Brienzersee:
BRIENZER ROTHORN

Brünigpass–Brienzer Rothorn–Harderkulm

Für viele ist der Brünigpass – ob mit dem Zug oder mit dem Auto überquert – lediglich ein Tor zum Berner Oberland. Doch er bietet eindeutig mehr: Hier beginnt nämlich die erste Etappe zu einer der wohl imposantesten, aber auch anspruchsvollsten Grattouren in den Berner Alpen, die Überschreitung des Brienzergrats. Dieser Kamm erstreckt sich über stattliche 28 Kilometer vom Brünigpass zum Brienzer Rothorn und dem Nordwestufer des Brienzersees entlang bis nach Interlaken. Gegen zwanzig Gipfel lassen sich zählen, selbst wenn man nur die markanten Erhebungen berücksichtigt und von den vielen kleineren einmal absieht. Der Blick auf den 1500 Meter tiefer liegenden See trägt das Seine zum eindrücklichen Ambiente des kühnen Grats bei. Und nicht nur hinab geht der Blick, sondern auch hinüber zu all den stolzen Gipfeln des Berner Oberlands.

Wenn auch auf einer sehr steilen Forststrasse, kann man auf dem Brünigpass doch immerhin im schattenspendenden Wald starten. Schon kurz nach dem Alpgelände des Wiler Vorsees öffnet sich der weite Blick auf den Brienzersee und die gegenüberliegenden Berge mit ihren wohlklingenden Namen: Engelhörner, Wetter-, Mittel- und Rosenhorn, und später zeigen sich auch Lauteraar- und Schreckhorn, Finsteraarhorn und das Dreigestirn Eiger, Mönch und Jungfrau in noch etwas ungewohnter Perspektive. Je weiter man aufsteigt, umso mehr erhält man eine Vorahnung dessen, was einen am nächsten Tag erwartet: ein fast endlos lang erscheinender Grat mit unzähligen Erhebungen. Vom Tüfengrat oder dem Eiseesattel sieht man erstmals auch auf die Nordseite des Brienzergrats.

Der Anmarsch zum Brienzer Rothorn (Bildmitte) führt auf einfachem Weg über den Gipfel des Arnihaaggen (rechts).

Der Brienzersee und der gleichnamige Grat zeigen sich vom Gibel (2040 m) in ihrer ganzen stolzen Länge.   Eindrücklicher Tiefblick auf den Brienzersee.

Wer die Anreise beziehungsweise den Anmarsch verkürzen will, kann von Brienz auch mit der Dampfzahnradbahn auf das Brienzer Rothorn gelangen. Als damals höchste Bergbahn der Welt wurde sie von 1890 bis 1892 vom Unternehmer Theo Bertschinger und dem Ingenieur Alexander Lindner erbaut. Doch schon bald nach der Eröffnung bekam sie Konkurrenz in der nahen Umgebung: Die Bahn auf die Schynige Platte nahm 1895, die Jungfraubahn 1898 ihren Betrieb auf. Mit dem Ausbruch des Ersten Weltkriegs wurde der Betrieb von 1914 bis 1931 stillgelegt. Die heute noch vorwiegend mit Dampf betriebenen Zahnradlokomotiven überwinden auf der 7,5 Kilometer langen Strecke Steigungen von bis zu 25 Prozent.

Was die Orientierung betrifft, mag der zweite Teil dieser Tour einfacher sein als manche Route der Schwierigkeit T3, denn grundsätzlich verläuft die Route direkt auf dem Grat, kaum einmal verlässt man diesen mehr als 50 Meter links oder rechts. Doch bezüglich Trittsicherheit stellt sie hohe Anforderungen an ihre Begeher und wartet mit einigen Herausforderungen auf: etwa der Abstieg durch das steile, stahlseilgesicherte Couloir des Lättgässli bald nach dem Start, einige Kletterstellen im Aufstieg zum Tannhorn und die durch Länge und Schwierigkeit ebenfalls fordernden Aufstiege auf das Allgäuhorn, das Schnierenhörnli, das von unten abweisend wirkende Gummhorn und das Augstmatthorn, und zwischendurch hat es auch der Abstieg in die Allgäulücke in sich. Eine Gratwanderung also für alle, die Abwechslung und etwas Nervenkitzel suchen.

Der Abstieg vom Suggiturm über Horetegg, Roteflue und Wannichnubel bedeutet wegtechnisch dann keine Herausforderung mehr – nun braucht es vor allem noch etwas Durchhaltewillen, um das Tagesziel Harderkulm zu erreichen. Doch mit dem Tiefblick nach Interlaken eröffnet sich nochmals eine neue Aussicht.

Nach einer Stärkung im Harderkulm dürften die meisten gerne die Standseilbahn benutzen, um die 750 Meter Höhendifferenz nach Interlaken zu überwinden. Das Trassee der 1908 eingeweihten Bahn führt nicht wie andernorts geradlinig durch den Wald, sondern, um das Landschaftsbild nicht unnötig zu stören, in einem grossen Bogen, fast einem Viertelkreis auf den Harder – eine verdankenswerte Idee der Bahnpioniere aus der Vorkriegszeit. Da anfänglich die Suche nach Geldgebern harzig verlief, wurde der Bau der Bahn schliesslich vom Lausanner Bankier Ernest Chavannes finanziert, und erbaut wurde sie von den Ingenieuren Gaston Boiceau und Henri Muret. Der Westschweizer Einfluss dauerte noch lange an; so wurde der Geschäftsbericht bis 1956 in Französisch verfasst, obwohl die Betriebsführung seit 1930 der Wengernalp- und Jungfraubahn unterstand. (DV)

Während den letzten Metern im Aufstieg zum Briefenhorn (2165 m) fällt der Blick zurück auf den bereits begangenen Grat und das Brienzer Rothorn.

CHARAKTER

Während dem ersten Tag bewegt man sich auf guten Wegen in mittelschwierigem Gelände. Die lange zweite Etappe bietet ausgesetztes und schwieriges Gelände, weitgehend weglos oder bestenfalls mit Wegspuren und mit ein paar leichten Kletterstellen.

DIE WANDERUNG

Anfahrt

Mit der Bahn von Meiringen oder Luzern auf den Brünigpass. Der Wanderweg beginnt in der ersten markanten Linkskurve der Strasse Richtung Brienzwiler. Wer ausschliesslich den Brienzergrat begehen will, kann von Brienz mit der Brienz-Rothorn-Bahn oder von Sörenberg mit der Luftseilbahn auf das Brienzer Rothorn fahren.

1. Tag

Vom Brünigpass (1002 m) auf steiler Waldstrasse nach Westen zum Totzweg und zu P. 1424, von dort nordwärts von Osten auf das Wilerhorn (2003 m) und weiter zum Tüfengrat (1858 m). Oder ab P. 1424 kürzer südwestlich um das Wilerhorn herum zum Tüfengrat. Weiter über Höch Gumme (2005 m, auch südlich umgehbar) und Arnihaaggen zum Eiseesattel (2025 m), dann auf das Rothorn (2349 m) und auf einfachem Weg zu dem 100 m weiter westlich gelegenen Hotel. Maximalvariante einschliesslich der Gipfel Wilerhorn, Höch Gumme und Arnihaaggen: 10½ km, 1800 m Aufstieg, 550 m Abstieg, 5½ Std., T3. Der direkteste und kürzeste Weg führt ab P. 1424 südwestlich über P. 1763 um das Wilerhorn und in der Südflanke von Höchgumme und Arnihaaggen via Chäseren (1780 m) zum Eiseesattel (2025 m) und auf das Rothorn. Dann reduzieren sich die Höhendifferenzen auf 1400 m Aufstieg und 150 m Abstieg.

2. Tag

Vom Rothorn bis zum Harder geht es grundsätzlich immer der Gratschneide entlang. Ab Chruterenpass alte, stark ausgebleichte weiss-rot-weisse Markierungen, die angesichts der Bewertung mit T5 weiss-blau-weiss sein müssten. Die anspruchsvollsten Stellen sind die folgenden:

– Abstieg durch das Lättgässli, 1 km nach dem Start, nordöstlich von P. 2163: steiles Couloir mit betonierten Treppenstufen, mit Stahlseil gesichert (hier kann im Frühling noch lange Schnee liegen).
– Aufstieg zum Tannhorn: kurz nach P. 2096 steiler felsiger Aufschwung, Kletterstellen der Schwierigkeit I, danach auf schmaler Gratschneide auf den Gipfel.
– Aufstieg auf das Allgäuhorn und Abstieg in die Allgäulücke.
– Oberer Teil des Aufstiegs auf das Schnierenhörnli und Querung vom nordöstlichen zum südwestlichen Gipfel.
– Gummhorn: steiler, von Fels und Gras durchsetzter Aufstieg, aber gute Wegspuren.
– Der letzte und zugleich mit 270 m längste Aufstieg zum Augstmatthorn, zweimal 50 m mit Ketten gesichert.

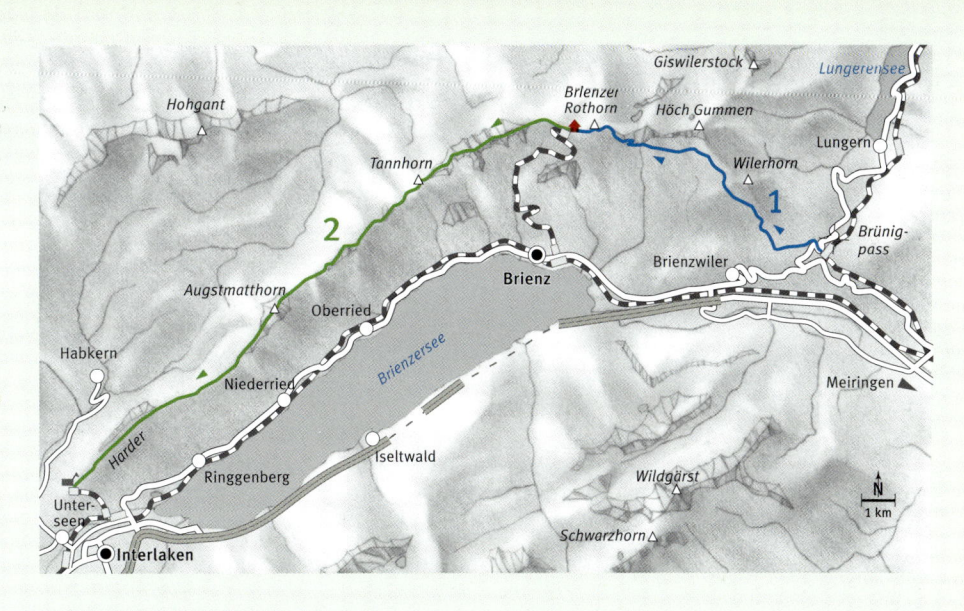

19 km, 1100 m Aufstieg, 2150 m Abstieg, 8–9 Std., T5. (Talfahrt der Harderbahn halbstündlich bis 21.40 Uhr.)

UNTERKUNFT

Hotel Restaurant Rothorn, Telefon 033 851 12 21, hotel-rothorn@brb.ch, www.brienz-rothorn-bahn.ch.

VERPFLEGUNG UNTERWEGS

Am ersten Tag letzter Brunnen bei der Alp Wiler Vorsess (1400 m), danach ist kaum mehr Wasser zu finden. Ebenso am zweiten Tag unbedingt genügend Getränke mitnehmen, da es naturgemäss auf dem ganzen Grat bis zum Harder keinen einzigen Bach oder Brunnen gibt.

VARIANTEN

1. Tag

Mit der Brienz-Rothorn-Bahn von Brienz oder mit der Luftseilbahn von Sörenberg auf das Rothorn und dort starten. Angesichts der langen Tour aber dennoch bereits am Vortag anreisen und auf dem Rothorn übernachten, so dass man am Morgen rechtzeitig starten kann.

2. Tag

Abkürzungsmöglichkeiten: von Chruteren südwärts zum Mittler Stafel, von der Allgäulücke nord- und südwärts, vor dem Gummhorn nordwärts, vom Blasenhubel südwärts nach Oberried. Vom Augstmatthorn und Suggiture an gibt es zahlreiche Möglichkeiten, den Grat zu verlassen, wodurch der Rückweg aber nicht zwingend kürzer wird.

Begehung in West-Ost-Richtung ist möglich, aber weniger geeignet, da auf dem Harderkulm keine Übernachtungsmöglichkeit besteht und es zudem viel mehr Höhenmeter Aufstieg mit sich bringt. Ausserdem werden in der beschriebenen Ost-West-Richtung die anspruchsvollen Stellen im Aufstieg begangen, was angenehmer ist als im Abstieg.

INFORMATIONEN

Brienz Rothorn Bahn, 3855 Brienz, Bahn/Reservation/Auskunft zur Begehbarkeit der Route Telefon 033 952 22 22, automatische Auskunft Telefon 033 952 22 20, info@brb.ch, www.brienz-rothorn-bahn.ch.
Bergbahnen Sörenberg AG, 6174 Sörenberg, Telefon 041 488 21 21, bahnen@soerenberg.ch, www.soerenberg.ch.
Bergrestaurant Harder Kulm, 3800 Interlaken, Telefon 033 828 73 11, www.jungfrau.ch.

Landeskarte 1:25 000, 1208 Beatenberg, 1209 Brienz, 1189 Sörenberg.
Landeskarte 1:50 000, 244 Escholzmatt, 254 Interlaken.

Der beste Blick auf Eiger, Mönch und Jungfrau: NIEDERHORN

Beatenberg/Niederhorn–Gemmenalphorn–Habkern

Schon lange im Voraus sieht man ihn auf der Anreise mit dem Zug von Bern her, den markanten Sendeturm auf dem Niederhorn, dem ersten Gipfel oder, je nach Variante, dem Startort dieser Eintagestour. Die drei eindrücklichen nahezu parallel verlaufenden Grate nördlich von Interlaken – Sigriswilergrat, Güggisgrat und der lange Brienzergrat – laden mit ihrer markanten Silhouette zur Begehung ein und bieten einen der schönsten Ausblicke auf das weltbekannte Dreigestirn Eiger, Mönch und Jungfrau.

Das Niederhorn ist mit zwei Bahnen erreichbar: ab Beatenbucht mit der 1889 eröffneten und bereits 1911 elektrifizierten Standseilbahn nach Beatenberg und mit der Gruppenumlaufbahn weiter auf das Niederhorn. Dank der leichten Erreichbarkeit, der guten Thermik und dem grossen Startplatz ist das Gebiet auch ein Eldorado für Gleitschirmflieger.

Bereits im Aufstieg zum Niederhorn zeigt sich das Schreckhorn (Bildmitte im Hintergrund) in voller Grösse.

Ständige Wegbegleiter auf dieser Tour: Das allein für sich stehende Schreckhorn (links) und das Dreigestirn Eiger, Mönch und Jungfrau.

Von Schmocken führt der erste Aufstieg zuerst westwärts via Waldbrand zur Haberelegi, und auf angenehm weichem Waldweg geht es im morgendlichen Schatten auf das Niederhorn. Hier gönnt man sich gerne eine kleine Pause und widmet sich den in dieser Gegend flächendeckend vorkommenden Heidelbeeren. Fachleute der Eidgenössischen Forschungsanstalt für Wald, Schnee und Landschaft untersuchen in diesem Wald seit 1996, wie sich der Baumbestand verändert und welche Ursachen die Veränderungen haben. Dazu werden Beobachtungen und Messungen bezüglich Stoffkreislauf, Klima und Boden vorgenommen. Auf der untersuchten Fläche von zwei Hektaren wachsen Fichten mit einem maximalen Alter von 180 bis 220 Jahren. Es ist eine von siebzehn in der ganzen Schweiz verteilten Untersuchungsflächen der Langfristigen Waldökosystem-Forschung (LWF).

Kaum hat man die Waldgrenze erreicht, eröffnet sich das eindrückliche Panorama der bekannten Berner Viertausender, allen voran Eiger, Mönch und Jungfrau, und weit unten der Thunersee.

In leichtem Auf und Ab führt ein gut ausgebauter Weg dann auf den Burgfeldstand und auf das Gemmenalphorn. Es ist nicht ungewöhnlich, dass man dabei imposanten Steinböcken begegnet, die sich nur wenige Meter vom Weg entfernt tummeln und sich auch durch neugierige Wanderer nicht aus ihrer majestätischen Ruhe bringen lassen. Wer sich speziell für die gehörnten (und ungehörnten) Bergbewohner interessiert, kann jeweils am Donnerstag von Juni bis August an einer von einem ortskundigen Wildtierspezialisten geführten Wildbeobachtung teilnehmen (Reservation obligatorisch bei Thunersee-Beatenberg-Niederhorn-Bahnen, siehe «Informationen»). Dank einer sehr frühen Spezialfahrt ausserhalb des normalen Fahrplans kommt man in den Genuss, Steinböcke, Gämsen, Murmeltiere und mit etwas Glück auch Steinadler beobachten zu können.

Steinböcke sind trotz – oder vielleicht gerade wegen – den zahlreichen Wanderern ohne Schwierigkeit zu beobachten.

Der Abstieg vom Gemmenalphorn führt auf gutem Weg ein paar Zickzackkehren hinunter.

Nach der Gipfelrast auf dem Gemmenalphorn führt der Weg in ein paar Serpentinen und über eine mit grossen Steinen erbaute Treppe vom Gipfel hinunter. Zuerst durch den Wald und später über Wiesen und an braungebrannten Ställen vorbei gelangt man in den 700-Seelen-Ort Habkern, der mit liebevoll blumengeschmückten Holzhäusern aufwartet. Der Ort wurde erstmals im Jahr 1275 als «Habcheron» urkundlich erwähnt. Neben der Landwirtschaft, die mit 65 Betrieben knapp einem Drittel der Bevölkerung ein Auskommen schafft, ist fast die Hälfte der Einwohner in Handwerk und Gewerbe tätig, wobei dem Holzbau eine besonders grosse Bedeutung zukommt. Dies zeigt sich auch an den vielen verschiedenen Holzzeichen, mit denen auch heute noch das eigene Holz und das Werkzeug gekennzeichnet werden. Auch der Tourismus spielt eine Rolle, wobei man sich in vorausschauender Weise um einen sanften Tourismus bemüht, der den ursprünglichen Streusiedlungscharakter des Bergdorfs nicht gefährdet. (DV)

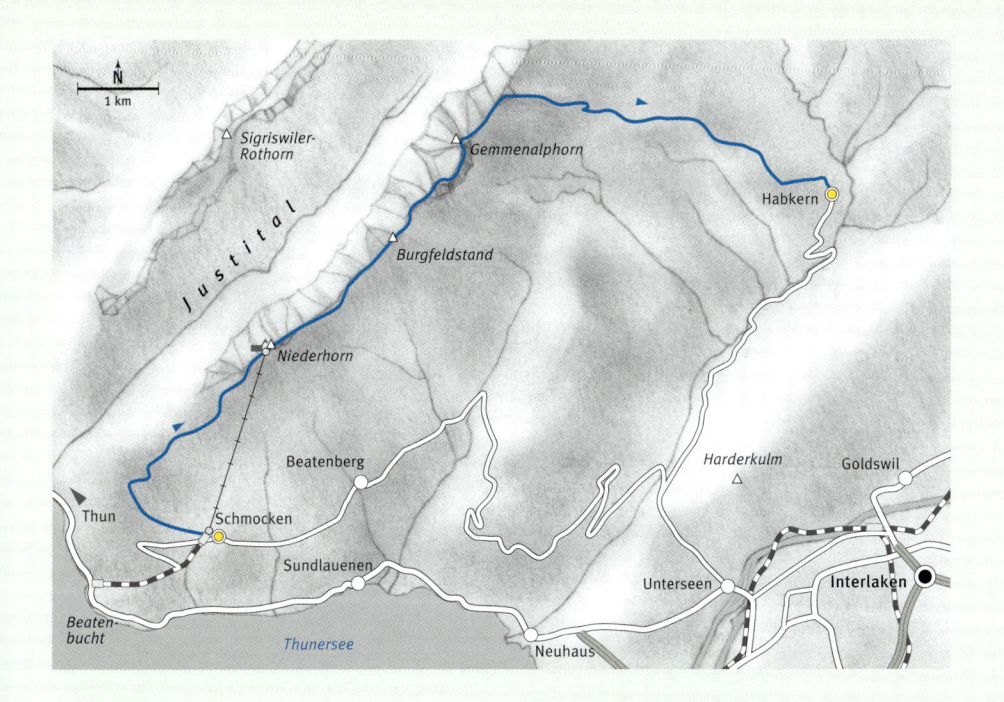

CHARAKTER
Einfache eintägige Wanderung nordwestlich von Interlaken. Zwar auf kaum über 2000 Metern, aber dennoch mit faszinierender Aussicht auf die grossen Viertausender des Berner Oberlands und Thunersee.

DIE WANDERUNG
Anfahrt
Von Interlaken Ost mit Bus nach Schmocken/Beatenberg Station (1121 m). Oder mit dem Bus oder per Schiff zur Standseilbahn ab Beatenbucht und hinauf nach Beatenberg.

Von Schmocken westwärts via Waldbrand und Haberelegi auf das Niederhorn. Über den Güggisgrat in leichtem Auf und Ab zum Burgfeldstand und auf das Gemmenalphorn. Abstieg zuerst nordostwärts, später ostwärts zur Alp Bäreney, nördlich am Guggihürli vorbei und über Ufem Stand nach Habkern. 13 km, 1100 m Aufstieg, 1200 m Abstieg, 6½ Std., T2 (Schmocken/Beatenberg–Niederhorn 2¾ Std., Niederhorn–Habkern 3¾ Std.).

VARIANTEN
– Mit der Bahn auf das Niederhorn. Gesamte Strecke dann 9 km, 300 m Aufstieg, 1200 m Abstieg, 3¾ Std., T2.
– Die Tour in Habkern starten und bis zur Mittelstation der Beatenberg-Niederhorn-Bahn absteigen, dort ein Trottinett mieten und bis Beatenberg fahren. Gesamte Strecke dann 10 km, 1200 m Aufstieg, 650 m Abstieg, 5 Std., T2.

VERPFLEGUNG UNTERWEGS
Nur auf dem Niederhorn möglich, bis Habkern keine weitere Verpflegungsmöglichkeit und erst auf der Alp Bäreney wieder ein Brunnen mit Wasser.

NFORMATIONEN
Niederhornbahn AG, 3803 Beatenberg, Telefon 033 841 08 41, www.niederhorn.ch.

Beatenberg Tourismus, 3803 Beatenberg, Telefon 033 841 18 18, www.beatenberg.ch.
Habkern Tourismus, 3804 Habkern, Telefon 033 843 13 01, www.habkern.ch.

Landeskarte 1:25 000, 1208 Beatenberg.
Landeskarte 1:50 000, 254 Interlaken.

Prächtig geschmückte Holzhausfassaden prägen das Dorfbild von Habkern.

BERNER OBERLAND

Spektakuläre Ausblicke mit 170 Jahren Geschichte: FAULHORN

Schynige Platte–Faulhorn–Grosse Scheidegg

Um es gleich vorwegzunehmen: Man wird kaum allein sein auf dieser Wanderung – dazu ist sie zu schön, zu bekannt und zu beliebt. Dennoch darf dieser Klassiker einer Höhenwanderung in dieser Auswahl nicht fehlen, da die Ausblicke ihresgleichen suchen. Das haben auch bereits die innovativen Erbauer der Bahn auf die Schynige Platte erkannt, die seit 1893 die Gäste hier herauf transportiert. Auf dem 7 Kilometer langen Trassee fuhren ursprünglich, wie es an bestimmten Tagen auch heute noch der Fall ist, dampfbetriebene Zahnradzüge von Wilderswil auf die Schynige Platte.

Die Tour bietet unvergleichliche Ausblicke: Im Norden erstreckt sich in seiner ganzen stolzen Länge der Brienzergrat, der hoch über den Brienzersee aufragt. Im Westen bewachen Därliggrat, Niesen und Stockhorn den Thunersee, und zwischen den Seen zeigt sich Interlaken aus der Vogelperspektive. Im Süden sind es die bekannten Bergriesen Wetterhorn, Schreckhorn, Eiger, Mönch und Jungfrau, die ihre prägnanten und unverwechselbaren Nordwände in voller Grösse präsentieren.

Das schon 1830 erbaute Berghotel Faulhorn galt lange Zeit als das höchstgelegene Hotel von Europa. Das ursprüngliche Gebäude steht immer noch, und nach wie vor kann man in den charmanten, originalen Gästezimmern übernachten. Statt eines Lavabos steht ein Waschbecken mit einem Wasserkrug bereit, und der bezaubernde,

Blick von der Schynigen Platte auf Loucherhorn, Ussri Sägissa und Winteregg (von links nach rechts).

Zwei Wanderer bestaunen die markanten Silhouetten von Wetterhorn, Schreckhorn, Eiger und Mönch (von links nach rechts).

Gipfel und Hotel Faulhorn.

unverändert erhaltene Speisesaal kann für spezielle Anlässe reserviert werden. Doch seit den Anfangszeiten der Hotelgeschichte sind die Schwierigkeiten, auf einem Berggipfel ein Hotel zu betreiben, dieselben geblieben: Um den Betrieb sicherstellen zu können, muss das spärlich vorhandene Regen- und Schneewasser in mehreren riesigen Holz- und Metalltanks gespeichert werden. So beträgt der Vorrat immerhin 55 000 Liter, aber auch das kann in einem trockenen Sommer knapp werden.

Vom Faulhorn aus ist vor dem Start zum zweiten Tag fast der ganze Weiterweg ersichtlich, und es ist spannend zu beobachten, wie sich die Silhouette des Schwarzhorns, mit 2928 Metern der höchste Gipfel dieser Bergkette, verändert. Um dem Hauptstrom der Wanderer etwas zu entkommen, empfiehlt es sich, nicht via Bachsee zum First abzusteigen, sondern via Hiendertelle zur Wart zu wandern. Den einmalig gelegenen Bachsee sieht man dabei genauso gut, und man kommt zusätzlich an zwei weiteren

Elegant schlängelt sich das Bahntrassee der Schynige-Platte-Bahn von Wilderswil den Berg hinauf. Links vom Thunersee ist der Niesen, rechts das Niederhorn zu sehen.

BERNER OBERLAND

Weltbekannt: Der Bachsee mit Lauteraar- und Schreckhorn (links) und dem Finsteraarhorn.

sympathischen Bergseen, dem Hagelseewli und dem Häxeseewli, vorbei. Kurz vor der Wart überraschen interessante Felsformationen, und auf der Wart angekommen, eröffnet sich plötzlich eine völlig neue Perspektive: Hier grüssen die zahlreichen Dreitausender des östlichen Berner Oberlands und der Zentralschweiz, ebenso der 65 Kilometer entfernte Tödi, das Sustenhorn, Damma- und Galenstock. Und die nahe gelegenen Engelhörner beeindrucken mit ihren schroffen Kalktürmen.

Auf der Grossen Scheidegg dominiert wieder die hochalpine Bergkulisse von Grindelwald. Wie es der Name schon sagt, ist die Grosse Scheidegg die Wasserscheide zwischen dem Grindelwaldner Tal und dem Rosenlauital. Letzteres wird vom Rychenbach oder Reichenbach entwässert, der attraktiv über die Reichenbachfälle hinunterstürzt und sein Wasser bei Meiringen in die Aare und später in den Brienzersee ergiesst. Das Tal von Grindelwald wird von der Schwarzen Lütschine entwässert, die sich bei Zweilütschinen mit der Weissen Lütschine aus dem Lauterbrunnental vereint und als Lütschine bei Bönigen ebenfalls in den Brienzersee mündet. (DV)

CHARAKTER
Einfache weltbekannte zweitägige Wanderung, während der man die Gipfel des Dreigestirns Eiger, Mönch und Jungfrau zum Greifen nahe hat.

DIE WANDERUNG
Anfahrt
Mit der Bahn von Interlaken Ost nach Wilderswil und von dort mit der Schynige-Platte-Bahn auf die Schynige Platte (1967 m).

1. Tag
Von der Bergstation der Schynige-Platte-Bahn auf der Westseite des Gumihorns auf den Gipfel der Schynigen Platte (2076 m). Auf gut ausgebautem Weg nordostwärts am Oberberghorn vorbei und via Grätli zum Loucherhorn, das südlich über Güwtürli umgangen wird. Leicht ansteigend bis Egg und weiter in östlicher Richtung, das Sägistal links unten lassend, bis Gotthard (2276 m) aufsteigen (Traverse im Frühling oft noch lange bzw. im Herbst schon früh schneebedeckt) und nun in südwestlicher Richtung auf felsigem Weg zum Berghaus Männdlenen (2344 m). Über eine kurze Steilstufe wieder ostwärts in flacheres Gelände und auf einem breiten Rücken Richtung Faulhorn, dieses südlich queren und auf einem Strässchen zum Berghotel und Gipfel (2681 m). 10½ km, 900 m Aufstieg, 200 m Abstieg, 4 Std., T2.

2. Tag
Vom Faulhorn südöstlich absteigen bis Gassenboden und via Reetihitta zur Burgihitta (2438 m), wo die Variante direkt zur Bergstation First abzweigt. Auf einem Höhenweg ostwärts, den Bachsee nördlich umgehend nach Tierwang und zum Hagelseewli hinab (Abstieg zu P. 2403 bei Schnee evtl. heikel), weiter durch das Hiendertellti zum Häxeseewli und zur Wart (2704 m). Von dort ostwärts absteigen, ohne das Blau Gletscherli zu betreten (Spaltengefahr), westlich am Schrybershörnli vorbei und dem Geissbach entlang hinab zum Scheidegg Oberläger (1950 m). Nochmals leicht ansteigend auf der Alpstrasse bis Gratschärem und über den grasigen Geländerücken zur Grossen Scheidegg (1962 m) mit Postautoverbindungen nach Grindelwald und Schwarzwaldalp-Rosenlaui-Meiringen. 12 km, 500 m Aufstieg, 1200 m Abstieg, Faulhorn–Wart 2½–3 Std., Wart–Grosse Scheidegg 1½ Std., T3. Direktabstieg vom Faulhorn bis First 1¾ Std., T2.

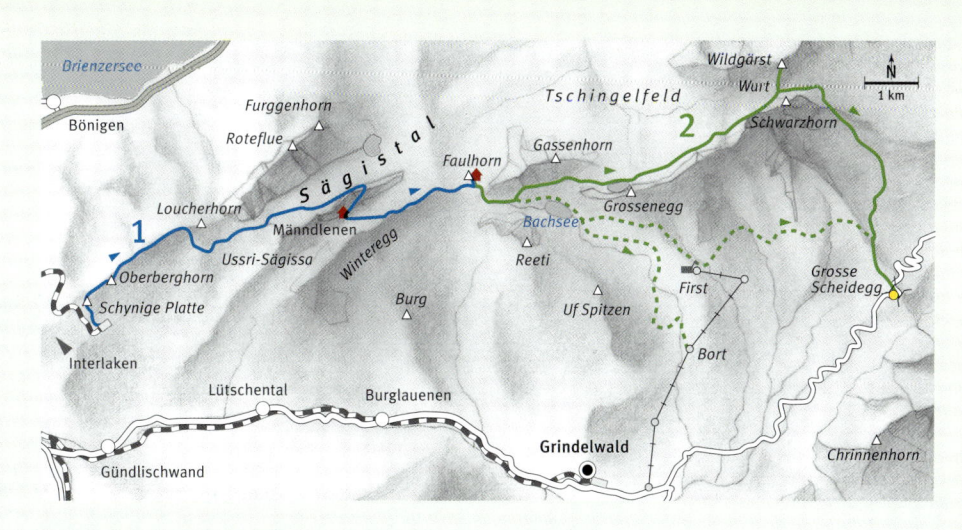

UNTERKUNFT UND VERPFLEGUNG
Berghotel Faulhorn auf dem gleichnamigen Gipfel auf 2681 m, Telefon 033 853 27 13 (Juli bis Oktober) und 033 853 10 28, www.berghotel-faulhorn.ch.
Als Alternative oder für Verpflegung unterwegs: *Berghaus Männdlenen* bei P. 2344, 30 Plätze, auf Anmeldung Wildbeobachtungstouren mit dem Hüttenwart, Telefon 033 853 44 64, www.berghaus-maenndlenen.ch.

VARIANTEN
1. Tag
Abstecher auf das Oberberghorn (2069 m) beginnt auf der Westseite und führt auf eine Plattform auf dem Gipfel. 100 m Aufstieg und 20 Min. zusätzlich.

2. Tag
– Einfacher, kürzer und deutlich mehr begangen ist der Abstieg vom Faulhorn direkt zum Bachsee und auf einer Fahrstrasse zur Bergbahnstation und zum Restaurant First. Oder man nimmt südlich des Bachsees den Weg via Wischbääch und P. 2085 zum Bachläger. Weiter zum Waldspitz und auf steilem, blumengeschmücktem Zickzackweg zur Bergbahn-Zwischenstation Bort (1561 m) absteigen. Von dort weiter bis Grindelwald absteigen oder mit der Gondelbahn hinunter. Beide Varianten ohne Gegenanstiege, bis Bort aber immerhin 1200 m Abstieg. Vom Faulhorn bis Grindelwald 12 km, 1650 Abstieg, 3½ Std., T2.
– Von der Wart unschwieriger Abstecher in 35 Minuten (zusätzlich 200 m Aufstieg) auf den Wildgärst (2891 m).

INFORMATIONEN
Schynige Platte Bahn, 3800 Interlaken, Telefon 033 828 73 73, www.jungfrau.ch.
Auf dem Faulhorn lohnender Besuch des botanischen Alpengartens, www.alpengarten.ch.
Bergbahnen Grindelwald–First,
Telefon 033 854 50 51, www.gofirst.ch.

Landeskarte 1:25 000, 1228 Lauterbrunnen, 1229 Grindelwald.
Landeskarte 1:50 000, 254 Interlaken.

Der Speisesaal im Hotel Faulhorn ist originalgetreu erhalten geblieben.

BERNER OBERLAND

Die Nordwände des Dreigestirns zum Greifen nah:
MÜRRENER HÖHENWEG

Saxeten–Lobhornhütte–Mürren

Der Reiz liegt im Kleinen: Ein kleines Postauto bringt die Wanderlustigen am ersten Tag von Wilderswil in die ebenso kleine Gemeinde Saxeten. Gerade noch 130 Personen leben in dieser politisch nach wie vor selbständigen Gemeinde, die zwischen dem Morgenberghorn, dem Därligengrat und dem Bällehöchst eingebettet in einem Hochtal liegt. Ein Drittel der Bevölkerung findet sein Einkommen im Dorf selbst, und hier fast ausschliesslich in der Landwirtschaft.

Anfänglich erblickt man talauswärts nur den westlichsten, bewaldeten Teil des Brienzergrats. Doch je länger man an ansehnlich grossen Alpen vorbei aufsteigt, umso weiter reicht der Blick, bis man schliesslich auf dem Bällehöchst den Brienzergrat in voller Länge überblicken kann – zu Füssen der Brienzersee mit Bönigen und Interlaken. Im Osten, nördlich des Grindelwaldner Tals, erhebt sich die Gebirgskette von der Schynigen Platte zum Faulhorn hin, und weiter im Süden posieren die hochalpinen Gipfel von Wetterhorn, Schreckhorn und das Dreigestirn Eiger, Mönch und Jungfrau. Nicht umsonst wird diese Tour in der Werbung der Jungfrauregion als «Mountainview Trail» beschrieben. Ein einfacher und kurzer Abstieg führt zur Lob-

Der Winter hat sich schon angemeldet: Lobhornhütte mit Wetterhorn und Schreckhorn (rechts).

Das Trio von Eiger, Mönch und Jungfrau in den letzten abendlichen Sonnenstrahlen.

Selbst wenn es noch Wasser wäre: Die Kälte kündigt das baldige Ende der Wandersaison an.

hornhütte, die einem Adlerhorst gleich zuvorderst auf einer Geländeterrasse liegt. Auf der Hüttenterrasse sitzend kann man den Durst stillen und die einzigartige Silhouette der Lobhörner bestaunen.

Obwohl 350 Einwohner und damit mehr als das Zweieinhalbfache der Einwohnerschaft des Startorts Saxeten zählend, ist Mürren, der Zielort der zweiten Etappe, politisch nicht selbständig, sondern gehört zu Lauterbrunnen. Auf 1650 Metern auf einer grossen Terrasse gelegen und nur mit der Luftseilbahn ab Stechelberg oder mit der Bergbahn ab Lauterbrunnen zu erreichen, ist das Dorf autofrei. Der Name des Dorfs leitet sich von «auf der Mauer» ab, was sich von selbst versteht, wenn man einmal das markante, von Gletschern geformte U-Tal und die darüberliegende Terrasse gesehen hat. Um den Ort besser zu erschliessen, wurde 1889 gegen den Willen der Bevölkerung die Bahn von Lauterbrunnen nach Mürren gebaut; sie ist auch heute noch in Betrieb und erlaubt nach dieser Wanderung eine angenehme Rückfahrt via Grütschalp. Im Übrigen aber waren die Mürrener nicht um eigene Ideen verlegen; so erstellte ein Hotelier 1894 eine Trambahn, die mit Pferdestärke die Touristen auf einem 455 Meter langen Trassee durch das Dorf transportierte.

Schon früh wurde der Ort Mürren auch als Wintersportort entdeckt, und so verwundert es nicht, dass 1937 am Schiltgrat der erste Skilift im Berner Oberland erbaut wurde. Zudem ist Mürren Geburtsort zahlreicher ausgefallener Sportanlässe: Da wäre einmal das Inferno-Skirennen, das 1928 erstmals von Engländern durchgeführt wurde. Die vom Schilthorn bis nach Lauterbrunnen führende Abfahrt gilt mit 1800 Teilnehmern als grösstes Amateur-Skirennen der Welt. In den Anfangsjahren noch mit einem Massenstart ausgetragen, ist dies heute angesichts der wachsenden Teilnehmerzahlen aus Sicherheitsgründen nicht mehr möglich.

Sozusagen als Sommer-Pendant in geografisch umgekehrter Richtung gibt es seit 1997 den Inferno-Triathlon, bei dem 5500 Steigungsmeter zu überwinden sind: In Thun startend, erreichen die 250 Teilnehmer schwimmend, auf dem Rennvelo, mit dem Mountainbike und schliesslich mit einem Berglauf das Schilthorn – nach kräftezehrenden 155 Kilometern das ersehnte Ziel dieses Ausdauerwettkampfs. (DV)

Ungewohnte Perspektive oberhalb Mürren: Die Nordwand des Eigers liegt im Schatten und die Westwand erhält noch ein paar Sonnenstrahlen.

BERNER OBERLAND

CHARAKTER

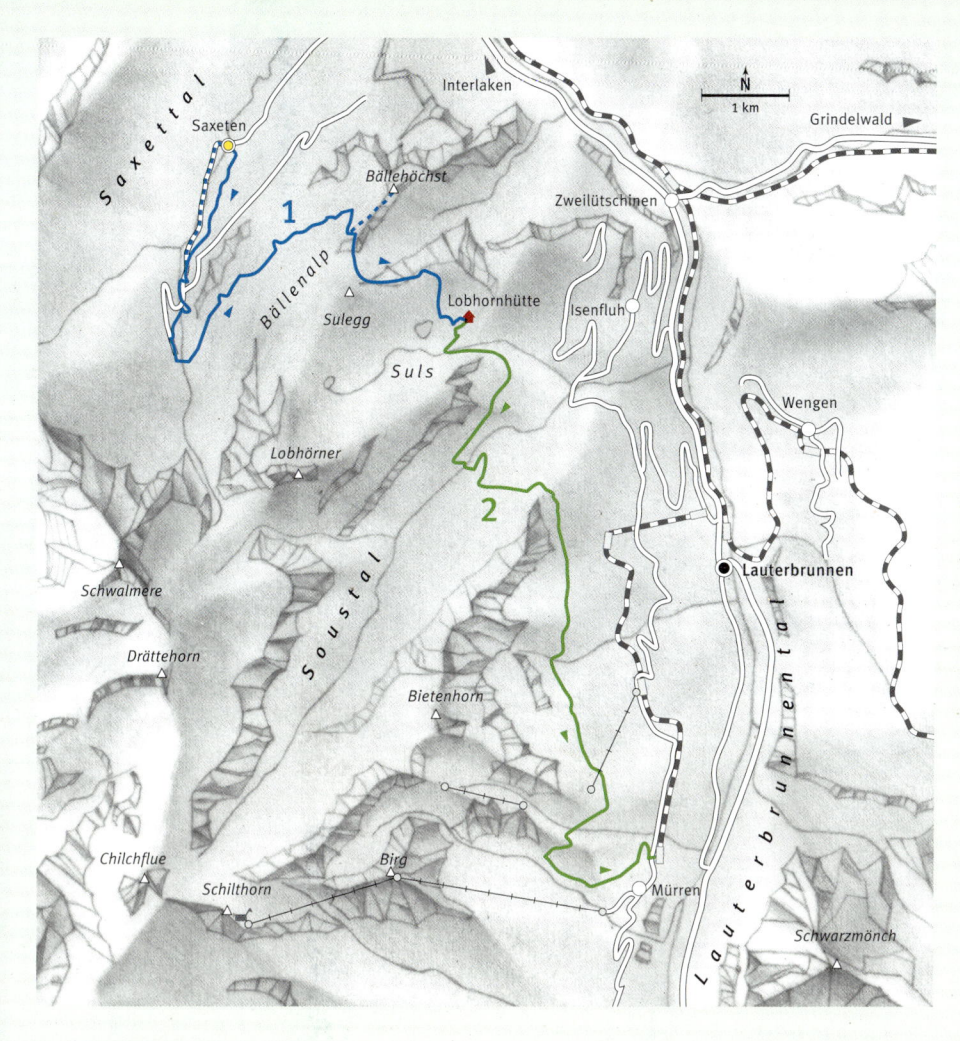

Zweitägige, einfache bis mittelschwere Wanderung, die vom kleinen, kaum bekannten Dorf Saxeten in einen Tourismusort mit Weltruhm führt. Obwohl man sich in mittleren Höhenlagen bewegt, sind die hochalpinen Gipfel des Lauterbrunnen- und des Grindelwaldnertals zum Greifen nahe.

DIE WANDERUNG

Anfahrt

Mit der Bahn von Interlaken Ost nach Wilderswil und von dort mit kleinem Postauto nach Saxeten (1100 m). Reservation auch für Einzelpersonen und Kleingruppen obligatorisch.

1. Tag

Von Saxeten entweder auf der östlichen Seite dem Saxetbach entlang oder westlich auf anfänglich geteerter Strasse taleinwärts zur Alp Underberg–Nessleren (1457 m). In nördlicher Richtung weiter via Hinder und Usser Bällen zur Bällenalp (1998 m). Über die Traverse beim Tschingel (T3, bei Schnee heikel!) und einen kurzen Abstieg zur Lobhornhütte (1995 m, prächtige Aussicht). 8 km, 1100 m Aufstieg, 250 m Abstieg, 4½ Std., T2, eine Passage T3.

2. Tag

Von der Hütte kurzer Abstieg zur Alp Suls und in das Soustal, Gegenanstieg zur Marchegg und dann in leichtem Auf und Ab in das Lauterbrunnental. Ab Allmendhubel zunehmend touristisch und zahlreiche Restaurants. Rückreise mit der Luftseilbahn nach Stechelberg oder empfehlenswerter zuerst mit der Bahn bis Grütschalp und mit der Luftseilbahn hinunter nach Lauterbrunnen. 11½ km, 400 m Aufstieg, 700 m Abstieg, 4 Std., T3.

UNTERKUNFT

Lobhornhütte SAC, von Juni bis Mitte Oktober bewartet, 24 Plätze, deshalb unbedingt reservieren, Telefon 079 656 53 20, www.lobhornhuette.ch. Das nahegelegene Sulsseewli lädt zum Verweilen ein.

VARIANTEN

1. Tag

Von der Bällenalp (1998 m) lohnender Abstecher in 15 Minuten zum Bällehöchst, mit nur 2095 Metern, aber unübertrefflicher 360-Grad-Rundsicht.

2. Tag

Nach der Marchegg kann man vorzeitig zur Station Grütschalp oder Winteregg absteigen.

INFORMATIONEN

Jungfraubahnen,
3800 Interlaken, Telefon 033 828 71 11, www.jungfrau.ch.
Luftseilbahn Stechelberg–Mürren–Schilthorn (LSMS), Schilthornbahn AG, 3800 Interlaken, Telefon 033 826 00 07, info@schilthorn.ch, www.schilthorn.ch.
Zum Ort Mürren und seinem Angebot: www.muerren.ch.

Landeskarte 1:25 000, 1228 Lauterbrunnen, 1248 Mürren.
Landeskarte 1:50 000, 254 Interlaken, 264 Jungfrau.

Wintereinbruch am Bällehöchst, mit Wetterhorn, Schreckhorn, Eiger und Mönch (von links).

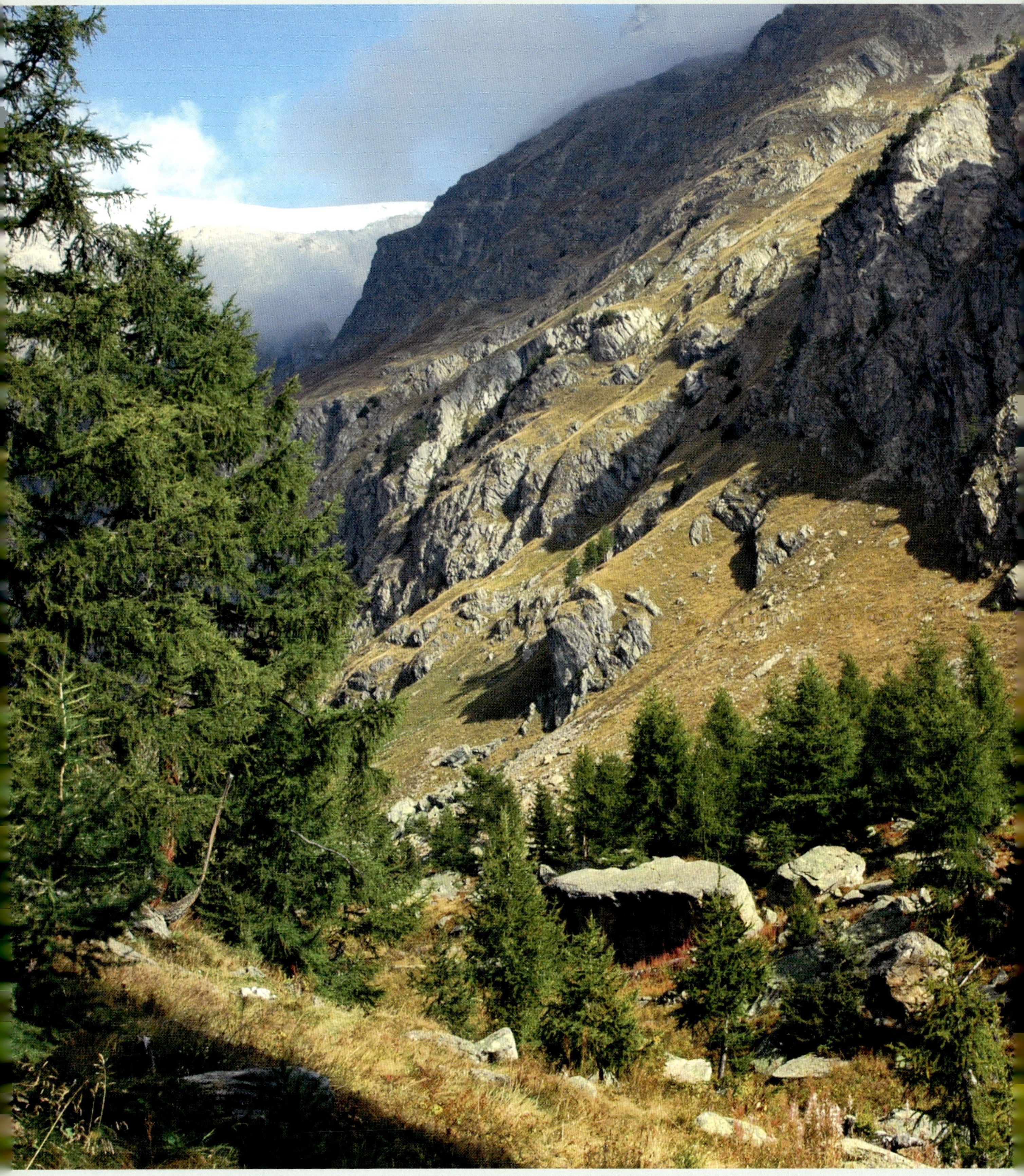

In seinem östlichen Teil durchstreift der
Lötschentaler Höhenweg lichte Lärchenwälder,
während er langsam an Höhe gewinnt.

WALLIS

Hoch über der Lonza von Alp zu Alp: LÖTSCHENTALER HÖHENWEG

Fafleralp–Lauchernalp–Kummenalp–Restialp–Goppenstein

Viele meinen, das Walliser Lötschental beginne in Goppenstein, am Südportal des Lötschbergtunnels. Der Irrtum ist leicht zu verstehen, ist die kleine Siedlung doch tatsächlich so etwas wie das Tor zum Lötschental, denn hier steigen die Besucherinnen und Besucher des Tals vom Zug ins Postauto um, das sie von Goppenstein bis zur Fafleralp im oberen Lötschental hinauf fährt. Die enge, unwirtliche Schlucht zwischen Goppenstein und Gampel gehört aber ebenfalls zum Lötschental, das als grösstes nördliches Seitental der Rhone seinen Eingang eben hier, bei Gampel hat.

Erst die Lötschbergbahn und später der moderne Strassenbau haben dem Lötschental zu einer guten Anbindung ans restliche Wallis verholfen. Zwar reisten die Menschen schon seit vielen Jahrhunderten von Kandersteg im Berner Oberland über den Lötschenpass ins Rhonetal und kamen dabei auch durch das Lötschental. Doch der Pass verlor im 19. Jahrhundert an Bedeutung, was zusammen mit dem beschwerlichen Weg durch die Klamm am Taleingang zur Abgeschiedenheit des Lötschentals beitrug, die erst mit der Fertigstellung einer wintersicheren Talstrasse ihr Ende fand. So behielt das Lötschental viel von seiner Ursprünglichkeit und konnte auch einige einzigartige Bräuche erhalten. Dazu zählt die «Tschäggättä», bei der sich zur Fasnachtszeit junge Männer in Ziegenfelle kleiden und die furchterregenden Masken

Der Lötschentaler Höhenweg führt auf der sonnigen Talseite von Alp zu Alp.

Die Kummenalp am Lötschentaler Höhenweg ist Ausgangspunkt zur Wanderung über den Ferdenpass nach Leukerbad.

aufsetzen, für die das Lötschental in der ganzen Schweiz berühmt ist. Oder die Tradition der «Herrgottsgrenadiere», bei der wiederum junge Männer in die Paradeuniformen von Grenadieren schlüpfen, wohl in Erinnerung daran, dass in früheren Zeiten viele junge Männer das Tal verliessen, um in den Heeren fremder Herrscher als Söldner zu dienen.

Das zwischen Berner Alpen und Aarmassiv eingebettete Lötschental mit seinen hübschen Dörfern ist somit ein kulturell interessantes Ziel, das aber auch in landschaftlicher Hinsicht viel zu bieten hat. Rund 200 Kilometer Wanderwege warten auf ihre Entdeckung, und dazu zählt natürlich besonders der Lötschentaler Höhenweg, der vermutlich zu den populärsten Wanderungen der Schweiz zählt. Viele Besucher konzentrieren sich dabei auf den östlichen Abschnitt des Weges, lassen sich bequem mit der Luftseilbahn von Wiler auf die Terrasse der Lauchernalp fahren und wandern dann in rund zweieinhalb Stunden, meist abwärts, zur Fafleralp. Der ganze Höhenweg ist aber einiges länger, und auch wer auf der Fafleralp beginnt, hat keine allzu grossen Steigungen zu gewärtigen. Während man genussvoll sanft ansteigend durch herrliche Lärchenwälder wandert, fällt der Talboden immer weiter ab und sorgt dafür, dass der Weg schon nach kurzer Strecke wirklich zu einem Höhenweg wird. Der Abschnitt zwischen Fafler- und Lauchernalp ist auch als «Sagenweg» bekannt. Auf mehreren Tafeln werden Legenden aus dem Tal erzählt, eine unterhaltende Attraktion nicht zuletzt für Kinder.

Weniger begangen ist die Fortsetzung des Höhenwegs ab der Lauchernalp über die Kummen- und die Restialp zur Faldumalp. Das Gelände auf dieser Etappe wird steiler und wilder, dafür locken besonders lohnende Ausblicke über die ganze Länge

WALLIS 149

Man muss sie einfach gern haben.

Letzte Alp vor dem Abstieg: die Faldumalp hoch über Goppenstein.

des Tals bis hin zur Lötschenlücke, eine der Pforten zur eisigen Welt des Aletschgebiets und natürlich zu den eindrücklichen Gipfeln auf der Südseite des Tals, wo das mächtige Bietschhorn das Panorama dominiert. Dank verschiedener Möglichkeiten zu Zwischenabstiegen kann der Lötschentaler Höhenweg auf fast beliebige Weise verkürzt werden, und auch eine Verlängerung ist möglich: Ab der Faldumalp gelangt man bis ins hübsche, sonnig gelegene Jeizinen. Von dort hilft eine Luftseilbahn bequem hinab nach Gampel, jenem Dorf, das mit gutem Gewissen als wahres Tor zum Lötschental bezeichnet werden darf. (UH)

CHARAKTER

Zwischen Fafleralp und Restialp einfache, gute Wege oder (zumeist ungeteerte) Fahrstrassen. Die nur geringen Auf- und Abstiege unterwegs machen die Tour zu einer idealen Wanderung für Jung und Alt. Etwas anspruchsvoller ist der Abschnitt zwischen Restialp und Faldumalp, hier verläuft der Weg für ein kurzes Stück leicht ausgesetzt, ist aber mit einem Stahlseil gesichert. Der Abstieg von der Faldumalp nach Goppenstein führt über einen schmalen, sehr steilen Weg, der einiges an Kniekraft verlangt. Als Alternative kann man auf sanftere Weise nach Ferden hinabwandern.

DIE WANDERUNG

Anfahrt

Mit den Regioexpresszügen der BLS ab Bern oder Brig nach Goppenstein, dann mit dem Postauto bis zur Fafleralp (Postautohaltestelle beim Gletscherstafel, von wo die Häuser der Fafler-alp und das altehrwürdige, herrliche Hotel Fafleralp knapp 10 Gehminuten entfernt liegen). Die Postautokurse zur Fafleralp verkehren bis Ende Oktober.

Von der Postautohaltestelle auf dem gut bezeichneten Lötschentaler Höhenweg über Tellistafel (Restaurant) nach Weritzstafel, wo die Seilbahnstation Lauchernalp schon gut sichtbar ist. Zwischen den Häusern von Weritzstafel auf eine Markierung am Wegrand achten, die nach links zur Seilbahnstation verweist. Für den eigentlichen Höhenweg geht man hier links, quert den Hang und erreicht schliesslich die Häuser der oberen Lauchernalp. Auf der Fahrstrasse bergauf nach Stafel zum Berghaus Lauchern. Alternativ in Weritzstafel bis zum gut sichtbaren Wegweiser, dann ein kurzes Stück auf der geteerten Strasse, bis rechts der Bergweg abzweigt. Auf diesem bis zur Brücke über den Mülibach und anschliesend leicht ansteigend hinauf zum Berghaus Lauchern. Beide Varianten sind etwa gleich lang.

Vom Berghaus Lauchern über Wiesen zur Hockenalp, dann wieder auf dem Wanderweg zur Kummenalp und weiter über die Restialp zur Faldumalp. 17 km, 800 m Aufstieg, 550 m Abstieg, 5¾ Std., T2.

Abstieg auf steilem Weg von der Faldumalp über Hasellehn direkt zum Bahnhof Goppenstein. 2½ km, 740 m Abstieg, 1¼ Std., T3.

Oder weniger steil von der Kapelle auf der Faldumalp wenige Meter auf dem Höhenweg zurück hinab zum Bach, dann rechts abwärts und die Alpstrasse querend auf dem Fussweg hinab nach Ferden. 3½ km, 650 m Abstieg, 1¼ Std., T2.

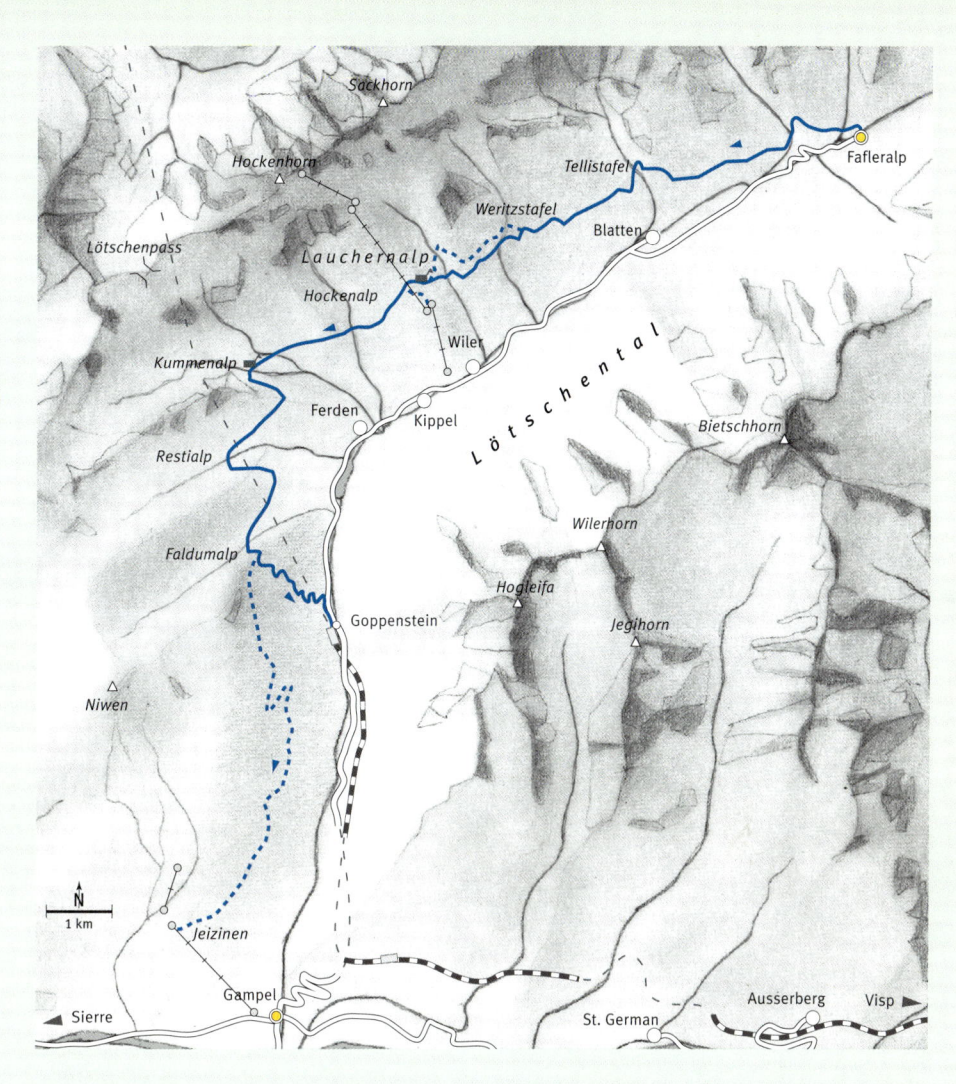

UNTERKUNFT

Für Unterkünfte auf der Lauchernalp: Lötschental Tourismus, 3918 Wiler, Telefon 027 938 88 88, info@loetschental.ch, www.loetschental.ch.
Hotel Fafleralp, Im Paradies, 3919 Fafleralp, Telefon 027 939 14 51, welcome@fafleralp.ch, www.fafleralp.ch.
Berghotel Kummenalp, 3916 Ferden, Telefon 027 939 12 80, www.rhone.ch/rieder-werlen/kummenalp.htm.

VARIANTEN

Fortsetzung von Faldumalp nach Jeizinen: Auf der Fahrstrasse von der Faldumalp ein kurzes Stück weiter bis zum Faldumtörli, wo sich die Strasse teilt. Hier links abwärts bis nach Underi Meiggu. Anschliessend auf einem meist bergab führenden Fussweg nach Jeizinen. Ab Faldumalp 8½ km, 150 m Aufstieg, 660 m Abstieg, 2¾ Std., T3.

Für die ganze Tour ab Fafleralp bis Jeizinen liegt die Kummenalp ideal als Übernachtungsort, um die Wanderung auf zwei Tage aufzuteilen.

INFORMATIONEN

Lötschental Tourismus, 3918 Wiler, Telefon 027 938 88 88, info@loetschental.ch, www.loetschental.ch.
Luftseilbahn Wiler–Lauchernalp, 3918 Wiler, Telefon 027 938 89 99, info@lauchernalp.ch, www.lauchernalp.ch.

Landeskarte 1:25 000, 1268 Lötschental.
Landeskarte 1:50 000, 264 Jungfrau.

Ein Erlebnis nicht nur für Eisenbahnfans:
LÖTSCHBERG-SÜDRAMPE

Hohtenn–Ausserberg–Eggerberg–Lalden

«Meine Damen und Herren, wir befinden uns auf dem Anflug nach Brig und bitten Sie, zu Ihren Sitzen zurückzukehren, sich anzuschnallen und die Lehne aufrecht zu stellen.» Auf eine solche Ansage wartet man zwar vergebens, doch die Bahnfahrt auf der Lötschberg-Südrampe in Richtung Brig bei Dunkelheit, wenn die unzähligen Lichter des Walliser Haupttals leuchten und stetig näher kommen, erinnert sehr an einen Landeanflug bei Nacht, auch wenn der «Sinkflug» des Eisenbahnzugs recht gemächlich ist.

Die auf der Südseite des Lötschbergtunnels hoch über dem Tal verlaufende Bahnlinie hat findige Köpfe schon vor langer Zeit dazu angeregt, die Wege entlang des Schienenstrangs als Höhenweg zu propagieren. Die mit «Höhenweg BLS Südrampe» bezeichnete Route hält sich zwar nicht streng an den Verlauf der Bahnlinie, berührt aber alle grossen Eisenbahnbrücken zwischen Hohtenn und Lalden und bie-

Der erste markante Viadukt der Lötschberg-Südrampe führt in einem grossen Bogen über das Bachtobel Lüegilchi.

Der Bietschtal-Viadukt.

Die Wasserleitung Gorperi Suon, die das Wasser aus dem Baltschiedertal leitet, führt mehrfach durch kleine Felstunnel.

tet immer wieder schöne Ausblicke auf die Bahnlinie und deren Bauwerke. Der Eisenbahnverkehr ist zweifellos eine der Hauptattraktionen der Wanderung auf diesem Höhenweg. Allerdings hat seit der Eröffnung des Lötschberg-Basistunnels im Jahre 2007 die Zahl der Züge, welche die altehrwürdige Linie benutzen, deutlich abgenommen. Stündlich fahren Regioexpresszüge in beide Richtungen, die Intercity- und die internationalen Züge aber fehlen. Auch Güterzüge mit ihren farbenfrohen Containerfrachten donnern heute meist durch den langen Basistunnel und nur noch selten über die Bergstrecke. Farbenfroh und sehenswert geblieben ist dafür die Flora: Die Lötschberg-Südrampe ist wie viele andere Südhänge des Wallis ein für die Schweiz aussergewöhnlich warmer und trockener Lebensraum, der vielen seltenen, hoch spezialisierten

WALLIS 153

Eine Holzbrücke führt bei P. 1216 über den Baltschiederbach. Traditionell gebautes Holzhaus auf Steinplatten in Ausserberg.

Pflanzen und Tieren eine Heimat bietet. Wer offene Augen für die vielen Attraktionen der Natur hat, wird auf diesem Höhenweg daher kaum vorwärts kommen.

Nicht minder attraktiv sind die Suonen, die alten Wasserleitungen, denen der Höhenweg stellenweise entlangführt. Mit ihrem klaren, kalten Wasser sind sie herrliche Begleiter auf vielen Wanderungen im Wallis, und mit einem Abstecher weg vom offiziellen Höhenweg hinein ins wilde, urtümliche Baltschiedertal kann man das Vergnügen einer Suonenwanderung noch deutlich ausbauen. Wobei gesagt sein muss, dass diese mit «Niwärch» und «Gorperi Suon» bezeichneten Wasserleitungen entlang sehr steiler Flanken gebaut wurden; entsprechend verlangt eine Begehung dieser Wege Trittsicherheit und eine gute Portion Nerven. Einen zusätzlichen Nervenkitzel bieten auch einige attraktive Bauwerke, durch die der Höhenweg in den letzten Jahren aufgewertet wurde, so etwa drei Hängebrücken, von denen die erste, zwischen Hohtenn und Ausserberg, über lange Treppen erreicht wird.

Der Höhenweg an der BLS-Südrampe ist aus weiten Teilen der Schweiz problemlos als Tageswanderung machbar. Zu einem Wochenendunternehmen lässt sich die Tour ausbauen, indem sie mit dem Lötschentaler Höhenweg kombiniert wird. Oder aber man startet wie vorgesehen in Hohtenn, weitet die Wanderung durch den erwähnten Abstecher ins Baltschiedertal aus und setzt die Tour nach einer Übernachtung in Eggerberg über Lalden bis nach Naters weiter fort. Der Fantasie sind keine Grenzen gesetzt! (UH)

CHARAKTER

Einfache Tageswanderung auf guten Wegen; einige Abschnitte auf Hartbelag, insbesondere in den Dörfern. Für die Alternative zwischen Lidu und Brägij, die über die Hängebrücke führt, sollte man schwindelfrei sein. Dies gilt in verstärktem Mass auch für die Variante entlang der Suonen im Baltschiedertal; hier sind Schwindelfreiheit und Trittsicherheit unabdingbar.

DIE WANDERUNG

Anfahrt

Mit den Regioexpresszügen der BLS ab Brig oder Bern (teilweise mit Umsteigen in Spiez) nach Hohtenn.

Vom Bahnhof Hohtenn die Zufahrtsstrasse bergab und zuerst kurz auf Hartbelag, dann auf einem Wanderweg zur Bahnlinie hinauf und diese unterqueren. Bald folgt der Ausblick auf den ersten Bahnviadukt («Lüegilchi»). Bei der nächsten Verzweigung verläuft die traditionelle Route des Höhenwegs bis Brägij unterhalb der Bahnlinie; eine neuere Variante führt über den Weiler Lidu hinab zu einer rund 100 Höhenmeter weiter unten verlaufenden Suone, der man nun folgt. Dann klettert man über neue, steile Treppen empor und quert schliesslich die Schlucht auf einer luftigen Hängebrücke. Weiter auf schönem Weg nach Ritzubode (Restaurant) und von hier entweder rund 100 Höhenmeter hinauf zu den Häusern des eigentlichen Ritzubode und danach einer Suone folgend ins Bietschtal, über den Bietschbach und zum Baltschiederviadukt. Die zweite Variante führt einer unterhalb der Bahnlinie liegenden Suone entlang sehr aussichtsreich ins Bietschtal hinein und quert den Bach über die Eisenbahnbrücke. In Ausserberg teilt sich der Höhenweg erneut in eine obere und eine untere Variante (beide anfänglich länger auf geteerten Strassen, beim höher gelegenen Weg einige Höhenmeter mehr Auf- und Abstieg), die bei P. 957, beim Eingang ins Baltschiedertal, wieder zusammentreffen. Über zwei Hängebrücken und durch Tunnels überwindet man den Baltschiederbach und gelangt wenig später nach Eggerberg. Dort oberhalb der Bahnlinie zum Weiler Halta, dann über Zum Stadel in ein verwunschenes kleines Tal und schliesslich parallel zu den Bahnschienen über eiserne Stege zur Haltestelle Lalden. 18 km, 650 m Aufstieg, 920 m Abstieg, 5½ Std., T2.

UNTERKUNFT

Zwei *Hotels in Ausserberg*, ein *Hotel in Eggerberg*. Auskünfte über Verkehrsverein Sonnige Halden am Lötschberg, 3938 Ausserberg, Telefon 027 946 63 41, info@sonnige-halden.ch, www.sonnige-halden.ch.

VARIANTEN

– Ab Ausserberg auf der geteerten Zufahrtsstrasse hinan bis Choruclerri bei P. 1264. Hier beginnt der spektakuläre, teilweise sehr ausgesetzte Weg entlang der «Niwärch Suone» hinein ins Baltschiedertal. Vor Ze Steinu nach rechts abzweigen, hinab zum Bach und diesen queren, um anschliessend der ebenfalls ausgesetzten «Gorperi Suon» entlang nach Eggen zu wandern. Über Eggerberg bergab ins Baltschiedertal, wo man unweit des Baltschiederviadukts wieder auf den Höhenweg trifft. Von Ausserberg bis Eggerberg 11 km, 730 m Aufstieg, 890 m Abstieg, 4¼ Std., T3.

– Verlängerung: Von der Bahnstation Lalden weiter bis Mund, bei Mundchi über den Mundbach und nach Birgisch. Von dort auf direktem Weg, der ein längeres Stück der Strasse entlang führt, oder, um dies zu umgehen, über Unners Moos nach Naters. Ab Lalden 11 km, 580 m Aufstieg, 750 m Abstieg, 3¾ Std., T2.

INFORMATIONEN

Landeskarte 1:25 000, 1288 Raron.
Landeskarte 1:50 000, 274 Visp.

Die Lötschberg-Südrampe wartet mit einer farbenfrohen Flora auf.

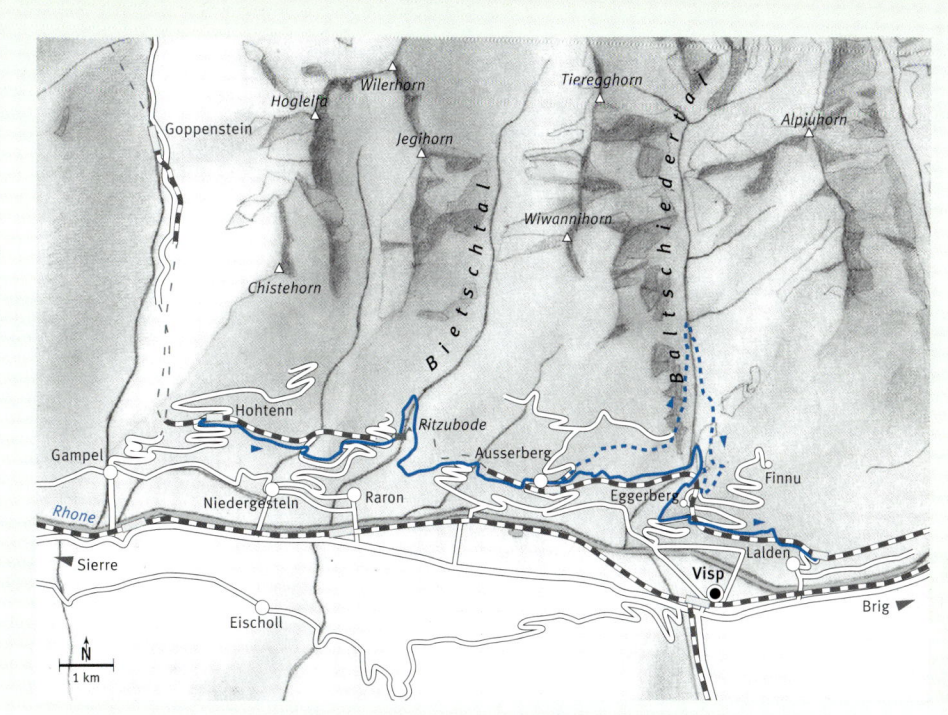

Abwärts durch das oberste Wallis: GOMMER HÖHENWEG

Oberwald–Münster–Bellwald

Noch ist er da, der Rhonegletscher, deutlich kleiner zwar als einst, doch die Prognosen sehen ihn bis ins Jahr 2100 ganz verschwinden. Es ist noch gar nicht so lange her, da reichte er bis hinunter auf den Talboden, bis ganz nahe an die Hotels von Gletsch, die ihm ihre Existenz verdanken. Heute leidet er unter dem sich wandelnden Klima, ist nur noch ein Schatten seiner alten Grösse, doch nach wie vor speist das schmelzende Wasser seines Eises einen der bedeutendsten Flüsse Europas: die Rhone oder den Rotten, wie der junge Strom hier im Goms, jenem Hochtal ganz zuoberst im Wallis, genannt wird.

Nicht weniger als drei Alpenpässe, Furka, Grimsel und Nufenen, führen aus drei verschiedenen Himmelsrichtungen ins obere Goms, Pässe, die schon vor langer Zeit Saumwege waren, über die Waren transportiert wurden und Personen gereist sind und so Arbeit in das agrarisch geprägte Tal brachten. Alle drei Zugänge liegen jedoch im Winter unter einer dicken Schneedecke und sind damit für mehr als die Hälfte des Jahres geschlossen, unbenutzbar für Menschen, Tiere und Maschinen. Selbst die Eisenbahn über den Furkapass fuhr einst nur im Sommer und endete in der kalten Jahreszeit in Oberwald. Vor dem ersten Schnee mussten die Leitungen abgebaut, die Strommasten entfernt, einige Brücken zur Seite geräumt werden, damit die Bahnlinie den Winter möglichst unbeschadet überstand. Und jeden Frühling wurde

Wer die Variante via Galmihornhütte wählt, kann vor dem Abendessen noch den Gipfel des Chly Chastelhorns besuchen.

Die Weisse Trichterlilie wächst auf den Bergwiesen am Gommer Höhenweg.

In den Seitentälern öffnet sich der Blick auf die Gipfelwelt hoch über dem Goms.

das Ganze in umgekehrter Reihenfolge wieder aufgebaut. Seit dem Bau des 1982 eröffneten Basistunnels durch den Furka ist der Bahnbetrieb ganzjährig möglich und Oberwald zum oberen Tor des Goms geworden. Der Bund mit seinen Militärbetrieben und die Kraftwerke brachten Arbeit und Verdienst ins Tal, dennoch lebt das Goms auch heute noch vorwiegend von der Landwirtschaft. Dem Versuch der Ansiedlung von Industriebetrieben war wenig Erfolg beschieden.

Schon früh erkannte man im Goms die Bedeutung des Tourismus als Wirtschaftsfaktor. Der Rhonegletscher wurde bereits in den Anfängen als Publikumsmagnet vermarktet: So entstanden im 19. Jahrhundert die Hotelbetriebe in Gletsch und am Furkapass, der Grundstein für den Fremdenverkehr im Tal war gelegt. Vielleicht ist es auch kein Zufall, dass der Hotelier Cäsar Ritz 1850 in Niederwald zur Welt kam, ein Gomser, der als einer der innovativsten und erfolgreichsten Hotelpioniere der damaligen Zeit gilt. Das Tal und seine Bewohner vollbrachten 1963 bis 1964 eine weitere Pioniertat, indem sie als eine der ersten Regionen der Schweiz eine Regionalplanung durchführten. Darin wurde der Entwicklungsschwerpunkt auf den Tourismus gelegt, der mit der verbesserten Erschliessung durch den Furka-Basistunnel und die Aufnahme des Aletschgletschers in das Unesco-Weltkulturerbe wichtige weitere Impulse erfahren hat.

So überrascht es nicht, dass auch das Goms bereits seit 1976 seinen eigenen Höhenweg hat. Der Gommer Höhenweg führt äusserst angenehm und abwechslungsreich von Oberwald bis Bellwald durch Wälder und über die Matten des oberen Goms, immer über dem Talboden bleibend, jedoch nie in grosse Höhen strebend – wobei es natürlich auch interessante Varianten gibt, die höhere Gefilde besuchen. Kein einziges Mal quert der Weg eine Strasse, stets verläuft er auf Fusswegen oder ungeteerten Forststrassen. Auf der sonnigen Seite des Tals verlaufend, verwöhnt der Höhenweg die Wanderer mit viel Sonne, aber auch schönen Ausblicken. Insgesamt vierzehn Mal führt die Route in die mehr oder minder tief eingefurchten Seitentäler, die nicht nur mit wilden Bächen aufwarten, sondern auch den Blick freigeben auf die Gipfelwelt mit ihren felsigen Kragen, steinernen Türmen und gerölligen Halden.

Wer den Komfort der Übernachtung im eigenen Zimmer schätzt, ist auf dem Gommer Höhenweg gut bedient: Der Abstieg auf etwa halbem Weg hinunter nach Münster und der Aufstieg zurück auf den Weg am nächsten Morgen ist kurz, die An-

WALLIS 157

Der Gommer Höhenweg durchläuft das ganze obere Goms von Oberwald bis Bellwald.

nehmlichkeiten einer Hotelübernachtung liegen somit buchstäblich fast am Weg. Doch auch wer sich der Gipfelwelt stärker verbunden fühlt, kommt auf seine Kosten: Die gemütliche private Galmihornhütte muss zwar zuerst über gut 500 Höhenmeter erklommen werden, erlaubt dafür einen Weitblick mit Morgen- und Abendstimmungen, wie sie nur eine Unterkunft in der Höhe zu bieten hat. Sogar eine Gipfelbesteigung, das Chly Chastelhorn, liegt vor dem Abendessen noch problemlos drin.

Auch der zweite Tag bietet abwechselnde Auf- und Abstiege und den Besuch wundervoller Seitentäler. Und wieder lockt die Höhe: Auf knapp 2500 Metern liegt Steibenkreuz, Bergstation einer Sesselbahn, die müde Wanderer schliesslich bequem nach Bellwald hinabträgt. Die kürzeste Variante, um nach Steibenkreuz zu gelangen, zweigt oberhalb von Blitzingen vom Gommer Höhenweg ab. Doch auch wer dem Höhenweg treu bleibt, kommt nicht zu kurz. Die Fernblicke werden ergänzt durch Nahblicke auf eine vielfältige Blumenpracht, die zum Staunen, Riechen, Bestaunen und Fotografieren einladen. Wer sieht die meisten Orchideen?

Ziel der Wanderung ist Bellwald, die höchstgelegene Gemeinde des Goms, eine Streusiedlung auf einer Kuppe zwischen Goms und Fieschertal, in der kleine Ferienhäuser und grosse Wohnbauten mit Ferienwohnungen vorherrschen – eine Entwicklung, die der Ort nicht zuletzt seiner fantastischen Lage, verwöhnt von Sonne und wundervoller Aussicht, zu verdanken hat. Der Gommer Höhenweg endet bei der Seilbahnstation, die nach Fürgangen hinabführt, wo die Züge der Matthorn-Gotthard-Bahn hindurchrattern. Nicht entgehen lassen sollte man sich zuvor aber den Umweg durch das alte Bellwald mit seinen schönen, dunkelbraun gebrannten Holzhäusern. (UH)

CHARAKTER

Einfache Wanderung auf gut bezeichnetem und gut unterhaltenem Weg (T1). Einzelne Abschnitte, insbesondere in den Seitentälern, führen durch abschüssiges Gelände, was Beschädigungen des Wegtrassees mit sich bringen kann, überdies einige kurze Passagen in steilen Flanken. Die Etappen können dank der Nähe zu den Dörfern auch gut abgekürzt oder auf drei Tage verteilt werden.

DIE WANDERUNG

Anfahrt

Mit der Matterhorn-Gotthard-Bahn ab Göschenen oder Brig bis Oberwald.

1. Tag

Vom Bahnhof Oberwald auf einem Fahrweg auf die Überdachung der Strasse, das Dach queren, dann auf sacht ansteigendem Fahrweg bergauf, zunächst Richtung Oberwald, dann um eine Kurve und nun bis zum Ziel immer talabwärts, bald vom Fahrweg auf einen schönen Fussweg wechselnd. Oberhalb von Münster führt der Weg unter den Seilen eines kleinen Skilifts hindurch, kurz danach zweigt der Abstiegsweg in das nur 150 Meter tiefer gelegene Münster ab. 11 km, 500 m Aufstieg, 490 m Abstieg, 4½ Std., T2.

2. Tag

Den Abstiegsweg vom Vortag wieder zurück bis zu einem Strässchen am Dorfrand, auf diesem nach links, über den Minstigerbach und auf einem Fussweg wieder hinauf zum Höhenweg und auf diesem unschwer nach Bellwald. Einkehrmöglichkeiten unterwegs im Bächital zwischen Reckingen und Gluringen (Guferschmatte) sowie im Bieligertal oberhalb von Biel (Berghütte Walibach). Eingangs Bellwald eine Strasse queren, geradeaus weitergehen und nach rund 200 Metern auf den Fussweg, der links hinab ins Dorf und damit zur Seilbahnstation führt. Ganze Etappe Münster–Bellwald 16 km, 870 m Aufstieg, 720 m Abstieg, 5¾ Std., T2. Ab Münster bis P. 1584 (siehe Varianten, Tag 2) 11 km, 650 m Aufstieg, 480 m Abstieg, 4 Std., T2.

UNTERKUNFT UND VERPFLEGUNG

Galmihornhütte (Ski-Club Münster), 3985 Münster, Telefon 027 973 39 19, www.galmihornhuette.ch.
Verpflegungsmöglichkeiten ohne Übernachtung:
Berghütte Z'Guferschmatte, Millerbine, 3998 Reckingen, Telefon 027 973 18 92.
Berghütte Walibach, Selkingerchäller, 3998 Reckingen, Telefon 079 732 01 04.

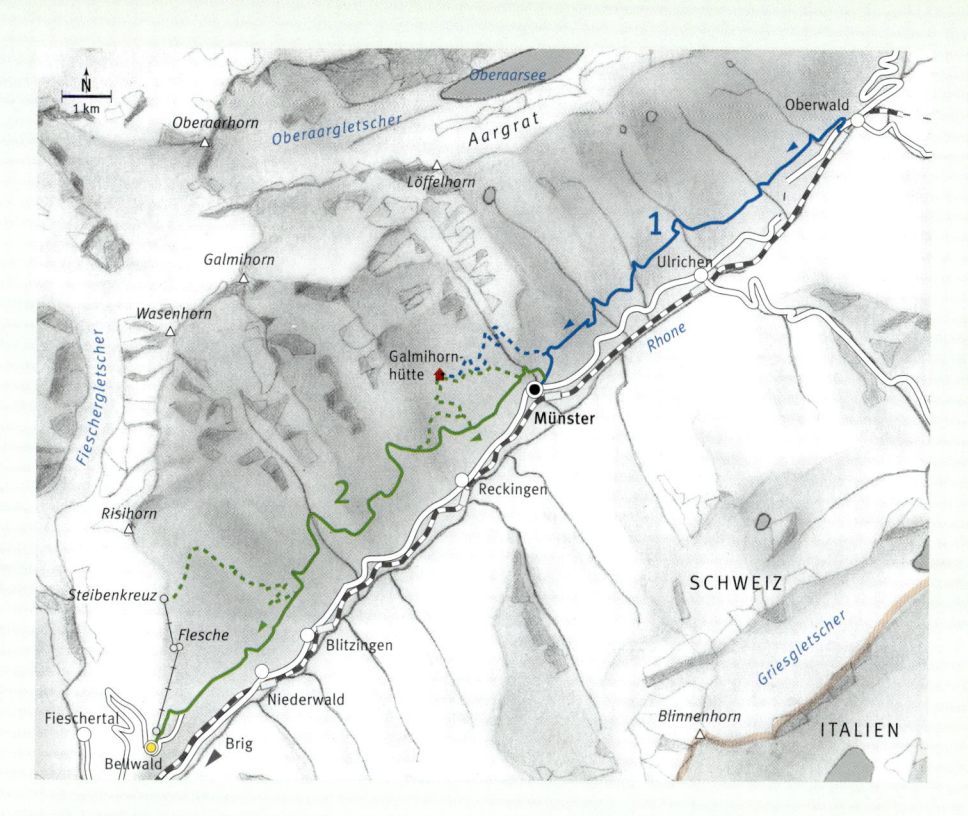

VARIANTEN

1. Tag

Nach dem erwähnten Skilift nicht nach Münster hinab, sondern auf dem Höhenweg bleiben und auf diesem ins Minstigertal, ein prächtiges Seitental. Nach der Bachquerung rund 500 Meter auf der Forststrasse talauswärts, dann auf dem rechts abzweigenden Bergweg steil hinauf zum Judestafel und weiter die Gelänerippe empor zur Galmihornhütte. 14 km, 1100 m Aufstieg, 370 m Abstieg, 6¼ Std., T3.

2. Tag

– Von der Galmihornhütte auf dem Aufstiegsweg zurück bis Judestafel, dann auf dem Wanderweg Richtung Münster steil hinab zum Höhenweg. Oder von der Hütte bis zu den Lawinenverbauungen auf 2219 Metern hinauf und auf kleinem Weg (stellenweise von der hohen Vegetation verdeckt) die steile grasige, blumenreiche Flanke hinab. Bei den Hüttchen von Altstafel in den Wald und hinab nach Tomebine (1787 m), von dort nach links Richtung Millerbine und unterhalb der Häuser von Millerbine wieder auf den Höhenweg. Der rund 200 Höhenmeter über dem Gommer Höhenweg verlaufende Weg ist aber stellenweise in schlechtem Zustand und kann umgangen werden, indem man von Tomebine zwischen den Häusern weiter bis zum Höhenweg absteigt. Ganze Etappe Galmihornhütte–Bellwald 16 km, 570 m Aufstieg, 1120 m Abstieg, 5¾ Std., T3.

– Aufstieg nach Steibenkreuz: Nach der Überquerung des Hilpersbachs zwischen Selkingen und Blitzingen erreicht man bei P. 1584 eine Forststrasse, auf welcher der Höhenweg nach links abwärts führt. Für den kürzesten Aufstieg nach Steibenkreuz (auf den Wegweisern auch in anderen Schreibweisen, z.B. Steibechriz, angegeben) geht man hier rechts die Strasse und später einen Fussweg bergauf zum Spilbode (2401 m), dann ohne nennenswerte Höhendifferenzen hinüber zur Sessalliftstation von Steibenkreuz. Ab P. 1584 bis Steibenkreuz 6 km, 920 m Aufstieg, 40 m Abstieg, 3 Std., T3.

INFORMATIONEN

Eggishorn Tourismus, Furkastrasse 44, 3984 Fiesch, Telefon 027 970 60 70, info@fiesch.ch, www.fiesch.ch.
Obergoms Tourismus, Furkastrasse 53, 3985 Münster, Tel. 027 974 68 68, www.obergoms.ch.
Bellwald Tourismus, 3997 Bellwald, Telefon 027 971 16 84, Telefon 027 971 41 51, info@bellwald.ch, www.bellwald.ch.

Landeskarte 1:25 000, 1250 Ulrichen, 1270 Binntal.
Landeskarte 1:50 000, 265 Nufenenpass.

Und zum Schluss das Matterhorn: EUROPAWEG

Rosswald–Simplonpass–Gspon–Saas Fee–Grächen–Europahütte–Zermatt

Aus der Ferne betrachtet, vielleicht aus der Höhe eines guten Aussichtspunkts wie dem Gemmipass und zusätzlich noch aus einer neuen, ungewohnten Perspektive vermag das Matterhorn kaum besonderen Eindruck zu machen. Plötzlich wirkt es bescheiden und unauffällig zwischen den es umgebenden, wahren Giganten des Alpenraums. Doch die, aus der Ferne betrachtet, fehlende körperliche Grösse und die geringe Masse des Matterhorns sind sofort vergessen, wenn man das «Horu» in seinem eigenen Theater auftreten lässt, dort wo es hingehört und der unbestrittene Star ist: in Zermatt. Selbst abgebrühte Weltreisende, die schon alles gesehen zu haben glauben, können sich dem Bann dieses Berges nicht entziehen – ein Publikumsmagnet und Werbeträger ersten Ranges, der die kleine, arme Walsersiedlung von einst in einen florierenden, weltberühmten Ferienort verwandelt hat.

Dabei ist das «Horu» streng genommen nicht einmal ein Einheimischer. Bei der Auffaltung der Alpen, bei der Gesteinsschichten unterschiedlichsten Alters und unterschiedlichster Zusammensetzung über-, unter- und ineinandergedrückt wurden, fand das Matterhorn seine heutige Position und damit seine gegenwärtige Heimat. Tatsächlich besteht der Berg zu Hauptsache aus Granit, der ursprünglich aus Afrika

Der Höhenweg zwischen Saas Fee und Grächen erlaubt manch faszinierenden Tiefblick.

Eine abgeschiedene Welt erwartet die Wanderer im innersten Nanztal zwischen Simplonpass und Gspon.

stammt: Der von der afrikanischen Kontinentalplatte abgebrochene apulische Mikrokontinent wurde hier bei Zermatt auf eine maritime Sedimentschicht geschoben, auf der das Matterhorn noch heute thront.

Natürlich könnte man es sich einfach machen und bequem mit der Matterhorn-Gotthard-Bahn nach Zermatt reisen. Man kann aber auch etwas Schweiss und Anstrengung in das Unternehmen stecken und Zermatt zum Ziel einer mehrtägigen Wanderung machen, bei der das Matterhorn auf dem berühmten Europaweg das Panorama während zweier Tagesetappen dominiert. Das sechstägige Trekking beginnt in Rosswald in der Nähe von Brig, hoch über dem Talgrund und führt teilweise auf alten Walserwegen bis nach Zermatt – dabei berührt die Tour trotz ihrer eindrücklichen Länge nur ein einziges Mal den Talboden.

Die Ferienhaussiedlung Rosswald, auf 1900 Metern über Meer auf einem bewaldeten Bergrücken gelegen, erreicht man ohne Anstrengung mit einer modernen Gondelbahn von Brig-Ried aus. In Rosswald ist das Ziel der ersten Etappe, der Simplonpass, bereits sichtbar. Zum Greifen nah erscheint der breite, massige Bau des Hotels Bellevue kurz vor der Passhöhe. Tatsächlich liegen lediglich 6 Kilometer Luftlinie zwischen Rosswald und dem Simplonpass. Der Weg dorthin ist jedoch ungleich weiter und erstreckt sich, bis man am Schluss des Tages tatsächlich auf dem Simplon steht, auf satte 21 Kilometer. Der Grund dafür ist einfach, zwingen doch die tiefen Einschnitte des Steinu-, Ganter- und Mischibachtals die Höhenwanderer zu beträchtlichen Umwegen.

Wer in der Region des Simplonpasses wandert, trifft immer wieder auf die Spuren Napoleons, der mit seinen Truppen über den Pass zog und 1801 befahl, den Säumerweg so auszubauen, dass die Passüberquerung auch mit schweren Kanonen möglich würde. Und obwohl es nur wenige Kilometer vom Pass entfernt bereits ein altes Hospiz gab, ordnete er im selben Jahr den Bau eines neuen, deutlich grösseren Hospizes an, der dann allerdings erst 1813 wenige Meter südlich der Passhöhe etwas abseits der

WALLIS 161

Der Türkenbund mit seinen auffälligen Blüten. Der Höhenweg von Saas Fee nach Grächen quert steiles, manchmal auch steiniges Gelände.

Strasse begonnen wurde. Als die Ära Napoleons zu Ende ging und die Franzosen abzogen, stand gerade mal das erste Stockwerk. So ruhte der Bau jahrelang, bis die Chorherren vom Grossen St. Bernhard 1825 die Initiative übernahmen und das Hospiz fertigstellten. Noch heute gehört das riesige Haus den Mönchen vom Grossen St. Bernhard und dient als Begegnungshaus und als Unterkunft, die jedermann offen steht.

Neben den wichtigeren alpenquerenden Achsen bewältigt auch die ganzjährig offene Simplonpassstrasse einen Teil des Nord-Süd-Verkehrs: Hier brummen, kriechen und qualmen manchmal nicht wenige Lastwagen auf ihrem Weg von und nach Italien. So ist es ein eindrückliches Erlebnis, vom Simplonpass in die Ruhe, Einsamkeit und karge Schönheit des Bistinepasses vorzudringen – ein Übergang, der schon von den Walsern begangen wurde – und weiter durch das Nanztal und über den Gibidumpass bis nach Gspon. Die autofreie, sonnige Alpsiedlung über dem Staldertal, Fraktion von Staldenried, mit ihren braun gebrannten Häusern, einer Kapelle und einem gemütlichen Gasthaus bezaubert mit ihrem Charme und ihrer schönen Lage.

Auf dem von hier an als Gsponer Höhenweg bekannten Pfad rücken die Giganten der Walliser Bergwelt im näher: Das Mischabelmassiv im Westen ist der ständige Begleiter.

Saas Fee lässt sich von Gspon in einem Tag gut erreichen. Wer noch einen Tag mehr Zeit hat, wandert den Höhenweg bis Kreuzboden und weiter zur Almageller Alp, wo es sich gemütlich inmitten einer wilden, alpinen Atmosphäre übernachten lässt. Von der Almageller Alp folgt dann zur Erholung eine verdiente, kürzere Etappe via Saas Almagell nach Saas Fee.

Führte die Wanderung bislang ins Staldertal hinein, ist nun die umgekehrte Richtung angesagt. Die Perspektive ändert sich, damit auch die Aussicht, und man bemerkt gar nicht, dass es sich um dasselbe Tal handelt wie an den Tagen zuvor. Was sich ebenfalls ändert, ist die Neigung des Geländes, die noch etwas zunimmt. Der Höhenweg von Saas Fee nach Grächen quert zuerst einen typischen Lärchen-Alpenrosen-Wald, in dem sich an warmen Tagen ein intensiver Duftteppich ausbreitet und dessen mächtige, knorrige Bäume Ruhe und Geborgenheit ausstrahlen. Doch dann wird es ständig rauher und steiler. Die Länge der Etappe, verbunden mit den abwechselnden Auf- und Abstiegen und stellenweise ausgesetzten Passagen verlangen Trittsicherheit und Ausdauer. Belohnt wird man aber von einer fantastischen Aussicht auf Weissmies, Fletschhorn und weiter über das Rhonetal hinaus zur stattlichen Pyramide des Bietschhorns und den Gipfeln der Berner Alpen.

Auf Galenberg zwischen Grächen und der Europahütte öffnet sich der Blick auf die Viertausender des Mischabelmassivs.

Fast am Ziel: Findeln oberhalb von Zermatt mit dem eindrücklichen Matterhorn als Kulisse.

Grächen ist ein sonnenverwöhntes, weitläufiges Dorf auf einer grossen Geländeterrasse im Mattertal. Einst ein Kurort für Sommergäste, lebt der Ort heute vorwiegend vom Wintertourismus und ist in der warmen Jahreszeit eher ruhig. Hier trifft man zum ersten Mal auf die gelben, mit «Europaweg» beschrifteten Wegweiser. Der 1997 offiziell eingeweihte Europaweg, mittlerweile einer der bekanntesten Höhenwege der Schweizer Alpen, ist dank gutem Ausbau und der 1999 eröffneten Europahütte für alle geübten Wanderer zu bewältigen. Das gemeinsame Werk der Gemeinden des Nikolaitals (Grächen, St. Niklaus, Randa, Täsch und Zermatt) ist nicht zuletzt durch seinen Unterhalt sehr aufwendig, was angesichts der Kunstbauten wie Hängebrücken, Tunnels und Galerien, welche die sichere Begehung des Weges überhaupt erst möglich machen, nicht verwundert. Wie vergänglich solche menschlichen Bauwerke sein können, zeigt eine Hängebrücke, die südlich der Europahütte ein notorisch steinschlaggefährdetes Geröllfeld queren sollte. 2010 eröffnet, musste die Brücke bereits im selben Jahr wieder geschlossen werden und bleibt seither gesperrt.

Die Alpen sind in Bewegung, wovon, wie schon eingangs erwähnt, nicht zuletzt auch der Star von Zermatt ein Lied singen kann. Die eindrückliche Gestalt des «Horu» taucht schon wenige Stunden nach Grächen zum ersten Mal am Horizont auf und begleitet die Europawegwanderer nun fast ständig, bis sie es auf Sunegga, dem Endpunkt des Europawegs, fast berühren können. Ankommen ist oft ein bewegender Moment – mit dem Matterhorn vor Augen, ist es das ganz sicher. (UH)

CHARAKTER

Der erste Teil der Tour, von Rosswald bis Saas Fee, ist technisch einfach und bietet keine nennenswerten Probleme (die ausgesetzten Stellen im inneren Nanztal lassen sich umgehen). Die Fortsetzung der Tour von Saas Fee über Grächen und die Europahütte nach Zermatt verlangt ausreichende Kondition und Trittsicherheit. Obwohl gut gesichert, sind einige Stellen ausgesetzt und verlangen etwas Nerven. Nicht zu unterschätzen ist die Länge dieser letzten drei Etappen, die unterwegs keinerlei Schutzmöglichkeiten bieten und deshalb nur bei sicheren Wetterverhältnissen unternommen werden sollten. Wer genügend Zeit hat, sollte für die ganze Tour einen Ruhetag einplanen.

DIE WANDERUNG

Anfahrt

Von Brig mit dem Postauto bis Brig-Ried, Haltestelle Talstation LRR. Mit der Gondelbahn hinauf nach Rosswald.

1. Tag

Von Rosswald auf dem Höhenweg Richtung Bortelhütten und nach Staffel den Mischibach queren. Bei der folgenden Verzweigung führen beide Wege ins Steinutal, der untere allerdings ausgesetzt einer Suone entlang, und weiter bis zur Bortelhütten (private Hütte mit Übernachtungsmöglichkeit, Telefon 027 924 52 10, www.bortelhuette.ch). Weiter über Schrickbode auf die Wasenalp zu den Gebäuden von Wintrigmatte. Von hier ein längeres Stück auf geteerter Strasse (teils parallel dazu, teils auch diese abkürzend) oder aber auf der deutlich anspruchsvolleren Variante über die Mäderlicke bis Rothwald (Restaurants, Busverbindung zum Simplonpass). Die Simplonstrasse queren und auf Forststrassen zur Taferna absteigen, an deren Ufer man auf den von Brig herkommenden Stockalperweg trifft. Auf diesem bis zum Simplonpass. 21 km, 1590 m Aufstieg, 1470 m Abstieg, 8 Std., T2.

2. Tag

Vom Simplonpass zuerst leicht absteigend zu den Häusern von Blätti (1893 m), dann in angenehmer Steigung die Talflanke empor und durch ein karges Hochtal zum Bistinepass (2417 m). Nun auf einem Höhenweg um das innere Ende des Nanztals zum Gibidumpass, auf der Westseite des Tals einer Suone folgend (kurze ausgesetzte Passagen). Vom Gibidumpass durch bewaldetes Gebiet nach Gspon. 23 km, 1520 m Aufstieg, 1020 m Abstieg, 7¾ Std., T3.

3. Tag

Von Gspon auf einem Fahrweg zum Maiensäss Oberfinilu, dann auf einem Fussweg über Schwarze Wald und Färiga bis Linde Bode (2230 m), anschliessend wiederum auf einer Fahrstrasse auf die Hoferälpji. Nun über eine Gletschermoräne auf den Höhenweg, der über grosse Blockfelder zum Kreuzboden und von dort auf dem oberen Höhenweg zur Almageller Alp leitet. 20 km, 1300 m Aufstieg, 970 m Abstieg, 6¾ Std., T3.

4. Tag

Auf dem Alpweg talauswärts bis zur Brücke über den Almagellerbach und auf der linken oder rechten Seite des Baches hinab nach Saas Almagell (auf der linken Bachseite sanfter, auf der rechten mit eindrücklicheren Tiefblicken in die Schlucht am Talausgang). Das Dorf und die Saaservispa queren, dann auf sacht ansteigendem Spazierweg hinauf nach Saas Fee. 7 km, 200 m Aufstieg, 600 m Abstieg, 2¼ Std., T2.

5. Tag

Das Dorf in nördlicher Richtung verlassen und auf breiten Spazierwegen bis zur grossen Waldlichtung von Bärefalle. Ab hier auf dem weiss-rot markierten Höhenweg zuerst durch bewaldetes Gebiet, später in fast durchwegs offenem Gelände bis zur Stafelalpji (Abzweigung ins Tal nach Saas Grund) und danach steiler, mit einer ersten seilgesicherten Passage. Durch den sich vom Lammenhorn hinunterziehenden Lammugraben (grosse Blöcke) und anschliessend nochmals durch ein bewaldetes Stück (Tiefblicke 800 m hinab). Nach der Überquerung des Schweibachs auf die Kanzel Rote Biel (schöner Rastplatz). Wenig später die Abzweigung des Wegs hinauf zum Seetalhorn (siehe Varianten) oder weiter auf dem Grächener Höhenweg durch die steile Flanke des Distelhorns (einige

Napoleon veranlasste den Bau des neuen Simplon Hospiz, das auch heute noch als Unterkunft dient.

Der Suonenweg im Nanztal weist einige ausgesetzte Partien auf.

ausgesetzte Passagen). Bei der Wegverzweigung bei P. 2263 entweder nach rechts auf angenehmem Weg abwärts zur Hannigalp oder nach links mit nochmaligem Aufstieg über die Chleini Furgge zum selben Ziel. Ab Hannigalp auf Zufahrtsstrasse, Fussweg oder mit der Gondelbahn hinab nach Grächen. Bis Hannigalp 17 km, 1480 m Aufstieg, 1150 m Abstieg, 6¾ Std., T3. Insgesamt 19½ km, 1530 m Aufstieg, 1480 m Abstieg, 7¾ Std., T3.

6. Tag
Von Grächen nach Gasenried und bis zur Kapelle von Schalbettu, wo der Europaweg nach links abzweigt und bald recht steil auf einen Sattel südöstlich des Grathorns ansteigt (wenig oberhalb Europaweg-Denkmal). Weniger steil hinüber zum Mittelberg und bald in eine felsige Welt von Geröllfeldern aus grossen Blöcken und stellenweise auch steinschlaggefährdeten Passagen. Die Westflanke des Breithorns mit mehreren ausgesetzten, jedoch gut gesicherten Abschnitten queren und dann wieder weniger steil zum Galenberg (2581 m, Abzweigung nach Heerbriggen) und mühsamer Abstieg durch den Graben südlich davon mit lockerem, weichem Gestein, das ständig in Bewegung ist. Zuletzt angenehm bis zur Europahütte. 16 km, 1510 m Aufstieg, 900 m Abstieg, 7 Std., T3.

7. Tag
Nachdem die Geröllhalde des Grabenufers südlich der Europahütte auch über die 2010 erstellte Hängebrücke nicht mehr sicher passierbar ist, muss nun von der Hütte in Richtung Randa abgestiegen werden. Etwa auf halbem Weg zweigt der neue Weg nach links ab. Von hier weiter abwärts über den Dorfbach und dann bis zu dem von Randa aufsteigenden Hüttenweg zur Kinhütte. Auf diesem nun wieder bergauf zum Punkt 2224, wo der Kinhüttenweg den ursprünglichen Europaweg kreuzt. Geradeaus kann man als Alternative weiter zur herrlich gelegenen Kinhütte (2582 m) aufsteigen. Der Europaweg führt aber nach rechts, durch Tunnels und auf einem teilweise in den Fels gehauenen Trassee durch das steile Wildikintal. Nach Springelboden geht es stetig abwärts, über ein weiteres grosses Geröllfeld unter einer langen Retongalerie und schliesslich wieder aufwärts ins Täschalptal. Die Fortsetzung des Wegs bis nach Tuftern/Zermatt ist seit 2013 gesperrt wegen Steinschlags. Für die Wanderung nach Zermatt deshalb ab Täschalp hinab zur Schlangengrueb auf dem Talgrund, dann entlang der Bahnlinie die letzten zwei Kilometer nach Zermatt. 19 km, 1100 m Aufstieg, 1600 m Abstieg, 7 ¾ Std., T3.

UNTERKUNFT
1. Tag
Hotel Simplon Blick, 3907 Simplon-Pass, Telefon 027 979 11 13, simplon-blick@bluewin.ch.
Hotel Monte Leone, 3907 Simplon-Pass, Telefon 027 979 12 58, www.hotelmonteleone.ch.
Simplon-Hospiz, 3907 Simplon-Pass, Telefon 027 979 13 22, simplon@gsbernhard.ch.

2. Tag
Hotel Alpenblick, Gspon, 3933 Staldenried, Telefon 027 952 22 21, www.alpenblick-gspon.ch.

3. Tag
Berghotel Almagelleralp, 3905 Saas-Almagell, www.almagelleralp.ch.

Der Gsponer Höhenweg führt durch einen alten Arvenwald.

4. Tag
Diverse Hotels in Saas Fee. Saas Fee Tourismus, 3906 Saas Fee, Telefon 027 958 18 58, info@saas-fee.ch, www.saas-fee.com.

5. Tag
Diverse Hotels in Grächen. Grächen Tourismus, 3925 Grächen, Telefon 027 955 60 60, info@graechen.ch, www.graechen.ch.

6. Tag
Europahütte, Marcel und Katja Brantschen, 3928 Randa, Telefon 027 967 82 47.
Kinhütte, 3929 Täsch, Telefon 027 967 86 18, info@kinhuette.ch, www.kinhuette.ch.

7. Tag
Diverse Hotels in Zermatt. Zermatt Tourismus, Bahnhofplatz 5, 3920 Zermatt, Telefon 027 966 81 00, info@zermatt.ch, www.zermatt.ch.

VARIANTEN

1. Tag
Von Wintrigmatte über die Mäderlicke (2887 m) auf den Simplonpass. Gesamte Tagesetappe dann 21 km, 1815 m Aufstieg, 1680 m Abstieg, 9 Std., T3.

2. Tag
Vom Bistinepass absteigen ins Nanztal, den Bach queren und dann auf breitem Fahrweg steil hinauf zum Gibidumpass. Gesamtlänge 19 km, 1440 m Aufstieg, 940 m Abstieg, 6½ Std., T2.

3. Tag
– Abstieg vom Linde Bode über Heimischgartu, Unner Brend und Bodme nach Saas Grund. Von dort zuerst der Saaservispa entlang und anschliessend über den Kreuzweg hinauf nach Saas Fee. Gesamtlänge 16 km, 960 m Aufstieg, 1030 m Abstieg, 5¾ Std., T3.
– Zu Fuss oder mit der Gondelbahn vom Kreuzboden hinab nach Saas Grund. Von dort wie oben beschrieben über den Kreuzweg hinauf nach Saas Fee. Gesamtlänge 20 km, 1290 m Aufstieg, 1370 m Abstieg, 7½ Std., T3.

4. Tag
Bei der Brücke über den Almagellerbach auf die linke Bachseite und wenig später auf den nach links abzweigenden Almageller Erlebnisweg (2 lange Hängebrücken mit beeindruckenden Tiefblicken, Leitern, steile Stiegen; Trittsicherheit erforderlich, jedoch einfach und ohne Klettersteigset zu begehen; bei Nässe eher meiden).

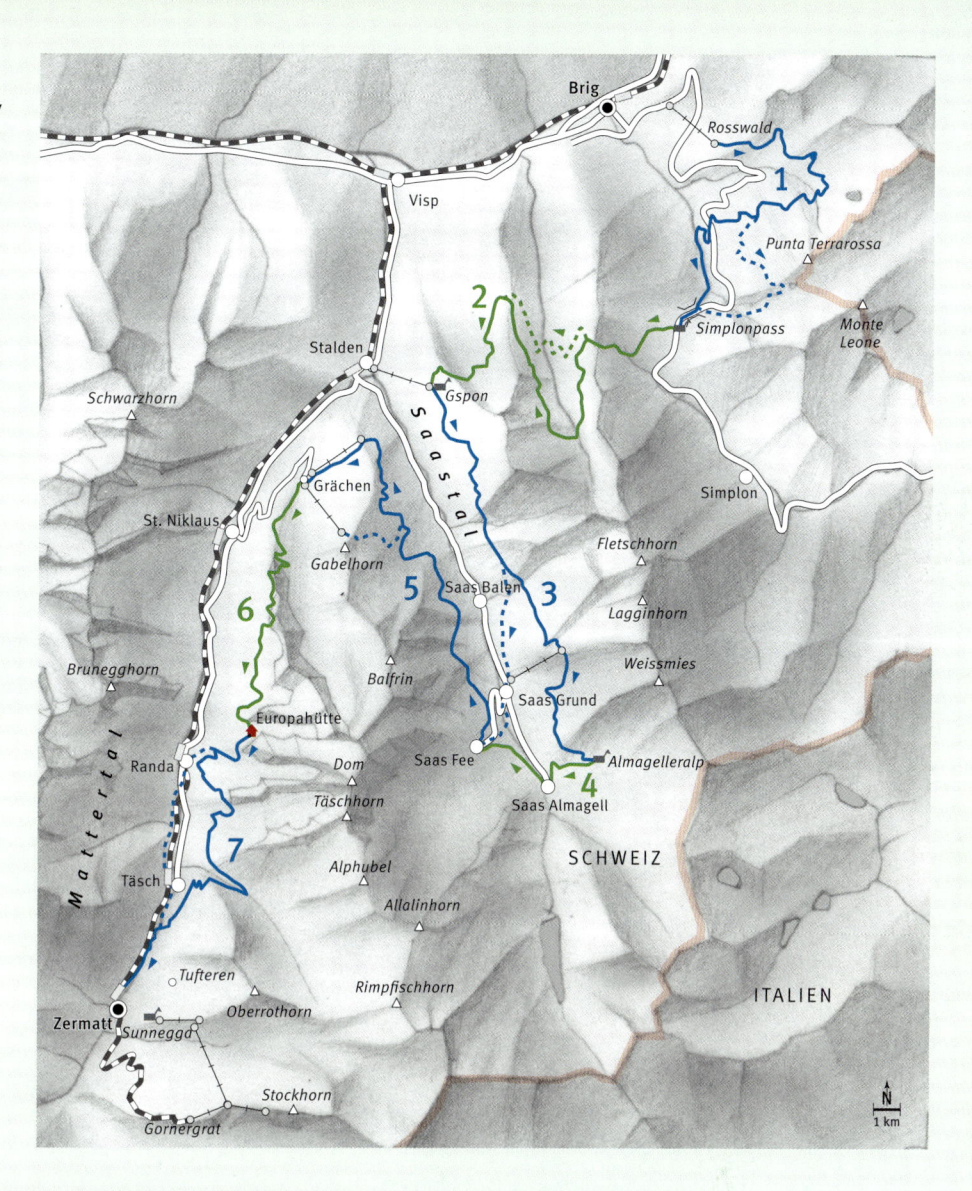

Der Weg mündet in eine Fahrstrasse, auf dieser ins nahe gelegene Furggstalden und von dort auf steilem Fussweg oder mit der Sesselbahn hinab nach Saas Almagell. Diese Variante ist nur unwesentlich länger als die oben beschriebene.

5. Tag
Nach Rote Biel den Höhenweg verlassen und südlich über den Gipfelgrat aufs Seetalhorn aufsteigen, dann kurzer Abstieg zur Bergstation der Seetalhornbahn (Betriebszeiten prüfen, Telefon 027 955 60 10). Ab Saas Fee 16 km, 1810 m Aufstieg, 750 m Abstieg, 6¾ Std., T3. Abstieg nach Grächen zusätzlich 6 km, 1220 m Abstieg, 2 Std.

7. Tag
Von der Europahütte absteigen nach Randa, dann zuerst dem Fluss Mattervispa folgend und später in der Nähe der Bahnlinie auf dem Talgrund nach Zermatt. 13 km, 350 m Aufstieg, 850 m Abstieg, 4½ Std., T2.

WEITERE INFORMATIONEN

Gondelbahn nach Rosswald: Rosswald Bahnen, 3911 Ried-Brig, Telefon 027 923 20 04, www.rosswald-bahnen.ch.

Landeskarte 1:25 000, 1289 Brig, 1309 Simplon, 1308 St. Niklaus, 1328 Randa, 1348 Zermatt.
Landeskarte 1:50 000, 274 Visp, 284 Mischabel.

Zu Füssen der Viertausender: TOPALI-HÖHENWEG

Moosalp–Jungu–Topalihütte–Randa

Der Topali-Höhenweg beeindruckt durch den Blick auf markante hochalpine Gipfel, die für manchen Bergsteiger noch ein Ziel sein mögen oder es einmal waren und jetzt auf angenehme Weise an vergangene Besteigungen erinnern. Wer rechtzeitig auf die Moosalp oberhalb von Visp anreist, dem sei vor dem Start ein kleiner Ausflug zum Bonigersee und zum Aussichtspunkt bei Punkt 2122, etwa ein Kilometer nordöstlich der Moosalp, empfohlen. Die Rundsicht ist einzigartig – das ganze Wallis und insbesondere das 3934 Meter hohe Bietschhorn genau im Norden zeigen sich von hier in voller Pracht.

Zum Auftakt führt die Wanderung durch einen lichten Lärchenwald immer dem Wasser entlang. Die mehrere Kilometer langen und teilweise mehrere Jahrhunderte alten Wasserleitungen der Suonen, der eigentliche Lebensnerv der unterhalb liegenden Dörfer, werden uns den ganzen Tag begleiten.

Schon bald gibt sich das zunächst beherrschende Bietschhorn bedeckt, und an seiner Stelle öffnet sich je länger je mehr der Blick ins Mattertal, das auf der gegen-

Die Topalihütte liegt auf 2674 Meter auf einer Geländeterrasse im Angesicht der Viertausender Hobärghorn, Dom und Täschhorn (von links nach rechts).

Das Bachtobel Holzzügji ist nur dank einer kleinen Brücke zu überqueren.

Während das Mattertal kurz nach der Topalihütte noch im morgendlichen Schatten liegt, steht das Monte-Rosa-Massiv am Talende bereits in der Sonne.

überliegenden Seite vom Mischabelmassiv dominiert wird. Neben zahlreichen weiteren Viertausendern ist der Dom mit 4545 Metern nicht nur die höchste Erhebung dieser Gebirgskette, sondern auch der höchste ganz in der Schweiz liegende Gipfel überhaupt. Und als weiterer Viertausender erkennt man – am ersten Tag zwar noch weit hinten im Tal – das Breithorn, ein einfach zu besteigender Vertreter seiner Klasse, während das benachbarte Kleine Matterhorn die Viertausendergrenze knapp verpasst hat. Diesseits des Tals gleissen unterdessen die Schneeflanken des Weisshorns im Morgenlicht. Ganze elf Viertausender dominieren dann auch Jungu, den ersten Etappenort. Fast hat man das Gefühl, sie wollten das kleine Dörfchen bewachen. Ein Rundgang durch das Dorf mit den vielen kleinen, steingedeckten Holzhäusern und

WALLIS 169

Der sich zurückziehende Bisgletscher erstreckt sich vom Weisshorn in Richtung Randa.

der 1762 erbauten Kapelle ist ein Muss, und zum Abschluss lädt oberhalb des Orts ein kleiner See zum Verweilen ein.

Am zweiten Tag steht der Übergang von Jungu zur Topalihütte auf dem Programm, distanzmässig zwar nicht weit, durch die steinige Umgebung aber von durchaus alpinem Charakter und erfordert entsprechende Erfahrung in solchem Gelände. Belohnt wird man auf der Wasulicke von einer Aussicht, als wäre man auf einem Gipfel. Im Norden grüssen Wildstrubel, Rinderhorn, Balmhorn, Doldenhorn und der lange Grat der Blüemlisalp. Im Süden sind es die Mischabelgruppe mit dem Dom und die Monte-Rosa-Gruppe mit der Dufourspitze, dem genau auf der Grenze zu Italien liegenden höchsten Punkt der Schweiz. Das Weisshorn mit dem schmalen Nordgrat und dem von hier nach links abfallenden Ostgrat macht seinem Namen alle Ehre.

Die erste, von Bergsteigern des Schweizerischen Alpen-Clubs 1926 erbaute Topalihütte fand 1998 ein trauriges Ende: Sie wurde durch einen Brand vollständig zerstört. Seit 2003 ist der moderne, lichtdurchströmte Neubau zu geniessen, der sich, auf einer emporenartigen Terrasse inmitten der Walliser Viertausender gelegen, als zweiter Etappenort anerbietet.

Die Hoch- und Tiefblicke sind auch auf den weiteren Etappen dieser Tour das beherrschende Thema. Am dritten Tag dominieren das vergletscherte Brunegghorn im Süden, das Schöllihorn in der Mitte und das Innere Barrhorn den eindrücklichen Felskessel des Tällis unterhalb des Schölligletschers. Besonders faszinieren hier auch

Der Tummigbach stürzt über hohe Felsen ins Tal.

Tiefblick ins Tal und Ausblick auf den Riedgletscher und das Nadelhorn.

WALLIS 171

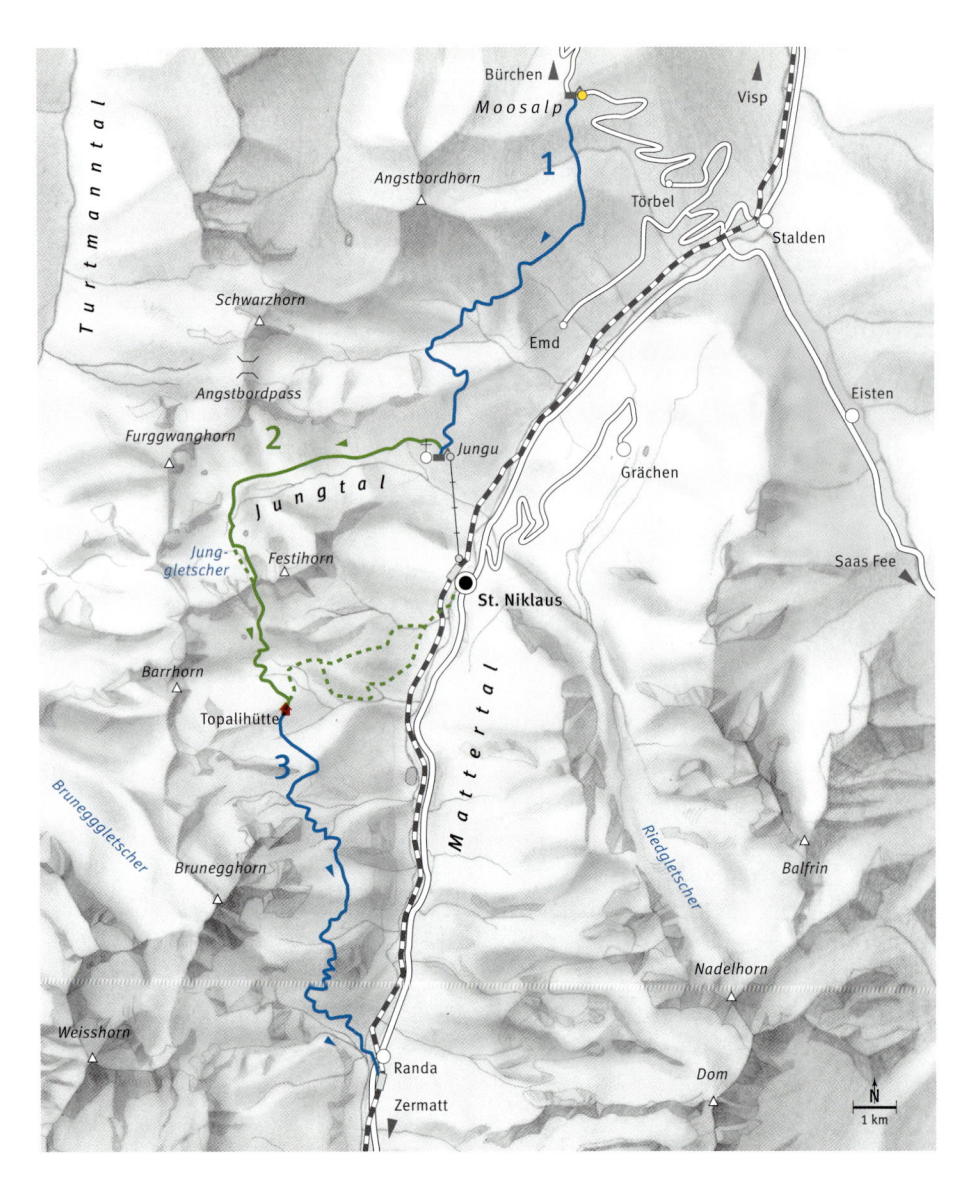

die farbenfrohen Gesteinsschichten. Auf dem Höhenweg nach Randa kann man sich an einigen Orten dann einen Tiefblick ganz hinunter ins Mattertal erheischen, wo man Bahnlinie und Strasse sich durch das enge Tal hinaufschlängeln sieht. Hier oben aber ist man weit weg von aller Zivilisation und trifft bestenfalls auf ein paar Geissen, die sich auf kleinen Weiden zwischen den Felswänden tummeln.

So imponierend der Anblick der Bergriesen auch ist, bergen sie doch auch ihre Gefahren. So donnerten 1991 zweimal riesige Felsmassen beim Dorf Randa zu Tal. Es war Glück im Unglück, dass bei diesen zwei Bergstürzen keine Personen zu Schaden kamen. Einige Ställe und Landwirtschaftsland gingen aber verloren. Die Bahnlinie und die Strassenverbindung nach Zermatt wurden unterbrochen, und der Fluss Vispa wurde zugeschüttet und zu einem See aufgestaut. In der Folge mussten vorübergehend riesige Pumpen installiert werden, um das Niveau dieses Sees in kurzer Frist wiederum absenken zu können. Langfristig wurde ein Umleitungsstollen gebaut, um die Überschwemmung des Talbodens zu verhindern. Der Schuttablagerungskegel ist nach wie vor gut zu erkennen, aber an den neu darin wachsenden Lärchen lässt sich erkennen, wie die Vegetation bereits wiederkehrt und Oberhand gewinnt. (DV)

Schwarzes Männertreu.

CHARAKTER

Dreitägige Wanderung im Mattertal mit einfachem erstem Tag, während der zweite Tag durch das steinige Gelände einen alpinen Charakter bekommt und auf der Wasulicke die ansehnliche Höhe von 3114 Metern erreicht. Während der ganzen Tour zeigen sich die markanten Walliser Bergriesen und Bergsteigerziele in eindrücklicher Grösse und aus nächster Nähe.

DIE WANDERUNG

Anfahrt

Mit Postauto ab Visp oder mit dem Auto auf der öffentlichen Strasse bis zur Moosalp.

1. Tag

Von der Moosalp (2048 m) südwärts der Wasserleitung entlang bis Schwarzi Blatte, dann südwestwärts weiter immer leicht ansteigend der Wasserleitung entlang. Die Alp Pletsche unter sich liegen lassend, weiter bis zum Tobel des Tschongbach, wo der Weg durch zwei kurze Tunnels führt. Nach der Alp Läger kurz absteigen bis zu einem Punkt zwischen den beiden nördlichen Seitenarmen des Embdbachs (perfekter Picknickplatz), dann wieder ansteigend bis P. 2074. Einige ausgesetzte, aber mit Holzgeländer gesicherte und durchwegs genügend breit ausgebaute Stellen (knapp 1 km nördlich von Jungu) passieren und zuletzt auf einfachem Weg bis Jungu (1955 m). 9½ km, 350 m Aufstieg, 450 m Abstieg, 3½ Std., T2 (eine kurze Passage T3).

In Jungu besteht leider keine Übernachtungsmöglichkeit. Das Jungerstübli wird einzig als Restaurant betrieben. Zum Übernachten zwischen erster und zweiter Etappe bietet es sich an, mit der Luftseilbahn St. Niklaus–Jungen am Abend hinunter- und am nächsten Morgen wieder hochzufahren. Dank der recht langen Betriebszeiten im Sommer ist dies möglich. Für Übernachtungsmöglichkeiten in St. Niklaus: www.st-niklaus.ch

2. Tag

Von Jungu westwärts durch den Lärchenwald bis zur Alp Jungtal (2387 m) aufsteigen, um das grosse steingedeckte Alpgebäude herum und anfänglich auf Wegspuren, dann auf wieder besser erkennbarem Weg auf den alten Moränenrücken. Diesem Grasrücken folgen bis in die steinige Mulde kurz vor P. 2704, dann den zahlreichen Wegzeichen folgend etwa 1 Kilometer südwärts bis zu einem kleinen See nördlich des Junggletschers.

Geissherde beim Tummigbach-Wasserfall.

Ab hier gibt es zwei Möglichkeiten: Entweder weiter den weiss-rot-weissen Markierungen und einem blauen Fixseil folgend auf die Kuppe (2900 m), in südsüdöstlicher Richtung dem Felsfuss entlang bis zu weiteren Fixseilen, die zur Wasulicke (3114 m) führen. Oder, falls der Gletscher nicht mehr schneebedeckt und allfällige Spalten somit gut erkennbar sind, kann man vom kleinen See beim Gletscheranfang dem östlichen Gletscherrand entlang aufsteigen (weiss-blau-weiss markiert). In Aufstiegsrichtung weiter rechts als die weiss-rot-weisse Variante führen dann eine Leiter und Fixseile nach oben. Von der Wasulicke südwärts ins Wasmutälli absteigen, über den Südostgrat-Ausläufer des Wasuhorns zu P. 2765 und auf gutem Weg zur Topalihütte (2674 m). 9½ km, 1200 m Aufstieg, 450 m Abstieg, 6 Std., T4.

3. Tag

Von der Topalihütte führt der Höhenweg mit vernachlässigbaren Steigungen nach Randa im Mattertal: Zuerst südwärts zum untersten Ostgrat-Ausläufer des Inner Barrhorns, dann den Grasrücken auf etwa 2700 Metern Höhe umgehend (4 m Leiter zur Überwindung einer kleinen Felsstufe) bis zu einer grossen Mulde bei P. 2683 (auf der Karte als «Tälli» bezeichnet). Von dort zweimal in engen Spitzkehren einen Grashang hinunter zu P. 2265. Weiter via P. 2227 zu P. 2232 (Abstiegsmöglichkeit nach Herbriggen). Dann immer auf der gleichen Höhe bleibend via P. 2235 und das Bachtobel Rosszüggi querend zur Graskuppe unter P. 2410 (mit Messinstrumenten zur Überwachung des Bergsturzgebiets von Randa). Langer Abstieg (1000 Höhenmeter), zuerst in grossen, dann in kleinen Zickzackkehren nördlich des Bisbachs hinunter nach Randa. 10 km, 300 m Aufstieg, 1550 m Abstieg, 5 Std., T3.

UNTERKUNFT UND VERPFLEGUNG

Jungerstübli, 3924 St. Niklaus, Telefon 027 956 21 01 oder 027 956 14 35, nur Restaurant.
Topalihütte, 3924 St. Niklaus, Telefon 027 956 21 72, www.topalihuette.zaniglas.ch.
Auf der Moosalp gibt es zwei Ausflugsrestaurants:
Bergrestaurant Moosalp, 3923 Törbel, Telefon 027 952 14 95, info@moosalp.ch, www.moosalp.ch.
Bergrestaurant Dorbia, Schigarten, 3935 Bürchen, Telefon 027 952 15 53, gustav.gattlen@bluewin.ch, www.dorbia.ch.

VARIANTEN

1. Tag

Die erste Etappe kann man auslassen. Dann Anreise bis St. Niklaus und mit der Seilbahn nach Jungu.

3. Tag

Bei Wetterverschlechterung oder Nässe auf dem Hüttenweg direkt nach St. Niklaus absteigen. Es gibt zwei Varianten: entweder via Walkerschmatt, Bode, Medji, Stalu oder weiter südlich via P. 1978, Blattäbi, P. 1728 und 1360 nach Stalu und weiter nach St. Niklaus. Ganze Strecke dann 6 km, 1600 m Abstieg, 2–2½ Std., T2.

INFORMATIONEN

Luftseilbahn St. Niklaus – Jungen, Telefon 027 956 22 80 oder 079 353 50 28, www.jungenbahn.ch
Landeskarte 1:25 000, 1288 Raron, 1308 St. Niklaus.
Landeskarte 1:50 000, 274 Visp.

Ins Tal der fünf Viertausender: VAL D'ANNIVIERS

Chandolin–Montagne du Toûno–Zinal

Vor dem Start in Chandolin lohnt sich ein Besuch des «Vieux village», des alten Ortsteils. Das auf 1936 Metern gelegene Dorf mit seinen typischen Walliser Holzhäusern gehört zu den höchstgelegenen ständig bewohnten Orten Europas. Es schmiegt sich, von Lärchen- und Arvenwäldern umgeben, an einen sonnigen Südosthang des Val d'Anniviers oder zu Deutsch Eifischtal. Von Chandolin aus steigt man denn auch durch lichten Lärchenwald zu Par di Modzes, wo man kurz danach auf einen gemütlichen Picknickplatz trifft. Erstmals eröffnet sich hier die faszinierende Bergwelt des Val d'Anniviers mit den fünf Viertausendern, die das Tal abschliessen – und man beginnt zu ahnen, weshalb der Dichter Rainer Maria Rilke von einem Tal sprach, das «zwischen Himmel und Erde hängt».

Unweit der Bergstation Tignousa der von St-Luc heraufführenden Standseilbahn befindet sich die Sternwarte François-Xavier Bagnoud, ein moderner Bau, der mit Unterstützung der gleichnamigen Stiftung entstanden ist. François-Xavier Bagnoud war ein Schweizer Helikopterpilot, der allzu jung, mit nur 24 Jahren, 1986 bei einem Absturz ums Leben kam. Seine Eltern gründeten darauf zur Erinnerung an ihn die

Das charmante Vieux village und seine Kirche liegen etwas abseits vom neuen Dorfkern von Chandolin.

Das historische Hotel Weisshorn gilt als eines der höchstgelegenen seiner Art und bietet eine vorzügliche Aussicht.

auf seinen Namen lautende Stiftung. Die erhöhte Lage der 1995 erbauten Sternwarte verspricht gute Beobachtungsbedingungen, die an bestimmten Abenden auch von der Öffentlichkeit genutzt werden können. Dazu steht ein Teleskop mit 60 Zentimeter Öffnung und weitere kleinere Instrumente zur Verfügung. Bei der Sternwarte beginnt auch ein Planetenweg, dem wir auf 6 Kilometern folgen. Um eine Milliarde verkleinert, entspricht so jeder Meter auf dem Planetenweg einer Million Kilometer im Weltall. Ohne besondere Anstrengung bewegt man sich so mit dreifacher Lichtgeschwindigkeit und kann sich ein Bild der gewaltigen Distanzen im All machen. Je weiter man sich von der Sonne entfernt, umso weiter sind die Planeten auseinander.

Ebenso eindrücklich wie die kaum vorstellbaren Dimensionen des Kosmos sind die Berge, die man auf dieser Tour bestaunen kann – nicht umsonst werden sie von den Einheimischen als «Couronne impériale», als «kaiserliche Krone» bezeichnet. Dass sie bereits in den Anfangszeiten des Tourismus, in der Zeit des Fin de Siècle, ein Anziehungspunkt waren, beweist das Hotel Weisshorn, das südwestlich und 700 Meter oberhalb von St-Luc auf 2332 Metern Höhe am Berg klebt. Es zählt zu den höchstgele-

WALLIS 175

Von Wetter und Sonne gezeichnet: Fassade einer Alphütte.

genen historischen Hotels der Schweiz und besticht zum einen mit dem nostalgischen Charme der Jahrhundertwende und zum anderen mit seiner einmaligen Sicht auf die Walliser Viertausender. Das Hotel wurde, ursprünglich zweistöckig, 1882/83 als Attraktion für englische Touristen erbaut und nach der Zerstörung durch einen Brand bereits 1891 als massiver vierstöckiger Steinbau mit verglaster Veranda neu erstellt. Das Baumaterial wurde damals mit Maultieren hoch transportiert, und auch heute noch ist das Hotel nur zu Fuss zu erreichen. Ebenso unverändert und eine ebensolche Attraktion wie seinerzeit für die ersten englischen Touristen ist das Panorama: Von der Terrasse des Hotels erkennt man im Norden die Gipfel der Diablerets, von Wildhorn und Wildstrubel. Im Süden dominieren das trotz seiner respektablen Höhe von 4153 Metern bergsteigerisch einfache Bishorn und das Weisshorn, mit 4506 Metern einer der höchsten und anspruchsvollsten Viertausender. Als weitere Viertausender grüssen Zinalrothorn, Matterhorn und Dent Blanche im Talabschluss.

Kaum merkbar ansteigend, erreicht man westlich der Pointes de Nava den höchsten Punkt der Tour mit 2424 Metern, ein weiterer einmaliger Aussichtspunkt auf die im Talende posierenden Viertausender. Von hier führt der Weg weiter durch zwei kleine Seitentäler, bevor man oberhalb von Zinal zum Abschluss wieder in einen Lärchenwald eintaucht.

Diese Tour ist der zweite Teil des berühmten Berglaufs von Sierre nach Zinal und ist deshalb auf der ganzen Länge unverfehlbar und markant mit gelben Z markiert. Der Lauf, auch «Lauf der fünf Viertausender» genannt, gilt als einer der schönsten Bergläufe. Die Läufer überwinden auf 31 Kilometern Länge 2200 Meter Aufstieg und 800 Meter Abstieg. Die aktuelle Rekordzeit, vom Neuseeländer Jonathan Wyatt im Jahr 2003 gelaufen, beträgt 2 Stunden 29 Minuten (Stand 2008). Beeindruckend, wenn man bedenkt, dass man wandernd für nur einen Teil der ganzen Strecke bereits fünfeinhalb Stunden braucht – die dafür aber mit viel mehr Genuss verbunden sind! (DV)

Schon zu Anfang der Tour präsentieren sich Bishorn, Weisshorn und Les Diablons (von links).

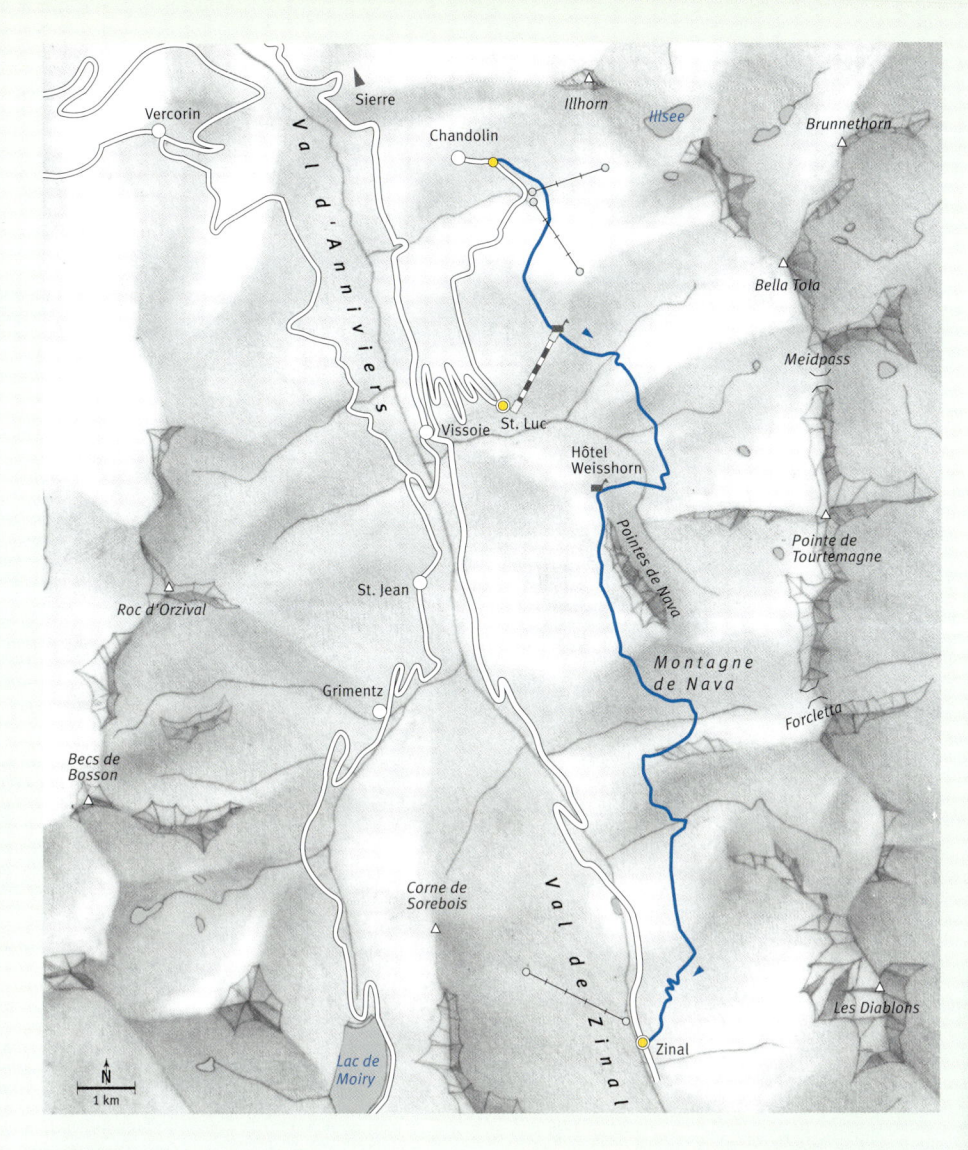

VARIANTEN

- Nach dem ersten Aufstieg bei der Alp Par di Modzes zur Cabane Bella Tolla aufsteigen. Beim Chalet Blanc stösst man wieder auf die normale Route. 150 m Aufstieg und ½ Std. zusätzlich.
- Nach der Alp Le Chiesso (P. 2201) statt via Hotel Weisshorn und westlich um die Pointes de Nava zum Übergang Bella Vouarda (2621 m) aufsteigen. Nach dem Abstieg via Tsahélet erreicht man bei P. 2344 wieder die beschriebene Route. 100 m Aufstieg und 20 Min. zusätzlich.
- Wer die Tour in zwei Etappen aufteilen will, findet im Hotel Weisshorn eine ideale Übernachtungsmöglichkeit.

INFORMATIONEN

Mehr zur Sternwarte François-Xavier Bagnoud unter www.ofxb.ch.

Landeskarte 1:25 000, 1287 Sièrre, 1307 Vissoie, 1327 Evolène.
Landeskarte 1:50 000, 273 Montana, 283 Arolla.

CHARAKTER

Eintägige Wanderung im mittleren Schwierigkeitsbereich mit wenig Aufstieg im Val d'Anniviers.

DIE WANDERUNG

Anfahrt

Mit dem Postauto von Sierre via Vissoie und St-Luc nach Chandolin.

Vom Zentrum des neuen Dorfteils von Chandolin gleichmässig ansteigend via Par di Modzes nach Tignousa. Auf Alpstrassen zum Hotel Weisshorn und wiederum auf Bergwegen südwärts und westlich der Pointes de Nava vorbei zur Montagne de Nava (P. 2344). Auf leicht abfallendem, steinigem Weg zur Alp Barneuza. Bei P. 2173 entweder direkt und etwas kürzer nach Zinal absteigen oder nochmals 30 Höhenmeter aufsteigen, für die man mit einer grossartigen Aussicht in den Talkessel von Zinal belohnt wird, und dann auf gutem Weg in steilen Kehren nach Zinal. 18 km, 550 m Aufstieg, 850 m Abstieg, 5½ Std., T3 (von Chandolin bis zum Hotel Weisshorn 2½ Std.).

UNTERKUNFT UND VERPFLEGUNG

Für Übernachtungen in Chandolin: Tourismusbüro Chandolin, 3961 Chandolin, Telefon 027 475 18 38, www.chandolin.ch.
Hotel Weisshorn, 3961 St-Luc, Telefon 027 476 17 15, www.weisshorn.ch. Übernachtungs- und Verpflegungsmöglichkeit.
Restaurant bei der Bergstation der Standseilbahn St-Luc–Tignousa.
Bei der Alp Chalet Blanc werden Alpprodukte verkauft.

Holzhaus im Zielort Zinal.

WALLIS 177

Anschauliche Geologie hoch über der Rhone:
TOUR DES MUVERANS

Derborence–Cabane Rambert–Col du Demècre–Pont de Nant–Derborence

Diese eindrückliche Rundtour führt praktisch ausschliesslich auf Wanderwegen und weitab von Ortschaften um das Gebirgsmassiv der Muverans, nördlich des Rhoneknies bei Martigny. Hoch über dem Walliser Haupttal verlaufend, bietet der Höhenweg grossartige Ausblicke auf die Viertausender der Südschweiz und das Montblanc-Massiv, daneben aber auch interessante Einblicke in Geologie, Flora und Fauna.

In Derborence ankommend, fallen einem als Erstes die markanten Südwände der Diablerets auf. Von der Südseite stürzten 1714 und 1749 gewaltige Felsmassen ins Tal und begruben Alpweiden, Hütten, Menschen und Tiere. In der Folge bildete sich

Frühmorgendlicher Abstieg in den ersten Sonnenstrahlen von der Cabane de Rambert, mit Petit Muveran (links) und Montblanc (rechts im Hintergrund).

178 WALLIS

Vollmondnacht in der Cabane de Rambert: Das Sternbild Orion (Bildmitte) wacht über dem lichterhellten Dunst im Walliser Haupttal und dem markanten Felskopf der Pointe de Chemo (rechts).

ein See, der heutige Lac de Derborence. Durch die grossen Geschiebemengen der Zuflüsse verlandet der See zusehends und kann im Herbst sogar ganz austrocknen. Ist man rechtzeitig angereist, lohnt sich ein Rundgang um den See: Während auf seiner Nordseite flache Ufer dominieren, ist der Wald auf seiner Südseite mit riesigen Steinblöcken übersät; einige der eindrücklichen Tannen sind über 300 Jahre alt. Das Gebiet steht seit 1959 unter Schutz. Ein markierter Weg, den man nicht verlassen soll, führt zurück zum Aufstieg zur Col de la Forcla.

Der Anstieg zum 2547 Meter hohen Übergang ist angenehm gleichmässig und nie übermässig steil. Freunde von Steinen wähnen sich hier im Paradies: Alle erdenklichen Farben und Formen kann man finden, einige auch so scharfkantig, dass man damit Gemüse raffeln könnte. Im Abstieg vom Col de la Forcla trifft man auf einen alten Stollen, der weit ins Berginnere führt, und auch von der anderen Seite wurde ein Stollen gegraben. Die Absicht war, das Wasser des Sees zur Bewässerung der Weinberge im Tal zu nutzen. Die Bergleute begegneten sich aber nie, und so wurde das Projekt aufgegeben. Das Wasser des Sees wird mittlerweile auf andere Art gefasst und zur Bewässerung genutzt.

Das Etappenziel des ersten Tages, die Cabane Rambert, liegt an einem Ort mit traumhafter Aussicht, die keinen Vergleich zu scheuen braucht: Dom, Weisshorn, Zinalrothorn, Dent Blanche, Matterhorn, Grand Combin und das ganze Montblanc-Massiv, um nur die markantesten der zahlreichen Walliser Viertausender zu nennen, geben sich hier ein Stelldichein. Im Südwesten erblickt man die Dents de Morcles und die Dents du Midi (zu Letzteren siehe auch die folgende Rundtour, Seite 186). Neben der einzigartigen Aussicht hat sich die Cabane Rambert auch unter Läufern einen Namen gemacht. Seit 1976 führt ein Berglauf von Ovronnaz über 1360 Höhenmeter zur Cabane Rambert; durch die kurze Distanz von lediglich 8,4 Kilometern ergibt sich ein sehr steiles Streckenprofil, das stark selektioniert. Dennoch liegt der Streckenrekord bei fast unvorstellbaren 51 Minuten und 13 Sekunden.

Cabane de Fenestral und Lac Supérieur de Fully.

Auf dem Col des Perris Blancs: Die schroffen Felswände von Grand und Petit Muveran sowie Dent Favre über dem Vallon de Nant (von links).

Zur Abrundung des Tages zeigen sich noch die besonderen «Haustiere» der Hütte: Gämsen und Steinböcke kommen bis nahe an die Hüttenterrasse heran, so wie man auch auf der ganzen Tour des Muverans Steinwild beobachten kann. Wer zudem den Blick ab und zu zum Himmel richtet, wird vielleicht einen Bartgeier entdecken, mit über zweieinhalb Metern, Flügelspannweite der grösste Vogel der Schweiz. Das Gebiet von Derborence stellt für den König der Lüfte einen idealen Lebensraum dar, in dem er auch genügend Aas als Nahrung findet. Im Jahr 2007 kam es in diesem Gebiet – im Wallis erstmals seit mehr als 120 Jahren – wieder zur Aufzucht eines Jungtiers.

Dass eine Hütte auf einem Pass erbaut wird, ist ungewöhnlich. Beim zweiten Übernachtungsort, der Cabane du Demècre, hat dies aber seine guten Gründe, und

Für einmal weiss statt wie gewohnt violett: «Albino»-Feld-Enzian.

Cabane du Demècre.

Unterwegs unterhalb der Cabane Rambert.

WALLIS 181

Zwei Wanderer am dritten Tag unterwegs auf dem schmalen Pfad zwischen Dzéman und Rionda.

Neugieriger und flinker Wegbegleiter: ein Hermelin.

zwar militärische, die auf den Ersten Weltkrieg zurückgehen. Die Hütte, die – wie auch die schon passierte Cabane de Fenestral oder die noch folgenden von Rionda und La Tourche – zu einer Reihe von Militärbauten gehört, erblickt man erst im letzten Moment in einer grossen Mulde auf dem Col du Demècre. Nachdem die Armee das Gebäude aufgegeben hatte, wurde es von einem Laufclub von Fully übernommen, der die Hütte in unzähligen Fronarbeitsstunden renovierte und 1989 der Öffentlichkeit zur Verfügung stellte.

Nach dem Abstieg vom Col du Demècre beginnt der dritte Tag zuerst ganz harmlos mit einem sanften Anstieg an ein paar Lärchen vorbei. Doch schon bald wird der Weg – auch dieser ursprünglich zu militärischen Zwecken angelegt – steiler und steiler, beschreibt in einem kleinen Tobel eine markante, mit einem Stahlkabel gesicherte S-Kurve, und schon ist man mitten drin in den Rinnen, Grasrücken und Felsbändern, die den unteren Teil der Südwestflanke der Dents de Morcles durchziehen. Nur 200 bis 300 Meter unterhalb der markanten geologischen Faltungen der Dents de Morcles quert man Rinne um Rinne, um bald wieder auf einem Grasrücken zu stehen und die Aussicht auf das zum Greifen nahe Montbanc-Massiv und die schroffen Zähne der Dents du Midi zu bewundern. Kurz vor Rionda folgt dann der Höhepunkt: Der Blick öffnet sich auf den untersten Teil des Rhonetals und schweift bei klarem Wetter bis zum Genfersee.

Von den insgesamt fünf Wegen, die diese Wand durchziehen, ist die hier beschriebene die zweitunterste. Aus heutiger Sicht ist es kaum nachvollziehbar, dass noch höher weitere drei Wege angelegt wurden, von denen einer durch die steilen Südwestwände bis auf den Gipfel der Grande Dent de Morcles führt, wo einst sogar eine Kanone installiert wurde. In zahlreichen Felskavernen wurden zudem Unterkünfte gebaut, die man immer noch an den hölzernen Toren erkennen kann. Die Anlagen sind zwar nach wie vor erhalten, doch haben längst Gämsen und Steinböcke darin Unterschlupf gefunden.

Nicht mehr unter dem Motto des Militärischen, sondern jenem der Alpwirtschaft steht der vierte Tag mit der kürzesten und einfachsten Etappe der Tour. Auf der riesigen Alp La Vare wird Mutterkuhhaltung betrieben – hier lassen sich kleine Kälbchen beobachten, die erst ein paar Tage alt auf noch wackligen Beinen stehen oder schon munter herumspringen.

Im folgenden Aufstieg zum Col des Essets zeigen sich die Dents du Midi wiederum in stolzer Grösse, nachdem sic während den letzten Marschstunden hinter einem Bergrücken verborgen blieben. Auch der Gipfel des Grand Muveran, Namensgeber dieser Tour, präsentiert sich erneut eindrücklich, nachdem seine Südseite schon von der Cabane Rambert aus zu bewundern war. Zahlreiche nördliche Ausläufer dieses Massivs beeindrucken im weiteren Tagesverlauf mit ihren markanten Felstürmen und -wänden, die von Felsdecken und -falten unterschiedlichster Farben und Formen durchzogen werden. Atemberaubend auch die schroffen, mehr als 1000 Meter hohen Südwände der Diablerets.

Auf dem Pas de Cheville angekommen, eröffnet sich wieder die grossartige Parade der Walliser Viertausender Dom, Weisshorn, Zinalrothorn, Dent Blanche und Matterhorn. Beflügelt von dieser grossartigen Aussicht und mit einem Gefühl von Stolz, in vier Tagen ein ganzes Bergmassiv zu Fuss umrundet zu haben, steigt man über eine steinige Steilstufe und später leichten Fusses durch den schattenspendenden Wald an den Ausgangspunkt der Tour, nach Derborence hinab. (DV)

Grasrücken und steile Rinnen wechseln sich zwischen Le Dzéman und Rionda, in der Südflanke der Dents de Morcles, ab.

WALLIS 183

CHARAKTER

Klassische Rundtour, hier als Viertageswanderung vorgeschlagen. Besonders reizvoll sind die immer wieder wechselnden Ansichten der Walliser Viertausender. Die Schwierigkeit liegt im mittleren Bereich, wobei am dritten Tag zwischen einer Höhenwanderung der Extraklasse im Bereich T4 und einer einfacheren Variante mit allerdings mehr Höhenmetern gewählt werden kann.

DIE WANDERUNG

Anfahrt

Mit Bus von Sion via Aven bis zur Postautohaltestelle Derborence, westlich des Lac de Derborence.

1. Tag

Von Derborence auf gutem Weg in südwestlicher Richtung zur Alp La Chaux (Wegweiser «Buvette Derbo», Verpflegungs- und Übernachtungsmöglichkeit), dann auf schmaler werdendem Weg durch ein paar kurze Kalkschrofen und an einem See vorbei zum Col de la Forcla (2547 m). 150 Höhenmeter im Zickzack absteigen und auf dem vom Pass aus gut sichtbaren Weg südwestwärts und schliesslich von Süden zur Cabane Rambert (2580 m). 10½ km, 1300 m Aufstieg, 150 m Abstieg, 5–5½ Std., T3.

2. Tag

Von der Hütte in engen Kurven in südlicher Richtung absteigen und über Plan Salentse und Plan Coppel bis P. 1924. Hier beginnt ein neu erstellter Höhenweg, der zur Bergstation des Sessellifts Ovronnaz–Bougnone führt. Von dort via Petit Pré und Grand Pré zum Col de Fenestral (2453 m, mit gleichnamiger Hütte) aufsteigen. Vom Pass südwärts absteigen und in einigen grossen Kehren zum Lac Supérieur de Fully, an dessen Westseite vorbei bis kurz vor der kleinen Staumauer und von hier hinauf zur Cabane du Demècre auf dem gleichnamigen Pass. 11½ km, 800 m Aufstieg, 1050 m Abstieg, 5½–6 Std., T3.

3. Tag

Vom Col du Demècre (2361 m) auf der Westseite bis Le Dzéman (2052 m) absteigen. Von hier auf einer eindrücklichen und anspruchsvollen Route durch die Südwestflanke der Dents de Morcles (T4, Tiefblicke, steiles Gras- und Felsgelände, nur bei trockenem Wetter und Schneefreiheit der oberhalb liegenden Wände begehen, Erfahrung und Schwindelfreiheit vorausgesetzt): Via P. 2118 und 2209 Bella Creta auf schmalem, aber gut ausgebautem Weg nach Rionda (2156 m). Von dort auf einer Fahrstrasse leicht ansteigend nach La Tourche (2198 m, Übernachtungsmöglichkeit). Auf der markanten Graskrete hochsteigen, bis sich der Weg nach links in steiniges Gelände wendet. Via Vire aux Bœuf (Passage im Frühling oft lange schneebedeckt und somit heikel; Auskunft bei den umliegenden Hütten) unter einem Felsband hindurch und an alter Militärbefestigung vorbei zum Col des Perris Blancs (2544 m). Vom Pass ostwärts zuerst in Zickzackkehren, dann durch offenes Gelände zur Alp von Nant und auf der Alpstrasse zur Auberge Pont-de-Nant (1253 m). Auf dem Höhenweg 14½ km, 550 m Aufstieg, 1650 m Abstieg, 5¾ Std., T4.

4. Tag

Von Pont de Nant über Le Richard und La Vare auf einfachem Weg auf den Col des Essets

Die «Haustiere» der Cabane de Rambert: junge Steinböcke.

(2029 m). Kurzer Abstieg nordwärts nach Anzeindaz (grosse Alp mit zwei Unterkünften), dann leicht ansteigend ostwärts zum Pas de Cheville (2038 m). In steilem Zickzack hinunter nach Le Grenier (1744 m) und wiederum auf einfachem Weg zum Lac de Derborence absteigen. 12 km, 950 m Aufstieg, 750 m Abstieg, 5 Std., T3.

UNTERKUNFT UND VERPFLEGUNG

Cabane Rambert, 1911 Ovronnaz, Telefon 078 638 33 31 oder 027 207 11 22 (Hütte), www.tourdesmuverans.ch, www.cas-diablerets.ch.
Alternative: *Gîte Lui d'Août,* wenige Minuten südlich von Petit Pré, Telefon 027 744 14 20 (Hütte) oder 079 449 46 87, www.luidaout.ch.
Cabane du Demècre, 1926 Fully, Selbstversorgerhütte, hüttenverantwortliche Person vor Ort, Telefon 027 746 35 87 (Hütte) oder 078 793 41 72, www.demecre.ch.
Auberge Pont-de-Nant, Les Plans-sur-Bex, 1880 Bex, Telefon 024 498 14 95, www.pont-de-nant.ch.

Auf der ganzen Tour sind diverse weitere Übernachtungsmöglichkeiten vorhanden, so dass man die Etappen auch anders zusammenstellen kann:
Cabane de Sorgno, 1926 Fully, Telefon 027 746 24 26 (Hütte) oder 079 721 15 58 (ausserhalb Saison), www.chavalard.com oder www.sorriot.ch.
Cabane du Fénestral, 1926 Fully, Telefon 027 746 28 00, www.chavalard.com oder www.fenestral.ch, neu gebaut im Jahr 2014.
Cabane de la Tourche, Telefon 079 386 09 68, www.tourche.ch,
2010 komplett umgebaut, ein Bijou, hoch über dem Rhonetal gelegen.
Cabane Chalet Neuf, Selbstversorgerhütte, 1903 Collonges, Telefon 079 475 24 60, www.collonges.ch.
Refuge du Lac de Derborence, Restaurant und Übernachtungsmöglichkeit, Telefon 027 346 14 28.
In Anzeindaz: *Refuge Giacomini,* Telefon 024 498 22 95 (Hütte) www.anzeindaz.ch.
Refuge de la Tour, Telefon 024 498 11 47 (Hütte) oder 024 498 21 43, www.anzeindaz.ch.

Einfache Verpflegungsmöglichkeiten unterwegs auch auf den beiden Alpen Le Richard (1535 m) und La Vare (1756 m).

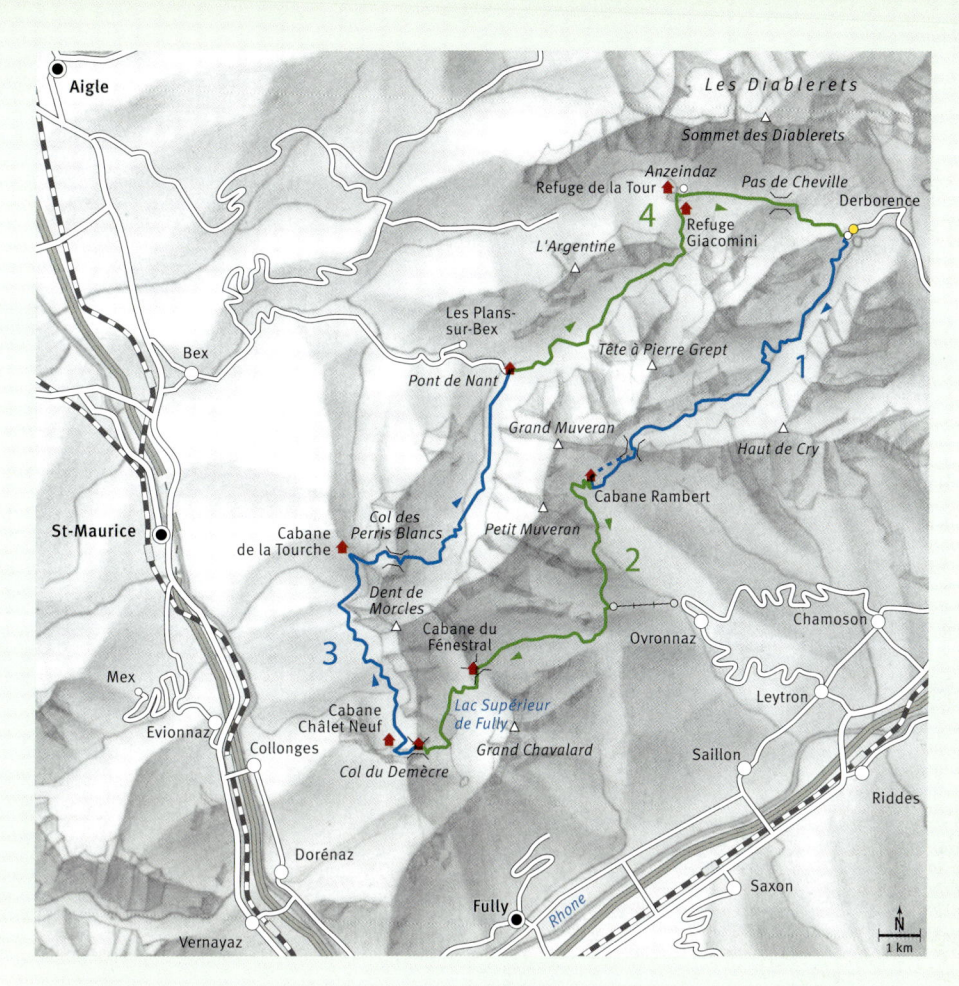

VARIANTEN

1. Tag

– Von Westen (von Bex) her anreisend, kann die Tour auch in Pont de Nant begonnen werden. Dann erste Übernachtung im Refuge du Lac de Derborence (nur wenig oberhalb des Sees gelegen). Wie 4. Tag: 12 km, 950 m Aufstieg, 750 m Abstieg, 5 Std., T3.
– Etwas kürzer und steiler, dafür aussichtsreicher nach dem Abstieg vom Col de la Forcla kurz vor P. 2397 rechts haltend aufsteigen (Markierung auf Stein), dann auf den Rücken östlich der Hütte und über diesen zur Cabane Rambert. Länge und Dauer wie die Normalroute.

2. Tag

– Vom Col de Fenestral auf der Ostseite des Lac Supérieur de Fully absteigen und via Sorgno zum Col du Demècre. Länge und Dauer wie die Normalroute.
– Alternativ kann man in Ovronnaz starten und mit dem Sesssellift «Jorasse» bis auf 1939 m fahren.

3. Tag

Technisch einfacher als durch die Südwestflanke: Von Le Dzéman weiter hinunter über Chalet Neuf bis L'Au d'Arbignon (1650 m) und Wiederaufstieg via Sur le Cœur zur Alp Rionda (2156 m), wo man wieder auf den beschriebenen Weg stösst. Ganze Strecke 14½ km, 800 m Aufstieg, 2050 m Abstieg, 6 Std., T4.

INFORMATIONEN

Beim Tourismusbüro Ovronnaz, Telefon 027 306 42 93, www.ovronnaz.ch, ist ein Prospekt in Deutsch oder Französisch zur Tour des Muverans und zahlreichen weiteren Unterkünften erhältlich.

Landeskarte 1:25 000, 1285 Les Diablerets, 1305 Dent de Morcles.
Landeskarte 1:50 000, 272 St-Maurice.

Um die sieben Zinnen des Tors zum Wallis: DENTS DU MIDI

Mex–Cabane de Susanfe–Chindonne–Mex

Auf dem Weg vom Genfersee ins Wallis ist es das erste auffällige Massiv, das man südlich der Rhone erblickt: die sieben schroffen Felszähne der Dents du Midi mit ihrer unverkennbaren Silhouette. Diese dreitägige Rundtour umrundet auf 42 Kilometer markierten Wegen dieses Massiv.

Um es gleich vorwegzunehmen, er ist lang, der Aufstieg des ersten Tages auf den Col du Jorat. Aber er lohnt sich, da man schon auf diesem ersten Pass mit einer unvergesslichen Aussicht belohnt wird: Im Norden geht der Blick auf die Dents de Morcles mit den eindrücklich gefalteten Gesteinsdecken. All jene, die mit dem Gedanken spielen, sich als Nächstes die Tour des Muverans (siehe Seite 178) vorzunehmen, können von Mex oder vom Col du Jorat aus ideal die Etappe vom Col du Demècre nach Rionda und La Tourche studieren. Selbst die grosse Schafherde auf der Alp Rionda kann man von hier beobachten. Und im Südwesten zeigt sich der Lac de Salanfe, der für einen Stausee einen erstaunlich natürlichen Eindruck macht. Je höher man zum zweiten Pass, dem Col de Susanfe, gelangt, umso mehr öffnet sich der Blick ins Rhonetal mit den zahlreichen Viertausendern. Dieses Mal beindruckt besonders der 4314 Meter hohe Grand Combin, der uns seine vergletscherte Nordseite zeigt.

In der 1932 erbauten Cabane de Salanfe angekommen, enttarnt sich der Gipfel der Haute Cime als gar nicht so markant, wie er von allen anderen Seiten her erscheint. Vielmehr ist er hier scheinbar nur noch ein Geröllrücken, der sich vom Col

Vom Signal de Soi zeigen sich die Dents du Midi schroff und unzugänglich.

Eindrücklicher Ausblick von der Haute Cime auf die übrigen Zähne der Dents du Midi.

de Susanfe auf den höchsten Punkt zieht. Dennoch muss man sich auch diesen Gipfel erst verdienen.

Das Massiv der Dents du Midi hat anfangs der Sechzigerjahre des 20. Jahrhunderts Laufsportgeschichte geschrieben: Der frühere Langlauftrainer Fernand Jordan hatte den weltweit ersten Berglauf dieser Art organisiert. Die Läufer starteten in Vérossaz auf der Nordseite der Dents du Midi. Auf einer Strecke von 44 Kilometern Länge mit 2900 Metern Aufstieg und ebenso viel Abstieg umrundeten sie das ganze Bergmassiv. Der Streckenrekord wurde im Jahr 1991 von Pierre-André Gobet aus Bulle aufgestellt: In unglaublichen 4 Stunden und 21 Minuten war er nach Umrundung der Dents du Midi wieder im Ziel in Vérossaz! Fast unvorstellbar schnell, wenn man bedenkt, dass wir uns für praktisch die gleiche Strecke drei Tage Zeit lassen. Der Lauf wurde 39-mal bis Anfang 1990 durchgeführt. Nachdem die Veranstalter nicht mehr auf die bis dahin geleistete Unterstützung der Armee zählen konnten und da die Absicherung der schwierigsten Stelle, am Pas d'Encel, nicht mehr zu realisieren war, wurde die Durchführung des Laufs aufgegeben.

Kaum hat man am zweiten Tag die Engstelle des Pas d'Encel passiert, eröffnet sich einem der Blick in das weite Val d'Illiez. Dieses wird vom Fluss La Vièze entwässert, der bei Monthey in die Rhone fliesst. Neben dem touristisch erschlossenen Champéry ist das Tal auch unter Strahlern bekannt, da sich hier eine der wenigen Fundstellen von Fensterquarz befindet. Diese Sonderform des Quarzes hat nicht ebene Flächen wie ein Bergkristall, sondern Vertiefungen in seinen Seitenflächen. Das Val d'Illiez erwandert man auf seiner rechten Seite in leichtem Auf und Ab. Bei der Vereinigung mit dem Walliser Haupttal erreicht man Chindonne. Der zweite Etappenort beeindruckt mit dem Ausblick in das Rhonetal und auf die gegenüberliegenden Berge wie die Tour d'Aï oberhalb von Leysin, Les Diablerets, Grand Muveran und wiederum die Dents de Morcles.

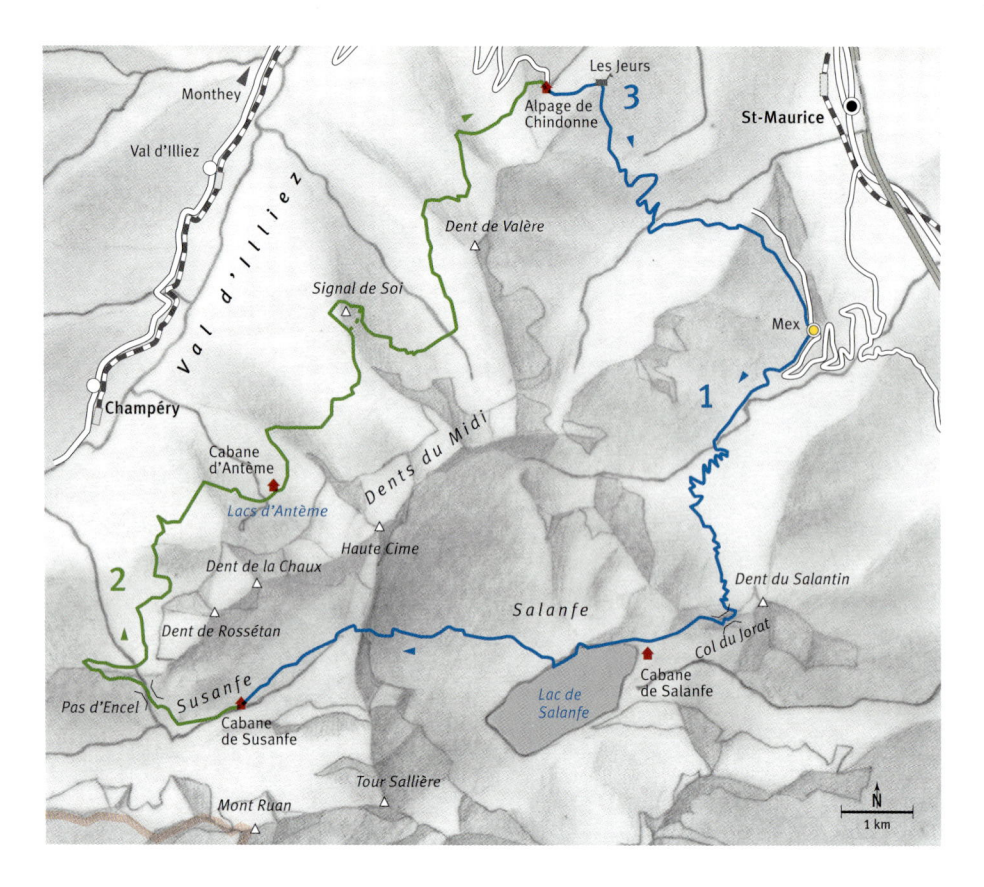

Es wäre wohl vermessen, nach den ersten zwei imposanten Tagesetappen noch eine ernsthafte Steigerung zu erwarten. Dennoch hat auch der dritte Tag seinen ganz eigenen Reiz: Bereits kurz nach Les Jeurs zeigt sich durch den Fichtenwald hindurch erneut in voller Grösse der Grand Combin, der schon die erste Tagesetappe dominierte. Bis wir zurück in Mex sind, wird er sich wieder versteckt halten und erst dort wieder einen eindrücklichen Auftritt haben. Auf dem Weg dorthin trifft man im steilen Wald der Forêt de Seintanère unverhofft auf einen kleinen Wasserfall. Ein Felsband aus kantig-rechteckigen Blöcken bietet einen natürlichen Weg an, der weitgehend im Trockenen hinter dem Wasserfall hindurchführt.

Im Start- und Zielort Mex, einem von 130 Personen bewohnten Dorf, das immerhin knapp vierzig Arbeitsplätze bietet, lohnt sich ein Rundgang. Eine steile gepflasterte Gasse führt an alten Holzhäusern vorbei zum Dorfplatz und zur Kirche, und manche der Gassen sind so eng, dass sie kaum mit einem Fahrzeug zu befahren sind. (DV)

Cabane de Susanfe in sanftem Abendlicht.

CHARAKTER
Bekannte und beliebte dreitägige Rundtour um das Massiv der Dents du Midi. Die Tour verläuft weitgehend im mittleren Schwierigkeitsbereich, die Wege sind gut ausgebaut und markiert. Die einzigen etwas anspruchsvolleren Stellen am ersten und zweiten Tag (Ostseite Col de Susanfe und Pas d'Encel) sind mit Ketten gesichert.

DIE WANDERUNG
Anfahrt
Bus ab St-Maurice nach Mex, 3 km südlich von St-Maurice auf einer Terrasse gelegen.

1. Tag
Von Mex (1118 m) in südwestlicher Richtung bis Norto. Den Bach auf der Höhe von 1400 Metern über die oberste der drei Bachverbauungen überqueren. Dann auf einer sehr steilen Waldstrasse in engen Kehren hinauf, bis man aus dem Wald kommt. Über die zwei Alpen Le Jorat d'en Bas und -d'en Haut auf den Col du Jorat (2210 m, kleine Schutzhütte, von Mex 3½ Std.). Leicht abfallend zum Lac de Salanfe und weiter bis zum Bach. Erst gemächlich ansteigend, dann in steiler werdendem Gelände über eine felsige, zweimal mit Ketten gesicherte Steilstufe auf den Col de Susanfe (2494 m). Vom Pass in 40 Minuten zur Cabane de Susanfe (2102 m). 14½ km, 1660 m Aufstieg, 700 m Abstieg, 7 Std., T3.

2. Tag
Von der Cabane de Susanfe in westlicher Richtung zum Pas d'Encel, der anspruchsvollsten Stelle des Tages, absteigen und zu einer kleinen Brücke, die über den Bach La Saufla führt. Auf den folgenden 200 Metern einige ausgesetzte, aber kettengesicherte Felsstufen (Vorsicht bei Nässe). Dann westwärts und allmählich weniger steil. Wenige Minuten vor Bonavau (Verpflegungs- und Unterkunftsmöglichkeit) wieder ostwärts, auf einem Steg erneut über den Bach und in nördlicher Richtung zur Alp Metecou mit schönem Rastplatz und eindrücklichem Tiefblick nach Champéry. Kurz darauf erreicht man die Seen von Antème und die gleichnamige Hütte. In nordöstlicher Richtung, einige kleine Bäche querend, weiter, immer mehr oder weniger auf gleicher Höhe. Die Kuppe Signal de Soi westlich auf guter Strasse umgehen oder besteigen (imponierender Ausblick auf die schroffe Nordwestseite der Dents du Midi). Nach der Alp Chalin durch Wald (etwas ausgesetzte, mit Seilen gesicherte Stelle nördlich P. 1810) und über die Alp Valerette (1702 m) nach Chindonne (1604 m). 19½ km, 700 m Aufstieg, 1200 m Abstieg, 6½–7 Std., T2, Engstelle beim Pas d'Encel T3.

3. Tag
Von Chindonne auf Waldstrasse ostwärts nach Les Jeurs (1560 m), dann südwärts bis Chalet à Bagne und weiter über Alpgelände und via La Sachia hinunter bis auf eine Waldstrasse, das Bachtobel überqueren und leicht ansteigend auf Waldweg und später Fahrstrasse via Les Orgières nach Mex. 8 km, 160 m Aufstieg, 700 m Abstieg, 2½–3 Std., T2.

UNTERKUNFT UND VERPFLEGUNG
Cabane de Susanfe, 1874 Champéry, Telefon 024 479 16 46, www.dentsdumidi.ch, www.susanfe.ch.
Cabane de Salanfe, 1922 Salvan, Telefon 027 761 14 38, ausserhalb der Saison 024 485 36 18, www.salanfe.ch (siehe Varianten).
Cabane d'Antème, 1874 Champéry, Telefon 024 479 13 40 oder 079 473 71 40.
Chalet Alpage de Chindonne, 1871 Les Giettes, Telefon 024 471 33 96, www.buvette-alpage.ch. Chindonne ist ab der Postautohaltestelle Les Cerniers, 1 km nördlich des Dorfes, erreichbar oder mit dem Auto auf der öffentlichen Strasse bis zum Restaurant.
Sportzentrum Les Jeurs (1560 m), 1871 Les Giettes (Monthey), Telefon 024 471 34 95 oder 079 634 20 00.
Auberge de l'Armailli, 1031 Mex, Telefon 027 767 19 79, www. armailli.ch. Ideale Unterkunft, wenn man die Tour in Mex beginnt und schon am Vorabend anreisen will.

VARIANTEN
1. Tag
– Start in Chindonne, das auf einer Fahrstrasse erreichbar ist.
– Zur Abkürzung der ersten Etappe in der Cabane de Salanfe übernachten. Dadurch hat man mehr Zeit für eine Gipfelbesteigung der Haute Cime (3257 m), des höchsten der Türme der Dents du Midi mit einmaliger Aussicht: im Süden auf das Plateau du Trient, Aiguille du Chardonnet, Aiguille d'Argentière, die Kette von Les Courtes, Les Droites und Aiguille Verte und nicht zuletzt zum Greifen nahe das Mont-Blanc-Massiv. Dazu auf Wegspuren und feinem Geröll vom Col de Susanfe nordwärts aufsteigen. Das von unten unüberwindbar aussehende Felsband auf ca. 2700 Metern auf der Salanfeseite umgehen,

Schafe am Lac d'Antème.

bis man wieder auf den Südrücken zurückkehren kann und in ein paar Zickzackkehren auf den Col des Paresseux (3056 m). Die letzten 200 Höhenmeter sind mit 40 Grad Steilheit sehr steil, steinig und mühsam. Vom Col de Susanfe zusätzliche 760 m Aufstieg, 2½ Std., T4, nicht markiert.

Die ganze Tour kann auch im Gegenuhrzeigersinn begangen werden. Dann ist aber vom Col du Jorat nach Mex ein langer Abstieg von 1100 Metern in einem Stück zu bewältigen. Die Tour kann nach Belieben auch auf vier oder fünf Tage aufgeteilt werden, indem man zusätzlich in der Cabane de Salanfe und in der Cabane d'Antème übernachtet.

INFORMATIONEN
Allgemeine Informationen über Mex unter: www.mex-vs.ch.

Landeskarte 1:25 000, 1304 Val-d'Illiez, 1324 Barberine.
Landeskarte 1:50 000, 272 St-Maurice, 282 Martigny.

Verzeichnis der Touren nach Schwierigkeitsgrad

Einfache Höhenwanderungen (T1/T2)

Toggenburger Höhenweg, Abschnitt ab Amden/Arvenbüel bis Mühlrüti, *Seite 20*
Schwyzer Panoramaweg, ganze Tour ohne Aufstieg via Leiternweg und
  ohne Forstberg (Varianten 1. Tag), *Seite 28*
Rigi-Höhenweg, ganze Tour ohne Variante über Rigi Hochflue, *Seite 32*
Schächentaler Höhenweg, erster Abschnitt, ab Eggberge bis Klausenpass, *Seite 36*
Senda Sursilvana, ganze Tour, *Seite 50*
Senda Val Müstair, zweiter Abschnitt, ab Ofenpass bis Müstair, *Seite 64*
Strada del Sole, ganze Tour ohne Variante, *Seite 72*
Val Bedretto–Lago Tremorgio, ganze Tour ohne Variante am 2. Tag, *Seite 94*
Onsernonetal–Ascona, zweiter Abschnitt, ab Rasa bis Arcegno/Ascona, *Seite 114*
Monte Tamaro–Monte Lema, zweiter Abschnitt, ab Alpe di Neggia
  bis Miglieglia, *Seite 118*
Niederhorn, ganze Tour, *Seite 134*
Faulhorn, mit einer der Abstiegsvarianten Faulhorn–Bort oder
  Faulhorn–First–Grosse Scheidegg, *Seite 138*
Lötschentaler Höhenweg, ganze Tour, *Seite 148*
Lötschberg-Südrampe, ganze Tour ohne Variante Baltschiedertal, *Seite 152*
Gommer Höhenweg, ganze Tour ohne Varianten, *Seite 156*

Mittelschwere Höhenwanderungen (T3)

Alpstein, ganze Tour, *Seite 14*
Toggenburger Höhenweg, Abschnitt ab Heiligkreuz bis Amden mit Variante
  (2. Tag) über Laubegg, Hinterbetlis, *Seite 20*
Schächentaler Höhenweg, Abschnitt ab Klausenpass bis Sittlisalp, *Seite 36*
Braunwald, ganze Tour, *Seite 40*
Via Engiadina, ganze Tour, *Seite 58*
Senda Val Müstair, erster Abschnitt ab Il Fuorn bis Ofenpass, *Seite 64*
Steinbockweg, ganze Tour, *Seite 68*
Strada del Sole, Variante via Alp Sdarva–Cadrin, *Seite 72*
Sentiero Panoramico, ganze Tour ohne Variante am 1. Tag, *Seite 90*
Val Bedretto–Lago Tremorgio, Variante am 2. Tag, ab Alpe di Prato über
  Rifugio Garzonera bis Lago Tremorgio, *Seite 94*
Hoch über dem Maggiatal, ganze Tour inklusive Varianten, *Seite 106*
Bosco/Gurin–Campo Vallemaggia, ganze Tour, *Seite 110*
Onsernonetal–Ascona, erster Abschnitt, ab Comologno bis Monte Comino, *Seite 114*
Monte Tamaro–Monte Lema, erster Abschnitt, ab Vira Gambarogno
  bis Alpe di Neggia, *Seite 118*
Val Colla, ganze Tour, *Seite 122*
Brienzer Rothorn, erster Abschnitt, ab Brünigpass bis Brienzer Rothorn, *Seite 130*
Faulhorn, ganze Tour, *Seite 138*
Mürrener Höhenweg, ganze Tour, *Seite 142*
Lötschberg-Südrampe, Variante mit Suonenwanderung Baltschiedertal bis
  Eggerberg, *Seite 152*
Gommer Höhenweg, Varianten mit Aufstieg zur Galmihornhütte (1. Tag) und
  Aufstieg nach Steibenkreuz (2. Tag), *Seite 156*

Europaweg, erster Abschnitt, ab Rosswald bis Saas Fee, *Seite 160*
Topali-Höhenweg, erster Abschnitt, ab Moosalp bis Jungu, *Seite 168*
Val d'Anniviers, ganze Tour, *Seite 174*
Tour des Muverans, ganze Tour, *Seite 178*
Dents du Midi, ganze Tour ohne Gipfelbesteigung Haute Cime, *Seite 186*

Anspruchsvolle Höhenwanderungen (T3/T4)

Toggenburger Höhenweg, Übergang via Gocht nach Amden (2. Tag), *Seite 20*
Schwyzer Panoramaweg, Aufstieg über Leiternweg zur Druesberghütte sowie
	Abschnitt ab Druesberghütte über Forstberg zum Kleinen Sternen, *Seite 28*
Rigi-Höhenweg, Variante ab Gätterlipass über Rigi Hochflue nach Urmiberg, *Seite 32*
Urschner Höhenweg, ganze Tour, *Seite 44*
Sentiero Alpino Calanca, ganze Tour, *Seite 76*
Europaweg, zweiter Abschnitt, ab Saas Fee bis Zermatt, *Seite 160*
Topali-Höhenweg, zweiter und dritter Abschnitt, ab Jungu bis Randa, *Seite 168*
Dents du Midi, Gipfelbesteigung Haute Cime (2. Tag), *Seite 189*

Sehr anspruchsvolle Höhenwanderungen (T5/T6)

Sentiero Panoramico, Variante vom Lago di Stabbiello über Pizzo Stabbiello und
	Punta Negra zur Cadlimohütte (1. Tag), *Seite 90*
Via Alta Verzasca, ganze Tour, *Seite 98*
Brienzer Rothorn, zweiter Abschnitt, ab Brienzer Rothorn bis Harderkulm, *Seite 130*

Ueli Hintermeister (UH)
geboren 1961, Betriebsökonom HWV, lebt in Affoltern am Albis. Autor verschiedener Artikel und Bücher rund um das Wandern und Inhaber einer Agentur für Wanderreisen, bei denen der Weg das Ziel ist.
www.walks-4-u.ch

Daniel Vonwiller (DV)
geboren 1972. Lehre als Maschinenmechaniker. Seit 2003 als Bergführer tätig, führt er Gäste auf Skitouren, Schneeschuhtouren, Kletter- und Hochtouren oder Gletschertrekkings durch die Schweizer Berge. Berg- und Outdoorsport-Fotograf. Geschäftsführer der Firma Seilarbeit GmbH, die auf Industriekletterei spezialisiert ist.
www.seilarbeit.ch

Wander- und Bergbücher im AT Verlag

Martin Arnold/Ronald Decker/Urs Fitze/Roland Gerth
Naturdenkmäler der Schweiz
Das grosse Wander- und Erlebnisbuch

Martin Arnold/Roland Gerth
Die Naturpärke in der Schweiz
Das grosse Wander- und Erlebnisbuch

David Coulin
Die schönsten Alpwirtschaften der Schweiz
50 genussvolle Wanderungen zu bewirteten Alpen

David Coulin
Die schönsten Alpinwanderungen in der Schweiz

Heinz Staffelbach
WeitWandern mit Genuss
Die schönsten mehrtägigen Wanderungen in der Schweiz mit Berghotel-Komfort

Heinz Staffelbach
Auf stillen Wegen an starke Orte
Ruhe finden und Kraft schöpfen auf Wanderungen durch verträumte Naturlandschaften der Schweiz

Philipp Bachmann
Die schönsten Wanderungen im Jura

Stephane Maire
Das grosse Wanderbuch Wallis

Caroline Fink
Das grosse Wanderbuch Glarnerland

Remo Kundert/Marco Volken
Zürcher Hausberge
60 Wandergipfel zwischen Bodensee und Brienzersee

AT Verlag
Bahnhofstrasse 41
CH-5000 Aarau
Telefon +41 (0)58 200 44 00
info@at-verlag.ch
www.at-verlag.ch

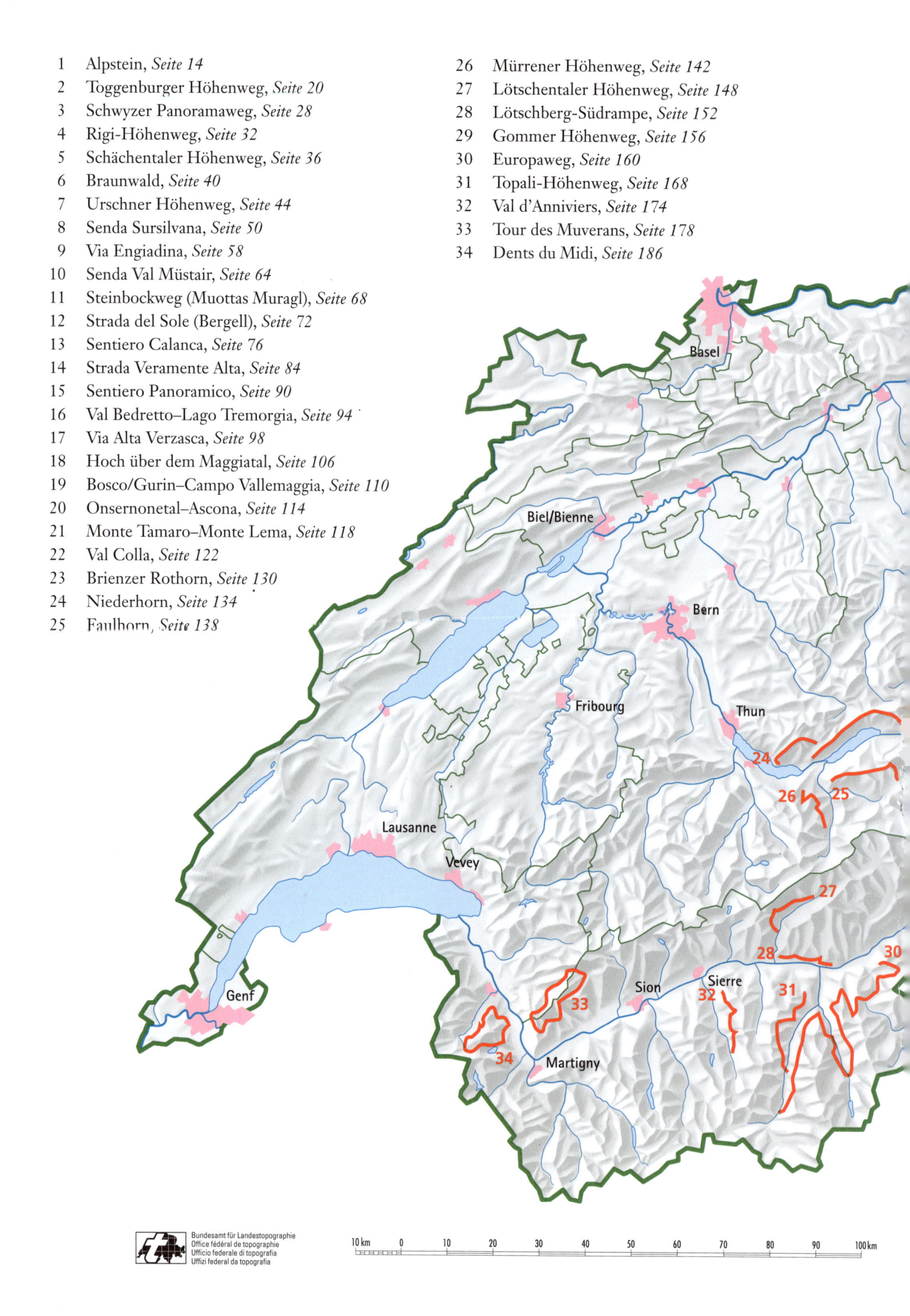

1	Alpstein, *Seite 14*		26	Mürrener Höhenweg, *Seite 142*
2	Toggenburger Höhenweg, *Seite 20*		27	Lötschentaler Höhenweg, *Seite 148*
3	Schwyzer Panoramaweg, *Seite 28*		28	Lötschberg-Südrampe, *Seite 152*
4	Rigi-Höhenweg, *Seite 32*		29	Gommer Höhenweg, *Seite 156*
5	Schächentaler Höhenweg, *Seite 36*		30	Europaweg, *Seite 160*
6	Braunwald, *Seite 40*		31	Topali-Höhenweg, *Seite 168*
7	Urschner Höhenweg, *Seite 44*		32	Val d'Anniviers, *Seite 174*
8	Senda Sursilvana, *Seite 50*		33	Tour des Muverans, *Seite 178*
9	Via Engiadina, *Seite 58*		34	Dents du Midi, *Seite 186*
10	Senda Val Müstair, *Seite 64*			
11	Steinbockweg (Muottas Muragl), *Seite 68*			
12	Strada del Sole (Bergell), *Seite 72*			
13	Sentiero Calanca, *Seite 76*			
14	Strada Veramente Alta, *Seite 84*			
15	Sentiero Panoramico, *Seite 90*			
16	Val Bedretto–Lago Tremorgia, *Seite 94*			
17	Via Alta Verzasca, *Seite 98*			
18	Hoch über dem Maggiatal, *Seite 106*			
19	Bosco/Gurin–Campo Vallemaggia, *Seite 110*			
20	Onsernonetal–Ascona, *Seite 114*			
21	Monte Tamaro–Monte Lema, *Seite 118*			
22	Val Colla, *Seite 122*			
23	Brienzer Rothorn, *Seite 130*			
24	Niederhorn, *Seite 134*			
25	Faulhorn, *Seite 138*			